國士與國變

知識人與晚近中國

周言／著

關於《國士與國變》一書的通信

李劼

周帥：

　　所寄書稿文章，已閱。確實很高興在你們這一代當中，尚有如此熱愛人文事業的學子。從你書文中，也確實可以看出，讀書的勤奮和思考的用功。你有幸生在一個資訊開放的時代，很替你高興並且祝福。遙想當年，如饑似渴地四處找書看，結果只找到一本母親廠裏發放的《支部生活》。那樣的孤苦和無奈，可能是你們這一代人永遠體味不到了的。

　　尚在求學期間，你就能寫出這樣的書稿，顯然相當出眾。你說是受我《論晚近歷史》的影響，寫作有如繪畫，初學之際，有些模仿，在所難免。許多繪畫大師，當初都是從臨摹起步的。就算天生的聖人，都不能一蹴而就，更何況你我這般凡夫俗子。

　　有關《論晚近歷史》，想要告訴你的是，並非讀書心得。此著寫於九十年代中期。從個人的經歷來說，可謂諸多坎坷，包括那個時代許多人害怕的離婚和坐牢；也經歷了從底層的煎熬到學府生涯，從一領風騷到事業低谷。文字背後諸多內涵，不是憑閱讀量或者憑知識如何豐富，便可領悟的。

　　見證過我那段時期學院生涯的學生，過了許多年後，讀我那部半自傳體的長篇小說《星河流轉》時，忍不住寫信告訴我說：讀得心裏酸酸的。當他讀到小說中這段話時，說他流下了眼淚。其時，他已是一個相當成功的商人。小說中那段話，摘錄如下：

不管在這塊土地上活得如何艱辛，至少，是自由的。自由是零。自由就是一無所有。我選擇，自由。

自由是零。這既是我的人生選擇，也是我的寫作維度。當我說自己的寫作是零度寫作時，指的就是這個意思。是選擇一無所有，還是選擇應有盡有，這是我與許多同代同行的區別所在。你在論及人文精神討論時，似乎沒有分清這層區別。

我並不想讓你領悟，什麼叫做零度寫作。因為這不僅不符合你擁有的人生閱歷，也不符合我的為人原則。我曾對你說過，並不希望其他人也跟我一樣，領受一無所有的人生。人文寫作，孤獨是起碼的代價。還有很多磨難，無須細說。這是我不想讓他人，尤其是我所熱愛的人們，承擔這種使命的原因。

跟你說這些，似乎太過沉重；但這樣的沉重，又是構成寫作晚近歷史的要素之一。你的書稿，說了許多沉重的人物及其相關的歷史，但你的筆端卻缺乏因有的凝重。你的論述，太過光滑，如同在一片溜冰場上的嬉戲。不知道你有沒有這樣的感覺：心中滿溢，卻什麼都不想說了。不知你什麼時候能夠發現：你想說的一切，你不說，別人也會知道。而你說了，聽不懂的人們又照樣不會明白你在說些什麼。倘若你哪天能走到這一步，你的寫作算是真的準備好了。

但你千萬不要誤以為，我希望你做出像我這樣的人生選擇。剛好相反，我希望你不要走我走過的路。假如你將來像我當年的許多同行那樣，安安穩穩地做個教授，當個博導，我會十分欣慰。假如你硬要步我的後塵，我是絕不會教你的。而且，我也不太相信，這世上還真有第二個像我這樣的傻瓜。

這應該就是我能對你即將出版的書稿所說的話了。倘若你願意放在書中，我沒意見。倘若你僅作私下通信，也未嘗不可。

李劼　2010年1月於紐約

讀《國士與國變》

謝泳

　　去年冬天，我在上海和周帥第一次見面，為他的熱情和練達感到意外。在這個時代，以他的年紀而論，我感覺他似乎不應該有如此的成熟和識見。我們在一家咖啡館聊了很長時間，期間主要是我問他的經歷和聽他談自己讀書的體會。此前我和周帥有過通訊聯繫，也讀過他的一些文章。分手時，周帥提起，能不能為他將要出版的書寫一個序言一類的東西，我當即答應了，因為經過這次談話，我感覺周帥對文史很有興趣，也有相當的訓練和積累，如果以後能有好的機遇，定能做出一些成績。周帥本科讀書的學校不是很好，但他對學校的校史和掌故也非常熟悉，這也是我判斷他對文史確有興趣的一個原因，因為凡對自己居處歷史和變遷有興趣的人，多數是對歷史保有熱情，周帥應當是這樣的學生。

　　胡適過去說過，壞學校也出好學生，我相信這個判斷，尤其對文史哲一類學生，關鍵是他們讀書的趣味和對學者的理解與判斷，至於在何種學校讀書，一般來說還並不特別重要。周帥顯然符合胡適的這種判斷。當然，現代新教育制度下，有新門第觀念出現。我個人理解，新門第的合理性並不在學術的承傳，主要是在機會的相對容易得到。名校在現代教育制度下的作用，主要是給人面子，而面子在陌生化環境中，是我們判人識物的主要依據。至於學術的承傳，現代教育制度下，名校的作用倒不是絕對的。傳統教育講的是師承，學生跟著老師跑，比如當年陸宗達在北大跟黃侃讀書，黃侃

要到武漢去，陸宗達也立刻從北大退學跟老師走，現在這樣的事就不會發生了。陳平原如果到了武漢大學，我相信北大中文系不大會有喜歡陳平原的學生馬上退學，跟他走，這是沒有辦法的事。

現代教育制度下，學校比人重要，這有合理性，但也不盡完全合理，特別是對學文史哲的學生來說，我以為還是人比學校重要，但這個看法現在不可行，因為現代教育把面子看得比裏子重要。比如以「211」和「985」來判斷學生，有相當的合理性，但也不能絕對化。我在山西多年，而山西只有一所「211」院校，當年的名額被主事的省委書記給了太原工學院，而百年老校山西大學卻與此無緣。後來太原工學院改名為太原理工大學，也辦成了綜合大學，也開始建立相關的文科。現在要是有一個學生問我，如果同樣是歷史系和中文系，在太原理工大學和山西大學之間該如何選擇？那麼我要先問他，如果是對學術有興趣，想學東西，肯定是山西大學，但如果是為了找飯吃，為了面子，當然就選擇太原理工大學，因為現在「211」高校，基本成了現行教育制度中判斷學生的基本前提，太原理工歷史系畢業的學生，在一般外行管理人員看來，一定比山西大學歷史系的學生要好，其實太原理工大學的歷史系才辦了幾年，而山西大學的歷史系已經辦了一百年了。但現在是只問學校，不問專業，更不問人的時代，學校的名聲高於一切，跟誰學，學什麼倒在其次。周帥今年保送研究生，南京大學的董健先生本來要把他招到南大，但是因為周帥所在的學校不是「211」學校的原因，最終沒能成功。董先生自己都說，這其實毫無道理，但是他也沒辦法。

周帥能寫文章，也有見識，但他這本書中的文章，多數還是談大問題。人在青年時代都喜歡談大問題，中年以後反而沒有勇氣再談，倒是關注小事了，這和閱歷相關，也與對學術的理解相關。一般來說，大問題容易談，而小問題就不很容易，抽象的問題容易，

而具體的問題就難。熟問題容易，生問題難。我曾對他說過，希望他以後在關注大問題的同時，也能多談些小問題，這樣對他的幫助可能會大一些。

　　我同時也想，這些大方面的知識，周帥是如何得來？他又是如何判斷這樣複雜的歷史事件？我感覺首先是他自己的閱讀取向。周帥就讀的是中文系，他最喜歡的文學評論家是八十年代非常著名的李劼。周帥的文章，可以隱隱約約看得出李劼的影響，據周帥自己說，他從文學評論轉向研究歷史，和李劼的《論晚近歷史》有著很大的關係。周帥對歷史的興趣，可以從他隨身帶著的一本蔣廷黻的《中國近代史大綱》看出來，他也非常喜歡余英時和張灝的作品，這兩位先生都是思想史研究的大家，周帥的文字，有向思想史這方面研究靠近的趨勢。

　　同時我也有些擔心的是，周帥所獲得的這些大方面的知識，除了自己努力的閱讀外，與網路時代的到來還是有著一些關係，這倒不能簡單判斷為就是缺點，但對通過網路獲得知識的方法，我們也要有所警惕，也就是說不能簡單依賴這個獲取知識的渠道，還必須建立一個原始閱讀的根基，二者結合可能是未來知識來源的一個基本狀態。

　　周帥還很年輕，我希望他以後能遇著好的機會，也希望有識見的學者能破除一些制度的障礙，把目光投向像周帥這樣對學術真有興趣也有才能的學生身上。

　　　　　　　　　　　2010年10月2日於廈門大學人文學院

目　次

緒論：晚近中國
——循環往復的歷史

　　德國學者斯賓格勒在《西方的沒落》中描繪了歷史循環往復的場景。在他的筆下，西方以物質文明為主的時代興起時，以精神文化為主的時代必然逐漸沒落。這一時代相交的轉變出現在拿破崙時代。為了佐證這一觀點，斯賓格勒不無深意地談到了中國的秦漢時代，印度的阿育王時代，希臘的亞歷山大時代以及中東的穆罕默德時代。斯賓格勒將歷史看作一個循環的過程，當某一時代走向終結時，也即意味著它走向另一個時代的起點。而作為起點的這個時代恰恰在漫長的歷史之前，為已經走向終點的這個時代所代替。

　　斯賓格勒寫作此書時在一戰之後肅殺的時代裏，陪伴他的只有昏暗的房間以及同樣昏暗的燭火。他獨處一隅的書寫，成就了歷史敘述嶄新的面貌。而他所闡述的歷史循環論，恰恰可以作為中國晚近歷史極為精準的概括。斯賓格勒對於中國秦漢時代文化脈絡的細緻把握，讓他抓住了中國歷史循環往復的根本特性。晚近歷史之於中國歷史整體的大循環而言，是相對微小的輪迴。這種微小僅僅只是就事件的跨度而論，在內容以及所包含的深刻意味方面，乃是對於過往歷史極具反叛意味的顛覆。

　　中國晚近歷史這種輪迴，對應斯賓格勒歷史循環論的言說，便是文化、歷史本身的循環往復。其中文化貫穿於歷史之間含義在於，任何歷史事件無論具有怎樣的歷史定義，都無法抹卻其固有的文化象徵意味。例如晚近歷史中太平天國的興起、曾國藩的平叛、北伐的幽靈復生抑或是文革的從天而降，都一一標注了歷史、文化

的象徵色彩。同樣，斯賓格勒在《西方的沒落》裏所描繪的歷史，恰恰以文化為基礎，指出歷史的走向與循環，由此揭示了歷史的另一層含義。

這種迥異於以往的揭示，是對所謂進化論史觀的歷史反動。作為一種極具魅惑的言說，進化論史觀雖然有其無可厚非的合理性，但在對於歷史的把握上相當膚淺，僅僅是停留在最為基礎的層面上作出相應的闡釋。只是這種充滿了基礎性膚淺的言說，乃是以一種進步的面目呈現於世人。不僅這種進步性令人質疑，而且在對於具體歷史的分析與闡述時，往往形成套路式的話語，從而使得人們對於歷史的印象枯燥無味，充斥著單調的理論教條。

更具悲劇性的是，晚近歷史上進化論史觀的氾濫，幾近將歷史本身埋葬。因而晚近歷史充斥著焦灼，充斥著鬥爭，充斥著革命所張揚的運動與批判，使得晚近歷史烈火雄雄，滿是高漲的情緒與沸騰的氣氛，幾近把歷史融化。這種由嚴復舶來中國，經由所謂馬克思唯物主義催化的所謂進步史觀，終究被歷史證明為一出荒誕的悲劇。

因為這樣的原因，我對於晚近歷史的敘述，僅僅著眼於歷史本身的人物與事件，不再為主義所擾，為史觀所困，而著重闡述其所象徵乃至標注的文化意味。秉承斯賓格勒歷史循環論的觀點，我將晚近歷史視作一個循環往復的過程，這一過程無所謂起點與終結。但是作為一個整體，其內部充滿了某種前後相繼的歷史循環，而在這種歷史循環之中，充滿了難以預知的劫數與變數，從而使得晚近歷史作為一段曾經謝幕的時候留下了眾多意味深長的命題。

晚近歷史之間前後相繼的歷史循環，指的是晚近歷史中諸多歷史人物與事件之間所擁有的帶有傳承意味的輪迴。其間不僅有諸如太平天國與義和團的歷史傳承，北伐與文革的歷史傳承，還有曾國藩所代表的洋務精英與康梁所代表的維新諸子的歷史傳承，李慎之

王元化所代表的世紀末文化老人之於胡適陳獨秀所代表的五四先賢的歷史傳承。當然也還有王國維至陳寅恪的歷史觀照，孫中山與毛澤東的歷史聯繫……諸如此類，不一而足。這些傳承與觀照標明了歷史並不是如同進化論史觀所闡述的直線式的上升式形態，而是充滿了大大小小的傳承與循環，由此構成了歷史的完整與輪迴。

　　所謂晚近歷史之劫數與變數，意指晚近歷史中諸多人物與事件所昭顯的象徵性意味與轉折性意味。這些人物與事件互為聯繫。由此構成了歷史的細密與深邃，也為歷史染上了無法抹去的慶幸與悲涼。這種慶幸代表了變數，這種悲涼代表了劫數。變數就其所指，例如曾國藩、李鴻章之洋務，康梁諸君之維新，胡適、陳獨秀之啟蒙運動等等。而劫數則指向了太平天國、義和團、北伐、反右、文革，洋溢著暴動快感與暴動熱忱對於歷史具有深度破壞的事件。雖然就其本質而言，太平天國至文革都指向了理想社會的構建，但無一例外的在實踐中反其道而行之，對歷史構成了極為嚴重的傷害。而例如洋務運動，維新變法之類帶有改良主義傾向的試圖以漸進的方式將中國改造成為現代社會的努力，則因為諸多的歷史原因折戟沉沙，給後世乃至歷史留下了諸多遺憾。

　　晚近歷史之劫數與變數除卻剛才所言的人物與事件之外，更為細微之處在於時代中的個人偶然性的舉動之於歷史影響的悠遠。這種由偶然性所引發的巨大影響包含著時代性的緣由。例如宋教仁之被刺，昭示了晚近歷史至少在相當長時間內走向民主憲政的無望，孫中山與蘇俄的合作標明了蘇俄暴力革命在中國的生根發芽，陳寅恪雙目失明著述代表獨立精神自由思想的《柳如是別傳》意味深長地對革命時代的專制予以抗議，毛澤東發動文革標注了封建主義作為一種歷史殘渣依然陰魂不散。時代中人物不經意的舉動，成為影響深遠的歷史事件，由此在晚近歷史上留下了印痕。

　　劫數與變數之間的複雜關係，構成了晚近歷史的進程。由此我將晚近歷史分為日落時代、盛夏時代、革命時代。日落時代作為清季的迴光返照，從某種程度上而言，為晚近歷史提供了原動力。而盛夏時代則構成了晚近歷史上最為光輝奪目的時期。盛夏這一指稱不僅意指其時代充滿了欣欣向榮的活力，更為重要的是它以夏日暴雨般的思潮，讓天地煥然一新，精神為之一振。而革命時代則意指在革命作為一種浪潮風行於世的歷史階段，這一歷史階段雖然中國由大亂走向治平，但是與革命相生相隨的諸多政治事件，則將社會由治平推向了大亂，因而革命時代充滿了未知的變數與劫數，恰恰可以反映出晚近歷史駁雜的面目。

　　以日落時代曾、李諸人所開創的洋務運動為起始，歷經康梁維新、新文化運動直至八、九十年代啟蒙運動的復生，一一標注了歷代精英的努力，而從太平天國義和團至北伐經由反右直到文革，以暴力蠻橫地將歷代精英的努力打壓下去，埋進歷史的墳墓。直至世紀之交晚近歷史由終點走向起點的時候，從歷史的墳墓中復活的歷代精英的努力所標注的曾經，則因為時代之幸以及有限度的開放得以為人們所銘記以及言說，只是此時革命時代的喧嘩已然褪去，此時已是革命時代的尾聲。晚近歷史由此靜默地走向了終結。只是歷史走向終結的當口，曾經的歷代精英那種知其不可為而為之的努力尚未結束。由革命時代褪去所引發的新一輪歷史的循環，則將中國推向了充滿可能的十字路口，此時的抉擇至關重要，承接先賢的歷史遺產，摒棄晚近歷史中的種種惡性循環，接下來的歷史才能不重演晚近歷史的諸多悲劇，由此獲得新生。這便是本著所要提示的應有之義。

第一章　天朝的陣痛

一、晚近歷史之起始

　　無論是哪個版本的歷史書上，鴉片戰爭都被標注為中國近代史的開端，在眾多史家的筆下被反覆闡釋。這一原本只是一場平常的戰爭失利，由於史家的過度闡釋與反覆渲染，成為中華民族近代史恥辱的首頁。自此如眾多史家所控訴的血淚斑斑的近代史開始了它在十九世紀中後期慘烈的進程。而那場因為毒品貿易為藉口的戰爭所具備的深遠意義，在後世被蓋棺論定，地位已經無法被撼動，乃至於被猜疑。

　　然而鴉片戰爭雖然有其無法抹卻的意味，卻不足以標記整個近代紛繁複雜的歲月，如果對十九世紀的中國作縱向的俯瞰，便會看到中國的血管在世紀初便已呈現出不祥的淤塞。十全老人撒手而去的時刻並非象徵著一個盛世王朝的結束，它只是成為聖祖康熙帝巨翅下的蔭蔽最終崩毀前的一個短暫的插曲，十全老人離開後不久，陪伴了他與他的王朝幾十年的和珅被投入天牢，清朝末年的餘暉終於喪失了他的最後一絲光亮。

　　以十全老人與和珅來注解盛世崩潰的尾音，這無疑帶有難以言說的直覺或是偏見。如果從時代的進程回溯乾隆朝六十年的風貌，會發現這個時代已經失去了他的靈魂與重量。以乾隆來注解這個時代，會使得盛世背後的沒落展現出它在萌芽時期殘酷而真實的圖景。

　　或許盛世背後的沒落在康熙朝便已初現端倪。儘管聖祖皇帝費盡心機網羅漢族知識份子為其所用，並以此製造「滿漢一家」自欺欺人的政治局面，但其深層的危機在他在位初年便已暴露無疑。「明史案」雖非康熙一手促成，但當時的權臣鰲拜無疑成為「明史案」的罪魁禍首，這一殺雞儆猴的文字獄，給歷史的天空增添了一道無法抹去的血痕，也由此拉開了盛世危機的序幕。在現代知識份子以現代社會學角度看來，一個社會對於言論的包容彰顯了這個社會的成熟和自信。清王朝處在封建社會衰朽的末年，這個王朝雖有所謂康熙盛世華美的遮蔽，卻無法掩飾其破敗的末世氣象。文字獄與其說是文化上的專制政策，不如說是末世王朝最後的垂死掙扎，而這一掙扎雖然被歷史所詬病，卻在政治上平息了明末文人曾經試圖展開的反抗，除了極少數學人隱居著書批駁君主專制等封建痼疾之外，康熙一朝的文治達到難以置信的安寧與肅靜，同樣在政治上的高壓所造成的學界的喑啞與沉默，以訓詁考據之學的興起展開了它的另一種艱難的生存。

　　康熙過後的雍正是個爭議頗多的皇帝。這位依靠不正當手段獲得至高無上君權的帝王，無論當時還是現世都經受著巨大的考量與猜疑。雍正個性陰騭，天生與人不和，這一人生的悲劇似乎可以佐證他的處世之道。對於意識形態的高壓控制，對於知識份子忽冷忽熱的態度，都讓這位君主的身上罩上了一層令人觀之頓生不祥之感的薄紗。儘管後世精明絕頂的歷史學家或是經濟學家精打細算地用資料告訴民眾這位君主在世時對於社會的貢獻不比他的父親遜色，然而這僅僅是他們試圖用經濟賬掩蓋政治賬的一種無恥的策略，是片面的「以經濟為中心」壓倒一切的荒唐而不負責任的言辭。如果說康熙一朝的文字獄是天空中掠過的幾片灰燼，那麼雍正一朝的文字獄便是夏日雷雨來臨前黑雲壓城的恐怖，這一歷史上慘白而血腥

的時代，在末世的黑暗中顯得如此猙獰與突兀，而這一令人無法正視的年代，也加劇了乾嘉學派更加絕望而瘋狂的發展。這些學人在特定的歷史時代所作出的文化抉擇，帶著如屈原《離騷》般慷慨的悲壯氣氛與悲劇色彩，在發黃的書卷之中沉入歷史陰沉無邊的黑色隧道，一去不回。

以灰燼與烏雲比喻康熙朝與雍正朝的文字獄，以此來反觀乾隆朝的文字獄，累累的血案讓人無法正視與呼吸。如果說康熙朝的文字獄只是針對知識份子，雍正朝的只是殺一儆百的話，乾隆朝的文字獄幾近達到了瘋狂的程度，無論是達官貴人或是販夫走卒，只要言語之中有關清朝或是與「清」、「胡」、「滿」之類敏感的字眼有諧音或是有聯繫的字詞，統統要經受嚴厲的審判。或許正是因為末世宿命般的悲涼意味，乾隆一朝的學界終於被考據訓詁之學佔領。學界的沉默換來的是君主更加無恥的文化殺戮。《四庫全書》的編纂貌似文化上的搶救工程，實質上是另一種方式的焚書。編纂過程中銷毀的所謂禁書成千上萬，千年之前秦始皇所用的荒謬而無知的手段在千年之後如輪迴般堂而皇的上演。它記錄的不是千年以來中華文化的四部大典，而是華夏文明的累累血債，自此末世終於耗盡了它在文化上的最後一絲命脈，只能在黑暗中靜靜承受將死的命運。

如果以歷史的觀照來回顧整個封建社會的歷程，便會發現歷史具有極端的對稱性，以秦始皇為起始的封建社會初期，築長城而後焚書坑儒；而以清朝為終結的封建社會末期，修四庫全書大興文字獄。前者為王朝伊始劇變中的政治高壓與文化控制，後者則為王朝遠去前夕的垂死掙扎，歷史彷彿是輪迴，由始至終，由起點走向終點。

鴉片戰爭之於晚近歷史而言，雖不能如眾多史家所認定的那樣構成晚近歷史的起點，但它卻是一個不折不扣的歷史標記。鴉片戰爭之前的中國社會，如同魯迅筆下那間充滿壓抑與黑暗的鐵屋令

人窒息，鴉片戰爭之後的中國社會，雖然壓抑依舊黑暗依舊，但屋
子裏的人畢竟看到了由外面射入的光線。自鴉片戰爭伊始，歷史開
始展現出另一番面目，這種轉變雖然帶著民族主義的陣痛，無可否
認，它開啟了歷史的新的一頁，使歷史的轉折在此發生。

　　然而歷史的戲劇性在於，這場積怨已久的戰爭，其爆發的導火
索乃是林則徐的虎門銷煙。林則徐的虎門銷煙表面上看乃是國家主
義所發動的社會管制，其實質所昭示的，乃是歷史與王朝氣數已盡
的徵兆，即便是鴉片戰爭戰敗後，國人依舊不知國之將亡，依舊沉
迷於天朝上國的舊夢之中。而鴉片戰爭後的同治中興，更為國人所
鼓舞，然而歷史上出現了那場中國歷史上最大的農民叛亂，提示了
晚清朝不保夕的命運。

　　由此可見，雖然鴉片戰爭構成了歷史的象徵，卻不足以成為
一個時代轉折性的標誌，若論構成歷史轉折乃至歷史轉折的終極標
誌，則要追溯到一八九五的甲午海戰。甲午海戰雖與鴉片戰爭異曲
同工，但於實質而言卻頗為迥異。要知道鴉片戰爭雖然割地賠款開
放通商口岸，但是從客觀上極大的開拓了國人的視野，西學東漸歷
史性的復甦，便出現在鴉片戰爭之後。雖然鴉片戰爭本身並不帶有
啟迪民智的內容，但卻誤打誤撞，構成了晚近歷史第一次大規模的
學習西方熱潮。晚近歷史為人所矚目的早期維新思想家鄭觀應，便
崛起於鴉片戰爭之後，而近世以來第一個改革開放方案的提出者魏
源，同樣在鴉片戰爭之後的歷史中出場。

　　然而即便如此，鴉片戰爭具有的暴力象徵意味卻難以抹殺，它
以船堅炮利的形式，將老大帝國的自尊心打得粉碎，晚近歷史的暴
力意味，由此次戰爭得到歷史性的體現。一方面是暴力的象徵，一
方面是文化上的轉機，鴉片戰爭由此被史家論定，乃是晚近歷史開
始的標誌。更有史家前進一步，認為鴉片戰爭乃是中國數千年以來

之巨變。這一論定在李鴻章上書慈禧的奏摺中，被描述為三千年來未有之大變局。

這種論定雖有合理性，卻有失偏頗，若論文化上的轉機，鴉片戰爭之前便已經湧現了向西方學習的思潮。例如魏源的變革思想，在鴉片戰爭之前便已經形成。若論政治上的變動，明代海防頻遭倭寇騷擾乃至閉關鎖國，都可以視作歷史之交的轉捩點，更何況那一時期在中國民間孕育的資本主義萌芽，更是歷史性的佐證。滿清王朝於文化上的殺戮，使宋明以前的理學喑啞無聲，學術史在此冒出了考據訓詁的潮流。要知道宋明理學雖然有「存天理滅人欲」之類違背人性的荒謬言說，但其所象徵的乃是封建王朝的文化背景。文化背景的淪陷，是亡國乃至時代終結的標誌。學術史上的轉向註定了滿清日暮西山的命運，最後經由王國維昆明湖的自沉，完成了終結。

值得注意的是，鴉片戰爭與中國為敵的英國與法國，其在晚清歷史之中對中國而言，無疑是利大於弊。須知割地賠款雖是一時之痛，社會的開放風氣卻由此形成。中國晚清歷史上的風雲人物，細心的人不難發現，幾乎全部來自有通商口岸所在的城市或省份。諸如廣東的梁啟超、康有為孫中山，浙江的章太炎、蔡元培，如此等等，不一而足。另外一個極為重要的事實在於，於中國晚近歷史傷害最深的兩個國家俄國與日本，與鴉片戰爭毫無任何關係，這無疑給認定鴉片戰爭為晚近歷史起點的學人以充分質疑。

如果拋棄十九世紀來發生在中國領土上的日俄戰爭不論，這兩個在晚近歷史上於中國傷害最深的兩個國家，在傷害中國的方式上有著質的區別。例如日本在鴉片戰爭之時，與晚清之政局如出一轍，經由類似於鴉片戰爭之類的歷史轉折，日本毅然選擇了明治維新，這個在千年國史上一直尊崇漢唐的彈丸島國，拋棄了學習了許久的中國老師，轉而向西方靠攏，甲午海戰，檢驗出了維新的成效。

俄國於中國晚近歷史而言，如同一個難以祛魅的幽靈，這個在歷次侵略戰爭中缺席的東歐帝國，埋藏者更為隱秘的意圖，到了蘇俄出世，革命風暴由西伯利亞吹向華北，直至兩廣地帶，革命之風尚由此而生。然而歷史證明，革命到最後吞噬了自己的兒女。蘇俄的十月革命到了中國最終居然與中國傳統文化中的沉渣合流，演變成文化大革命的滔天罪惡。且不說蘇俄在中國革命的背後埋下了多少難以為人道的陰謀，即便是在和平年代，蘇俄的歷史陰影依舊揮之不去。要知道，即便是鴉片戰爭，後來的八國聯軍也不過以奪取利益而告終，而這個與中國接壤的鄰邦，卻暗藏著吞併中國的野心。而這一切在當時幾乎不為人所察覺，只有胡適對此頗有警惕，因而他自始至終對於蘇俄領導下的工農革命心存敵意，這位留學歐美最終皈依自由主義的胡適在面對好友陳獨秀對於所謂英美帝國主義的控訴時跺著腳問：「仲甫，哪來的帝國主義？哪來的帝國主義？」

這種為歷史風塵所掩埋的洞見，提示了晚近歷史若干被忽視的真相，正如朱維錚先生將十九世紀稱作晚清一樣，乾隆的駕崩乃是象徵了整個歷史徹底走入封建社會的末路，其後的中國歷史在這百年之間不過是垂死掙扎的苟延殘喘。即便是出現了曾國藩那樣可以扶大廈將傾的人物，也難逃日落而西沉的命運。不管後人如何對這百年的歷史做出評價，無可否認的是，自清軍入主中原直至乾隆撒手而歸，滿清康乾盛世的景象近乎於盛唐相比肩，雖然這可以視作整個封建專制時代的迴光返照，但這畢竟標注了整個歷史起伏不定的譜系，盛世之後的衰敗。於晚清時代的百年之間一覽無餘，乃至晚清謝幕之後，歷史的平面才出現的新的轉機，盛夏時代的出場，一改晚清的暮氣沉沉，變得生機勃勃，整個社會彷彿從冬眠中蘇醒，變得活力十足，只是歷史的代價還沒有充分展開，革

命悄然而至，整個中國的歷史在此與辛亥革命重新接軌，由此誕生了革命時代。

　　整個晚清時代之中，鴉片戰爭處於歷史的環節之中，成為晚清時代的諸多標記之一，它所記錄的並非所謂民族仇恨之類的虛妄言辭，而是歷史的教訓，整個晚清的諸多病症在時代的進程中一一呈現，成為二十世紀知識份子回顧歷史揮之不去的隱痛。百年之間的歷史，集中展現了中國由傳統專制時代轉向現代文明國家的路途中種種災難與挫折。然而無論如何，歷史本身如同天氣，有時晴空萬里，有時暴雨驟降，當歷史走到轉折關頭時，陣痛無可避免。須知歷史如同天氣的同時同樣如同書頁，轉折的時代，終究是要翻過去的。

二、被妖魔化的天地會與白蓮教

　　金庸小說在當下正接受被審視的命運。起因並非出自苛刻的讀者或是冷漠的批評家，而恰恰在於書寫者金庸本身所採取的令人費解的立場。其一表現為他對原有的十四部大著進行了改頭換面式的增補與刪減，而這招致眾多讀者同心協力的口誅筆伐。其二則是他對作品被改編權力的放任與縱容，經由大陸張紀中之流肆無忌憚的踐踏，金庸原本頗有些可讀性的文本演變成螢幕上矯情的卿卿我我或是血腥的打打殺殺，不再有歷史的凝重乃至僅有的人文特質，淪為眾多憤青茶餘飯後痛罵金庸的談資與笑柄。

　　凡此種種只不過像沉潭上漂浮的一些泡沫一般無關緊要，眾多對金庸提出質疑甚至是批判的人都無法抓住金庸的要害，使得質疑與批判成為軟弱無力的攻訐。實際上金庸最大的過錯在於歷史是非觀的模糊與混淆。他對於眾多歷史存疑實物的想像與發揮使得眾多讀者獲得了錯誤的資訊，使原來本真的歷史遭受了被遮蔽的命運。

　　「天地會」是眾多被金庸妖魔化的歷史存疑事物之一。在金庸的武俠處女作《書劍恩仇錄》中它以紅花會的面目出現，紅花會會主陳家洛被描繪為乾隆帝淪落民間的兄弟，在「反清復明」的口號指引下率領眾多江湖人士開始了對政權含義頗為模糊的衝擊。最終由於乾隆帝的背信棄義，紅花會遭受了難以挽回的滅頂之災，而在其間，眾多情愛的糾纏也成為小說中引人關注的情節，它們如同一個個色彩鮮明的標記，標注著閱讀者脆弱而敏感的興奮神經膚淺的跳動。由於種種的不成熟與破綻，《書劍恩仇錄》在金庸的小說中並沒有至高無上的地位，而其間簡單地將紅花會定性為以反清復明為宗旨的社會團體，從而使紅花會的原型「天地會」遭受了第一次被妖魔化的悲慘遭遇。

　　同樣的悲慘遭遇發生在金庸封筆之作《鹿鼎記》之中，在這個頗具後現代色彩的寓言故事中，主人公韋小寶陰差陽錯地成為了康熙皇帝面前的紅人，隨後又陰差陽錯地成為世俗政權的對立面天地會的堂主，並拜天地會總舵主陳近南為師。就在這樣一個頗為矛盾的位置上，韋小寶卻能周旋自如，左右逢源。天地會在以韋小寶為中心的全書中，更多的是眾多天地會成員圍繞韋小寶展開種種無厘頭的誇張具有喜劇性的表演，或是把天地會演變成一個僅僅以反清復明為虛妄口號的一群綠林莽夫，為一個虛妄的理想不切實際地奔波忙碌的看似悲慘的故事。透過金庸對天地會的種種妖魔化，充分暴露了金庸作為武俠小說家歷史觀的殘缺，這也無比精準地揭示了後殖民時代娛樂至死的商業標準。由於這種妖魔化，晚近歷史與現實的種種真相被世俗的塵埃所遮蔽，無法看清本真的面目。

　　如果撥開歷史的疑雲，追溯已被妖魔化至深的天地會的源頭，便會發現天地會的起源來自於歷史的必然。無論是千年之前的黃巾軍所呼喊的「蒼天已死，黃天當立」，還是天地會宣揚的「天父地

母，反清復明」，都帶著濃重的敬天色彩。這種敬天色彩的真實含義，在於中國傳統農業社會的宗法家族制度中對於儒家思想的體察與認同。在漫長的歷史被書寫成充斥著偽善與凶殘的《二十四史》時，民間並不意味著從歷史的舞臺神色黯淡地退出，相反它以反抗的形式向著帝王將相才子佳人作出了毫不妥協的拒絕姿態，這種拒絕姿態來自於天地之氣的浩蕩。然而它並非從遙遠的天國降臨土地，而是發源於土地升至遙遠的天國。這一反抗以陳勝、吳廣為始，以太平天國為終。雖然這種拒絕之中包含著難以去除的暴力色彩。歷史就是如此的殘酷而富有戲劇化，陳勝、吳廣征戍漁陽的某個月夜，吳廣在破廟中發出「大楚興陳勝王」的呼喊在不知不覺中開始了民間終極的抵抗。這聲呼喊來源於寬廣無邊的土地。而千年之後的清軍攻陷天京的之時，一個被寄予中國民間至高無上的烏托邦理想存在十三年之後被現實無情地擊碎在冰冷的長江水裏。這個被粉碎的理想最終被定義為天國的淪陷。

天地會作為其間具有深遠意義的典型，其複雜性與包容性並未得到充分的重視與體認。就其複雜性而言，包含著民間諸多的痛苦。在形形色色的會員中，有為反清復明而來，有為均分土地而來，而更為重要的則是清朝對於天地會的清剿，完全採用了文字獄之類含沙射影的方法。貌似強大的王朝末世終於在面對一群並不十分有組織的社會人員所形成的團體時，終於暴露了其內在的虛弱，而至此天地會終於在乾隆末年公然打出「天地會」的旗號。

就其包容性而言，天地會的教義宗旨，包含了中國文化的深度信息。它不僅與正統儒學有著極其深刻的思想歷史淵源，而且又同時接受了釋道及其他民間宗教的影響。從它秘密成立的那一天起，「三綱五常」、「五倫八德」之類帶有濃重倫理色彩的道德教條便存在於天地會的組織內部，另一方面，在偶像崇拜上，天地會有著道家

眾多的痕跡。在教義經典中，又浸潤了太多佛家的悲憫。正是這種糅合了眾家的秘密會黨，為中國民間意味深長的抵抗打開了午夜之門。

其實這源於某種歷史的觀照與對稱，在隋唐時就已出現了儒道釋三教合一的思潮，作為後來遭到嚴厲質疑的宋代理學，正是由儒學為基吸收佛教與道教的內容而產生。由此我們看出了歷史的兩極分化，同樣是儒道釋三家融合的成果，宋代理學的指向是教化，天地會的宗旨是反抗。這是頗為反諷意味的對比，而由此中國民間與上層的知識份子相左的立場也逐漸突顯和暴露。以明清兩代為例，明末的黑暗統治下催生了東林黨的興起，東林黨與閹黨的傾軋鬥爭一直持續到南明滅亡。當清朝的明代遺老遺少相繼被招安，而新興的知識份子又與朝廷達成皆大歡喜的合作之時，中國民間的抵抗顯得如此的孤立。在此之間，雖然有傑出的思想家如黃宗羲、顧炎武、王夫之等人對封建社會提出某種語焉不詳的質疑，但他們的聲音如此的軟弱。更何況他們對於農民起義之類的抵抗所採取的抵觸情緒更是如伯夷、叔齊般的頑固。這種殘酷而荒涼的現實，艱難地揭示了末世深刻的悲劇性意味。

正如同被妖魔化的天地會悲慘的遭遇白蓮教也面臨同樣的困境，這個來源於元代末年的秘密宗教，在眾多的現代傳媒中被理解為妖女充斥的邪教，實際上它與天地會有著異曲同工的相似，它們的存在艱難地傳承了自陳勝、吳廣大澤鄉起義以來的中國民間的抵抗傳統，歷經張角、黃巢、李自成農民起義的代際傳承，於晚清時節再次出現諸世人，這一歷史傳承雖然久遠，與專制時代相生相剋，但其中卻包含著歷史極富殘酷性意味的內容，以至於這一傳統一旦從歷史中崢嶸而出，歷史頓時呈現出另一番場景。

這一傳統模糊而言，是中國綿延幾千年農民起義的歷史譜系，清晰而言，乃是中國歷史中的暴民傳統。暴民傳統的一個顯著特

徵，便是集體無意識的盲動，以及由此引發的驚人的歷史破壞力。中國歷史上的農民起義雖然出師有名，公然祭出了「蒼天已死，黃天當立」看上去理直氣壯的口號，但從實質上而言，無助於歷史本身的進步。雖然漫長的專制年代在歷史的進程中逐漸由蒙昧走向開化，並且將目光由國內投向了世界，並且初步意識到了「神州之外，更有九州」的真實，但是無可置疑的是，這一歷史進程乃是歷史的循環過程，王朝衰敗之後的農民起義，歷經磨難建立起換湯不換藥的新王朝，新王朝由小而大，由盛轉衰，最終在王朝的終點走向起點。

王朝更替的歷史循環，對應此起彼伏的農民起義，歷史在這樣的混沌中被攜裹著向前，良性的社會改良就此失去可能，惡性的暴力循環由此成為歷史的公理。這樣的歷史在整個世界由中世紀走向現代化的路途當中，成為了落後於人的直接原因。窮則思變的觀念於中國杳無聲息，安於現狀的學說倒是大行其道。如果農民起義不以暴力的形式予以改寫，歷史依然停滯。只是農民起義改寫停滯的歷史之後，歷史必將再次走向停滯。專制制度一日不改，獨夫統治一日不變，現代化的意識不能深入人心，中國永遠只是一溝死水，暴力循環永遠將是歷史變革的方式。歷史在這樣的年代，農民起義的翻版再次衍生，歷史再次擁有走向暴力循環的可能，天地會與白蓮教的幽靈死灰復燃，最後太平天國橫空出世，幾盡佔據東南半壁江山。

李劼先生曾經指出，中國的歷史乃是蠻荒戰勝文明，農民戰勝皇帝的歷史，這一論斷雖然籠統，但也八九不離十。這樣的歷史真相，使中國遲遲不能走出中世紀的歷史陰影，在歷經鴉片戰爭，甲午海戰這樣的悲劇之後，依然徘徊在變與不變的思想掙扎之中。此時革命的浪潮由西方向東方轉移，革命之氣息呼之欲出，革命與改

良的爭執由此衍生，二十世紀慘烈的歷史進程，革命難辭其咎，世紀末告別革命的呼喊雖然空洞，卻也隱蔽地說出了革命之禍，改良由此為世人所審視，人們的目光逐漸由背棄轉為信任，歷史的轉軌由此開始。

只是走過二十世紀的中國民眾回望這一段歷史，疑惑於歷史本身的樸素迷離之時，是否會將質疑的目光投向革命，難以考證，中國二十世紀的革命表面上望去光輝四射，朝氣蓬勃，充滿初臨人世的生機盎然，其實質不過是歷史的順延，不過是中國歷史中暴民傳統的承接。只是與以往以農民起義現諸世人的形式所不同的是，這一傳統的承接有了主義的包裝，烏托邦的理想被無限制的放大，最後出現了類似於天下大同那樣撐破天的美好承諾，革命以這樣的風潮風行於世，使得滿清覆滅民國初創時，人人對革命心存疑慮的歷史局面一變而成人人標榜革命的社會風氣，革命如同請客吃飯一樣見怪不怪。這樣令人瞠目結舌的歷史場面，遺老看見，自然悲憤交加，王國維在時代之交的歷史性時刻寫信告知友人他對於歷史局面的感知：觀中國近況，恐以共和始，而以共產終。期間對於革命的不敢苟同，清晰可辨，由此可見，所謂革命，不過是歷史傳統的包裝粉飾而已。

於晚清顯山露水的天地會與白蓮教，乃是一個象徵性的標記，與革命遙相呼應，構成了晚近歷史的脈絡。這一脈由歷史深處承沿而來的傳統，在二十一世紀末終於在形式上去向終結。只是令人心痛的事實在於，晚近歷史近兩個世紀的歷史變革，給其後的時代留下了難以察覺的心理創傷，傷口如今依舊疼痛，陣陣作癢。天地會與白蓮教雖然被妖魔化，乃至被娛樂化，其實質殘存於歷史深處的標注性影響難以去除，而此後革命對於人心世道的戕伐，目之所至，滿目瘡痍，籠罩於世紀末的末日悲劇性意識，宣告了中國走出

歷史創傷的巨大困難。此時革命還是改良的爭論已經不語自明，歷史的殘酷性便在於此，總是在行將就木之時迴光返照，重新走向另一個充滿可能性的十字路口。只是這個十字路口雖然貌似平坦，正途卻難以認清，錯過正途之後的歷史，如同晚近歷史的進程一樣，佈滿難以預知的凶險。

三、不平等條約的歷史隱喻

　　不平等條約作為一種歷史的特定產物，與晚清時代逐漸淪落的歷程相生相隨。它幾乎橫貫了整個晚清時代，以至於晚清社會每次巨大的社會變革之後，都有與之相應的不平等條約，然而透過歷史的煙雲可以看到，鴉片戰爭失敗點燃簽訂不平等條約導火索，在鴉片戰爭之後的二十年裏，這一導火索從未熄滅，引爆了連環式的條約簽訂，但其後的三十年不平等條約在所謂中興的局面下銷聲匿跡。但這一個三十年內卻包含著一個巨大的危機，以至於甲午一戰，這一危機以空前慘烈的面目顯於世人，世人尚未從這種慘烈中清醒過來，另一場失敗的戰爭又將不平等條約擺上了談判桌。一八九八年的談判桌上，不平等條約達到了極致。這種極致的背後，無疑包藏著一個巨大的歷史隱喻。我指的是當西方與東方相遇後一種悲喜交集的呈現。

　　不平等條約在任何官方意識形態話語的著述中，都被標注為歷史性的恥辱，以至於這種恥辱在眾多血淚交織的控訴中顯得蒼白和可疑。然而在相當漫長的時期內這種恥辱卻要背負著雙重壓力，其一是與官方意識形態闡釋的對抗，其二是與民族主義的角力。前者的後果是被扣上諸如美化侵略之類帶有政治性含義的罪名，後者則要背負輿論排山倒海式的譴責。出於生存策略的周全，不平等條約

的歷史含義被長久地定格為官方闡釋的話語範圍之內，其恥辱性被冠之以類似於真理的不可動搖的地位。

時過境遷，如今人們談論起不平等條約的內在含義，不再有當年的小心翼翼。那種毛時代的遺風，以政治干預學術的惡劣傳統終究會逐漸消亡。不平等條約雖然有著民族國家遭受侵略的苦難印跡，但這不僅僅是它的全部含義，它另一方面的深意在於，他以民族的苦難作為代價換取了時代有限而緩慢的進步，更具悲劇性的則是，它見證了中國一次又一次自我變革的失敗，這種失敗通常被訴諸於戰爭的失利，有的稱作鴉片戰爭，有的稱為甲午海戰，有的則被稱為庚子國變。

滿清半個多世紀的連續挫折，是一種歷史的因果報應，是對於以天朝自居的中國最為徹底的戲弄。蔣廷黻有言：「中西的關係是特別的。在鴉片戰爭以前，我們不肯給外國平等待遇；在以後，他們不肯給我們平等待遇。」這種道盡了世間蒼涼的言說無疑揭示了一個殘酷的現實。

在十九世紀之前，中國對於外界的無知，幾近荒唐。在鴉片戰爭之前，廣州坊間甚至流傳在今天聽上去讓人不可思議的故事。中英開戰之前一位英國記者在廣州私下訪問了不少人對於這場戰爭的看法，讓他吃驚的是，幾乎所有的中國人都認為英國人不敢打。這一論點的論據並非出於國情國力的精確分析，而是源於一個聽上去令人啼笑皆非的理由。那些被詢問的中國人幾乎不約而同的認為，英國人天生便秘，如果和中國人開戰，中國只要不出口英國茶葉和大黃，英國人很快就會棄械投降。而另一個典型的事例則是，一個在十九世紀中葉中國最為前沿的思想家，他在著述中分析了中國與外交戰屢戰屢敗的原因，得出一個令人匪夷所思的結論。他認為洋人的心有六個竅，比中國人多兩個，洋人的睪丸有三個，中國人只

有兩個。我無法知曉這種結論由來的成因，只是覺得有如五雷轟頂般的悲觀。

　　自鴉片戰爭失利直至洋務運動前夜晚清時代長達三十年的停滯，於此得到了解釋。朱維錚先生為什麼要將他的文集命名為《走出中世紀》，於此也可見一斑。無可辯駁，鴉片戰爭失敗引爆了危機的大規模顯現，使得後世的人們逐漸認清這種危機。在歐洲經歷了法國大革命等巨大社會變革近半個世紀之後，中國在那時依然是中世紀的中國。我對於鴉片戰爭所引起的恥辱體會並沒有太過激烈的感同身受，只是認為那是一種歷史演進的必然趨勢。

　　值得注意的是，在鴉片戰爭中曾經扮演重要角色的林則徐，在他被謫戍伊犁興修水利的途中，曾經給他的友人寫了一封信，這封信中的某些內容，可以觀照出某些歷史的真實。

　　在人們的印象中，林則徐被稱作晚清開眼看世紀第一人，是他最早在中國翻譯西方刊物，介紹外國兵器、地理等方面的情況。同時他竭力購買外國軍艦、大炮等，並將他在廣東任職時積累下來的有關於西方地理、軍事幾乎所有的素材，交給他的好友魏源，這便是《海國圖志》的由來。然而我提及的那封信，卻使得林則徐的身份變得頗為可疑，把他與不平等條約聯繫起來，並且與日後曾國藩、李鴻章諸人相對比，我們可以逐漸體會到一種類似的宿命色彩。

　　在那封信中，林則徐再三叮囑其友人不可借閱於他人，也就是說，林則徐生怕這封信為世人所知，對他的形象有所影響。究竟是怎麼樣的一封信函讓林則徐如此的忌憚，不妨將其中的一段文字錄於此處，透過這段文字我們可以讀出另一個不為人知的林則徐：

　　　　彼之大炮遠及十里內外，若我炮不能及彼，彼炮先已及我，
　　是器不良也。彼之放炮如內地之放排槍，連聲不斷。我放

一炮後，須輾轉移時，再放一炮，是技不熟也。求其良且熟
焉，亦無他深巧耳。不此之務，既遠調百萬貔貅，恐只供臨
敵之一哄。況逆船朝南暮北，惟水師始能尾追，岸兵能頃刻移
動否？蓋內地將弁兵丁雖不乏久歷戎行之人，而皆睹面接仗。
似此之相距十里、八里，彼此不見面而接仗者，未之前聞。
徐嘗謂剿匪八字要言，器良技熟，膽壯心齊是已。第一要大
炮得用，今此一物置之不講，真令岳、韓束手，奈何奈何！

作為當時中國思想最為進步的人，林則徐敏銳地看到了中國
與西方的種種差距，然而他卻不敢公開提倡，按照蔣廷黻先生的總
結，其緣由無非是怕清廷的指摘，使自己的名譽受損，所謂眾口鑠
金積毀銷骨，便足以構成林則徐在任何時候都不肯公開提倡改革的
緣由。我要指出的是，林則徐無論在當時或是現世都以民族英雄的
形象現於諸人之前，然而他自己也知道一旦他將自己的真實想法訴
諸於公眾，雖然會在後世獲得諒解，但與當時而言，幾近罪不容
恕。出於這一考慮，林則徐寧可讓清廷的士大夫睡在夢中，也不願
犧牲個人的名譽去與時代的冷漠抗衡。我對於林則徐的做法並不抱
激烈的批判態度，只是覺得些許的遺憾。然而這種遺憾造就了林則
徐名節的保全，更讓林則徐欣慰的是，在他生命的晚年，皇帝依然
要啟用他以威脅洋人。此時廉頗老矣的林則徐悄然謝世，他的沉默
態度雖然保全了當時的所謂晚節，卻使得中國的開放推遲了十年。

林則徐死後的十餘年依然徘徊不前，直至圓明園的硝煙重新
導演了類似於靖康之變的悲劇之時，才有奕訢站出來將林則徐未敢
說出的話重新予以表述，更為重要的是，這位一生忍辱負重的恭親
王，雖然有辛酉政變之經歷，並將慈禧托上權力巔峰，以至於其在
歷史上背負叛君誤國的罵名，但卻無從詆毀他引領開放的首創之

功。《北京條約》的簽訂在實質上艱難地開啟了中國近代化的大門，雖然在起始之時奕訢並無尺寸的外交經歷，但及至他看清了天下大勢，不顧所謂清議的指責，毅然訂立了《北京條約》。請注意在《北京條約》中，中國並未喪失一寸土地，而開放口岸卻使得清廷收益大為增加。

　　然而值得注意的是，雖然奕訢奮不顧身，卻難遭悲慘的厄運。清議之流以其對洋人的態度，將他看做與洋人一樣可惡的勢力，聯繫其為先皇第六子的排名，以「鬼子六」的綽號將其釘上恥辱柱，而奕訢其後也由於與西太后的衝突而被罷黜，直至晚年之時，這位曾經意氣風發指責清議之流、力倡洋務運動的晚清重臣，終於退化為唯唯諾諾的無關痛癢之輩，這幾近可以看出在那樣一個閉關自守的時代，逐漸地推行開放需要歷經多少風雨蒼黃的悲涼。

　　奕訢雖然沒落，然而李鴻章卻承其衣缽，在十九世紀的末年獨撐危局。李鴻章雖然平素以賣國之名傳於當世，但卻無人能夠真正領會其為時代留下的不可淡忘的貢獻。然而歷史的無情在於，雖然李鴻章功勳累累，一生引領晚清三十年，即使是在康梁維新之際，亦不忘出手相援，以「臣實康黨」一言震驚朝野，但卻難逃甲午海戰失利給他一生抹上的揮之不去的陰影。他的「一生之業，掃地無餘」可以精準地概括其宿命般的悲慘終結。此時的《馬關條約》如同魔咒一般，在此之後籠罩了二十世紀的中國。不平等條約的陰鬱即在此彰顯。中國曾以麻木的姿態應對頻繁的條約簽訂，終至浪費了十年光陰，而十年過後，奕訢以《北京條約》打開國門，奮力變革。三十年後，《馬關條約》一紙成讖，宣告了十九世紀中國最終必將走向沒落。

第二章　從太平天國到義和團

一、值得慶幸的天國沒落

　　如果能夠注意到歷史的偶然性，或許有人就會注意到，晚近中國的歷史，近乎一部由偶然組成的歷史。一系列具有標誌性意味的事件，其身後或多或少都沾有無可規避的偶然。例如談到教育史時必然會提到的蔡元培出任北大校長；再如談論內戰史時無法回避的西安事變；再如談論文化史時難以遺忘的毛澤東《在延安文藝工作座談會上的講話》。一部晚近中國的歷史，寫滿了諸如此類不勝枚舉的偶然。這種偶然一旦遇上時機，可以演變成一場轟轟烈烈的社會變革，扭轉歷史的進程。

　　在迄今為止所有有關太平天國的論述中，一本叫《勸世良言》的都出現在史家的筆下，成為天國崛起諸多的元素之一。在太平天國的文獻記載和洪秀全族弟洪仁玕的記述中，洪秀全在屢試不第的情況下，曾經三次與此書擦肩而過。而在最後一次閱讀中，洪秀全獲得了諸如神啟之類頓悟的感覺。在族弟洪仁玕玄而又玄的描述中，洪秀全在一次病中感覺自己被天使接到了天堂，一位鬚髮皆白的老人向他指出妖道禍害人間的真相並賜予他寶劍，賦予他斬妖除魔的使命。而這次帶有明顯色彩的夢囈與洪秀全屢試不第後閱讀《勸世良言》不謀而合。在洪秀全看來，《勸世良言》中所述情形與其夢中場景如此相似相同，他進而認定，自己便是《勸世良言》中那位上帝的兒子，降臨人間解救眾生的苦難。

此類張揚所謂承天命之類的自我標榜,在煌煌《二十四史》中只是家常便飯,諸如劉邦出世說、項羽重瞳說,都是後人造神運動的若干點綴而已。洪秀全當然也不例外。然而身處晚清沒落時代,洪秀全的出現似乎也應證了某種歷史演進的必然,即在王朝沒落之時必有民間勢力崛起與之抗衡,加速其王朝的崩毀。這種綿延於千年國史的循環性週期,由陳勝、吳廣伊始,經黃巾軍、紅巾軍之類漫長的傳承,在洪秀全手裏得到的是悲喜交集的終結性命運。

洪秀全的標注意味,源於太平天國的一個重要特徵。或許洪秀全並沒有意識到這種特徵所蘊含的隱喻性色彩。我指的是撤除孔子的牌位。在歷史所記述的農民起義中,惟獨洪秀全將孔子從聖人的排位上拉扯下來,進而以己代之,成為眾生的偶像。在《勸世良言》中洪秀全注意到了諸如此類對孔子地位構成極度威脅的論述:「上帝是唯一真神」,言下之意即是廢除一切偶像,而這一論述也導致了他第一個行動便是撤去學塾中的孔子牌位。這是含義極其複雜的舉動,它的終極意義在於與傳統中國決絕,追尋心目中理想的天國。

這種取向與五四時代諸君的反傳統姿態有何學理上的異同,難以考察。唯一可以認定的是,這種理念的抉擇並非出於深思熟慮的論證,而是基於感情盲目的衝動。而這種取向也註定了天國沒落的必然。當一股勢力公然與孔子代表的封建傳統相對應的時候,尤其是這種對立尚處於封建意識深入人心的時代,其最終的結果可想而知。與前朝各代的農民起義打的周濟蒼生的神聖旗幟不同,洪秀全自己也不十分清楚自己的目標,只是在朦朧中嚮往著遠方的天國。這種目標的含混相當程度上也減少了追隨其奔走四方的民眾為之奮鬥的熱情。更何況一個更為真實的狀況是,前期的農民起義中都從

中或多或少地取得了實質性的利益，而在天國時期，所謂均分土地的《天朝田畝制度》也不過是一紙空文，並沒有在實質上使洪秀全的信徒實現其廉價的願望。

另外一個更為重要的事實則是，身為農家子弟洪秀全諸人，終究無法擺脫農民階級的局限。爭權奪利的相互殺戮，這在歷史的農民起義中並不鮮見。以基督色彩包裹的拜上帝會，終究難以擺脫封建迷信的內核，而其間夾雜的毒素，也同樣沒有得到肅清和蕩滌。這或許是一種令人歡喜的慶幸，註定了天國陷落的悲劇性走向，這種悲劇的走向並非言說失敗的慚愧，而是眾多不明就裏將士的枉死，為終結性的使命毫無徵兆地犧牲。作為歷史的因循，太平天國的終結性意義在於對農民戰爭的告別，它註定失敗的際遇也無法避免中國再度落入「農民革命──建立政權──王朝腐敗──農民革命」循環式的怪圈。它的歷史責任在於加速一個時代的終結，以利於另一種力量的崛起，推翻這個時代千年不變的發展脈絡，將中國引入另一種截然不同的發展軌跡。

對於天國的陷落，我只是為那些由兩廣征戰四方最後客死在江淮一帶的將士感到些許的遺憾。他們或許至死都不會明白，他們在起事之初便已註定了出師無名的尷尬際遇。正如同洪秀全至死也不能明白為什麼半路殺出個曾國藩，破壞了他征伐多年即將得手的一統天下。作為屢試不第的舉子，洪秀全恰恰陷入這種歷史的死胡同難以自拔。洪秀全何曾想到，自己一時興起推翻了孔子牌位，竟是自己失敗的歷史根源。

在晚近中國歷史的書寫上，史學界幾乎一致認定曾國藩之於太平天國劊子手般的意味，而幾乎一致忽略曾國藩勘定太平天國深層次的文化真諦，這不僅僅是一種簡單的誤會，彰顯的則是我們的思維歷經千年古國的超穩定性結構之後所形成的偏差。

　　曾國藩的這種被誤解的偏差，恰恰映照了洪秀全被神話的命運，而這種幾乎信口雌黃事理不分的學術態度，則將太平天國研究拖入了深深的泥沼，使得學界幾乎形成了諱言天國二字的可笑局面。這種歷史性的荒誕並不僅僅是學界的誤會所致，更為深層次的原因則在於，太平天國的性質太過複雜，難以歸類，除卻其之於文化傳統構成的隱性威脅之外，包藏在舊式農民戰爭的外衣之下的，是含義頗為複雜的烏托邦理想。這種有著悠久歷史的文化理想不僅在中國由來已久，在外國更是屢見不鮮。陶淵明的桃花源與柏拉圖的烏托邦，甚至是歐文的社會主義構想，於實質上並無真正的異同，它們的終極意外不外乎追求理想中迥異於世俗的人間樂土，但是無一不以失敗的悲慘結局而宣告了其理論實質性的潰退。而太平天國較之更顯悲壯色彩的地方則在於，它所昭顯的不僅僅是人類追求烏托邦的理想主義氣質，更夾雜著太多樸素而廉價的願望。洪秀全將基督理論不加思索地舶來中國為其驅使時沒有意識到，這種從西方到東方的轉移並不意味著悲劇意味的削減，恰恰相反的是，其增添了太多難以言說複雜的糾結。當洪秀全以誘餌吸引了太多良善的人群為了一個模糊的願望肝腦塗地、家破人亡之時，曾國藩所能做的也只是以殺戮回敬暴民的破壞姿態。而曾國藩並沒有像洪秀全那樣躲入深宮之中，沉迷於酒色之間。他受著矛盾的煎熬：基於理性的思索，他應該用克制暴力來抵抗另一種更為殘酷的暴力；基於感性的訴求，他身處殺戮所帶來的罪惡感之中。所以他才會在《與江岷樵書》中近乎蒼白無力地為自己辯解：「書生好殺，時事使然耳。」

　　漫長的天國歷史之於晚近中國更為漫長的歷史來說，或許只是篇幅較小的某一章節。然而基於歷史的本真來說，是一幕充滿玄機的悲劇，而悲劇的結局卻是可以令人接受的天國陷落所包含著巨大

的喜劇色彩。或許正是天國陷落的歷史機遇，曾國藩實現了歷史的崛起，避免了中國走入歷史循環的怪圈，也蘊含著中國走向另一種道路的希望與可能。洪秀全所代表的那一種勢力之於晚近中國歷史風雲曾經轟轟烈烈的影響，終究只是如同江水之中的泥沙，只能付諸於花間一壺酒的笑談。而曾國藩所勘定的太平天國的真正內涵，不僅僅在於其維護傳統文化的辛勞與憔悴，也不僅僅是其開創新世的果敢與無畏，其間包含著諸多含義深遠的內容，基於這樣的歷史觀，便是我對天國陷落如此慶幸的緣由。

二、義和團的暴力圖騰

　　作為一段歷史中的社會風景，農民起義長久以來被冠以「抵抗暴政」之類冠冕堂皇的理由，從而隱去了其對於社會隱性的巨大破壞。蘇聯學者魏特夫在論述東方專制主義集權由來時曾由大禹治水講起，進而認定，中國的專制制度之所以源遠流長，其根源在於中國幅員遼闊，自然災害頻繁，必須出現一個中央集權的專制體制國家來統一指揮調度，方能實現孟子所言「河東兇，則移其民於河內」諸如此類應對天災的從容以及實現國家的安定。此類東方專制主義起源論的荒謬與無知在於一葉障目式的即興發揮，便自以為抓住了問題的實質與本源。這不僅僅用學術態度的輕浮可以解釋，更大程度上則彰顯了西方學者對於中國歷史的無知，或是對於中國社會瞭解的膚淺。他們幾乎不約而同地忽略了一個重大的史實，農民起義在相當程度上維護了東方乃至中國專制主義集權制度的漫長歷史，而義和團的荒謬則在於，它並非真正意義上的農民起義，但卻承沿了農民起義諸多醜惡的傳統，幾乎將中國再次拖入專制主義集權制度的泥潭。

　　太平天國的陷落，是千年古國農民起義終結性的戰役，而義和團作為白蓮教在晚清一脈相承類似於江湖幫會之類的民間組織，早已褪去了其早年間曾張揚「反清復明」的旗號，它的存在是作為一種民間希望的代際順延，使民間在適當的時期可以重演朱元璋紅巾軍的歷史。然而歷史的荒誕則在於，晚清時代出現了太平天國和義和團兩次幾乎都沾有農民起義色彩的運動，而這種荒誕的更真實狀況則在於，在太平天國已經作為農民起義終結性的戰役退出歷史舞臺之際，義和團卻不甘寂寞地破土而出。持有唯物主義歷史觀的史家大可以談論晚清動盪不安歷史與民生凋敝的事實，並以此為依據含混其辭地解釋義和團的出現是人民不堪重壓的爆發。這種極其庸俗的觀點雖然無可厚非，但卻忽略了晚清因洋務運動而開創的中興局面，更為重要的是其忽略了義和團的運動對社會所起的破壞作用之於晚清時代的多餘。為了瞭解這樣的多餘，不妨對於千年古國的農民革命一次簡單的巡禮。

　　農民起義是江湖群雄並起的現實版本。由江湖而起的出身，註定了其盲目與暴力的本性。這是延續千年未絕的流氓傳統。從陳勝、吳廣到劉邦、項羽，一直延續到了太平天國的諸位藩王，概莫能外。當一個政府腐敗透頂之時必有民間或是外族所代表的流氓勢力將其推翻，而新政權必然會以聖人的面孔出現。流氓依舊是流氓，聖人卻並非是真正的聖人，依舊是原來的流氓。基於這種流氓本性的薪火相傳，中國的封建社會始終未能逃脫流氓的底色。而由流氓本性出生繁衍而成的則是獨斷專行的政治體制。由於流氓本性未曾改變，專制主義中央集權愈演愈烈，隨著時代的進程逐漸進化成中國封建社會的超穩定性結構。這種超穩定性結構的底色，依舊是流氓習氣，特徵則是獨裁專政。此類於社會個人皆無益處的體制在現代中國面臨著被拷問的命運，二十世紀的晚鐘敲響之際，暮年

破門成為中國自由主義教父的李慎之老人明言：中國的傳統文化就是專制文化。

晚清時代是中國歷史上最為魚龍混雜的年代。農民起義同樣顯得語意曖昧，含混不清。由於鴉片戰爭前後西方文化的大量湧入，加之社會內部醞釀著新一輪的變革，農民起義在此也註定了與前朝不太一致的色彩。而太平天國則鮮明體現了這一時代性的痕跡。基於《聖經》衍生而出的《勸世良言》在偶然間成為啟發洪秀全進行理論構建的動力，而這恰恰說明了西方文化之於中國農民起義歷史性的文化包裝。晚近中國歷史上的洪秀全與毛澤東則體現了這種文化包裝的成果。洪秀全代表了基督教的烏托邦思想，毛澤東則代表了列寧暴力革命理論的完成。雖然毛澤東在成事之後將旗幟改為工農聯盟，但是只要細心考察其起事之初的真實狀況，可見依然不改農民暴力革命的底色。但是毛澤東出色的話語能力，巧妙地粉飾了早年間農民領袖的形象，因此農民起義在晚近中國的天國陷落之時終止了其真正意義上的歷史。

天地會當然不是完整意義上的農民起義，也就無從談起終結農民起義的意義與歷史定位。他既缺少太平天國烏托邦的氣質，又沒有毛澤東之類的暴力理論構建，只是由一群巫術感召的烏合之眾群聚而成的幫會而已。義和團發生於直隸山東一帶並非偶然，眾所周知這是晚近歷史上最為混亂和黑暗的地區，近一個世紀都無法獲得安寧的命運。而由白蓮教衍生而成的義和團幾近陷入目標混沌的境地。義和團當然不會舉著在當時幾乎算是滑天下之大稽的「反清復明」的旗號，但是一時間又找不到足以攻擊的物件，便只能在「滅清」與「滅洋」之間反覆搖擺，左右不定。

問題恰恰在於此，如果義和團單純只是「滅清」，或能成就如同太平天國之類的淪落性歷史定位。如果單純「滅洋」，更能稱

之為民間抵抗侵略的忠義之師。其含混的意味在於對清朝的曲意逢迎，對一切外物都大肆破壞。這種文化上的流氓行為於世毫無增補。「保清滅洋」的旗號恰恰彰顯了義和團最後的歲月中迷途忘歸的心理態勢。對於清廷他們落入了招安封妻蔭子的歷史性圈套，而對於外國則採取了激烈的抵制姿態，而這種激烈的態度幾乎完全停留在感性認識的低級階段，以燒教堂毆打外國人的行為發洩民族主義的憤怒，並由此延伸至所有信洋教的人乃至敵視一切西方舶來的事物。而這也開創了民族主義排外原則的先河，確立了民族主義重要的思想底色，乃至於在五四運動、反內戰遊行、反美轟炸大使館、抵制家樂福等諸多民族主義情緒高昂的社會事件中，這種籠統的排外原則一直未曾缺席。

義和團更為嚴重的危害並不在於首開民族主義排外原則的先河，更加令人憂慮的是，他所張揚的並非中國民間抵抗外侮的傳統，而是另一種背離於文化傳統的深層破壞。早在義和團起事之前，太平天國之中便已出現這種極其不易察覺的潛在危機，只有曾國藩看出了這種潛在危機之於吾國吾民文化傳統的巨大威脅，在〈討粵匪檄〉中，他將出師的目的定義為文化征伐，而勘定太平天國也使得這種潛在危機短暫性的隱蔽。當曾文正公撒手人寰之時，義和團的巨大破壞力終於爆發，由於朝中無人再有曾國藩那樣的洞見，義和團轟轟烈烈上演一幕無關緊要的悲劇之後，以血流成河的代價成就了歷史另一段令人唏噓不已的往事。

諸如此類的排外傳統或是破壞傳統，歸結起來無非是暴力傳統的順延。但義和團的終極意味在於，它將這種暴力傳統發揮到了極致性的意味，乃至於幾乎不帶有任何的理性色彩。與以往的農民革命出於生存慾望而反抗的單純動機相比，義和團的崛起幾乎完全出於仇恨的憤怒，這種極端非理性的情緒彌滿於十九世紀的晚期，

為二十世紀的不詳提供了徵兆。而慘烈的二十世紀進程也突顯了這一徵兆的預見。彌漫於二十世紀的革命浪潮、戰爭衝突、種種階級相互對峙焦灼的狀態，都深深地打上了暴力的印跡。我不得不想到十九世紀末孤絕而又寫滿慘烈的義和團，它之於歷史的真正意味在於寫滿了無休止的暴力，正如一個陰魂不散的圖騰，嵌在二十世紀的中國歷史之中，久久使人不敢正視。

三、暴力敘事的因襲與展開

我在論述義和團之於改良主義的傷害之時，曾經指出暴力於其中的根基性作用。在有關於太平天國的言說中，同樣沒有忽略了暴力於其中扮演的重要角色。義和團和太平天國作為暴力敘事的絕佳樣板，幾乎貫穿了晚清時代所有的歷史。而作為其對立面的日暮帝國，同樣用暴力書寫了另一段充滿血腥的曾經。由曾國藩引領的文化征伐，雖然出師有名，但由於南京血案的陰沉，終究無法褪去其固有的暴力意味。而日暮帝國對於義和團左右搖擺的曖昧態度，終究在關鍵時刻選擇了殺戮，更加深刻的悲劇則在於，這種殺戮由國人與外人攜手完成，幾乎形成了引狼入室的悲慘境遇。

作為一種歷史風景的暴力敘事，在晚近中國的書卷中永遠無法磨滅其深深印跡。一部晚近中國的歷史與之前的歷史最大區別在於，以鴉片戰爭為傳統中國與近代中國分野的定論在某種程度上昭顯了暴力之於晚清時代的初始性含義。也正是由於鴉片戰爭的性質乃是外族入侵，其原先的暴力色彩，更增添了一抹不同於傳統中國的另類。而這種另類在晚清逐漸成為時代的主流，與傳統農民暴力的代代相沿合流成為晚清時代暴力圖景的血腥篇章。這段飄滿鮮血與殺戮氣息的歷史，深刻地影響了其後二十世紀的中國，經由列寧

主義傳入中國的歷史性時刻，致使中國在二十世紀繼續迷失在暴力敘事的迷津中，久久難以自拔。

外來因素之於暴力圖景描述過程的主導性意義之前，傳統中國的暴力歷史也有漫長的歷史。這種歷史見諸於《資治通鑒》之類帶有濃重官定色彩的著作，也見諸於《史記》之類帶有浪漫與悲壯氣質的個人書寫。更加無法忽略的則是浩如煙海的筆記、野史之類民間氣息濃郁的只言碎語。在晚近中國的歷史上，魯迅將千年古國的歷史極其憤怒地描述為吃人的歷史，並且在《狂人日記》中信誓旦旦地聲稱從寫滿仁義道德的經書字縫間讀出了「吃人」二字。無論這種帶有強烈愛憎色彩的言說是否有失偏頗，但它無疑揭示了歷史從來不缺少血腥的本質。動盪年代的王朝變更，和平年代的權力鬥爭，最終便構成了暴力書寫的終極方式。而歷史性的循環對促使了終極方式的世代相沿，王朝變更的不斷上演，權利鬥爭的代代傳承，其間夾雜著陰謀權術，鉤心鬥角，使得歷史失去原有的本真，變得波譎雲詭。而長達千年的封建專制統治如同漫漫黑夜般的時代，這兩種終極方式交錯上演，構成了歷史的暴力圖景。

在遙遠的上古時代，禹治大水其後又由其子啟開創了奴隸時代的先河，直至秦始皇吞併六國、創立秦朝之時，這中間的歷史被唯物主義史家永久地定格為奴隸時代。唯物主義史家大可以從進化論的角度指出奴隸社會相較於原始社會是如何的進步，但他們卻無視一個基本的常識，歷史的發展往往帶有某種難以言說的必然，其間夾雜著諸多偶然性。奴隸社會之所以稱為奴隸社會，不過是唯物主義史家基於生產力發展角度的劃分而已，不過是某一歷史時期的代稱而已，不足以引以為訓，而所謂奴隸時代最為重要的開端性色彩幾乎都被歷史學家不同程度的忽略。我指的是夏禹所開創的極權主義專制話語所引領的暴力因循。

　　中國的歷史雖然漫長，卻可以籠統地概括為幾個時代：先秦時代、漢唐時代、宋明時代。先秦時代是歷史的成道階段，人們的內心修為絕非今人可以望其項背。漢唐時代則落入了頭腦主宰的時代，此時知識份子作為整個社會的頭腦階層開始主宰社會，不似先秦時代諸如孔孟等人胸懷治國之策，卻終生碌碌無為，形如喪家之犬。及至宋明時代，由頭腦主宰的時代滑入身體與慾望充斥的社會，經由《三言二拍》、《金瓶梅》之類世情小說的世俗闡釋，彷彿中國人的慾望被壓抑了無數個世紀，在宋明時代終於得到解放的待遇。這是文化氣脈的歷史，是歷史原有的本真形貌。

　　暴力書寫自夏禹伊始，使一直試圖改寫歷史的本真形貌，將歷史訴諸於你死我活的階級或是權利鬥爭。經由專制主義國家政權的話語宣傳與思想鉗制，官方的歷史書寫幾近構成了對歷史本真面貌幾近完美無瑕的遮蔽。於是在《二十四史》或是《資治通鑑》之中，王朝變更的歷史與權利鬥爭的歷史構成了歷史的全部，暴力圖景代替了歷史的本真，文化讓步於暴力，中國的歷史陷入暗無天日的年代，沉淪於暴力圖景的迷狂之中徘徊良久。

　　基於這樣延續千年的歷史闡釋，二十世紀的中國史學界依舊無法看清歷史的本真，依舊迷失在歷史觀混淆的語境中無法自拔，導致中國的史學界在二十世紀依舊如同乾嘉學派那樣皓首窮經，迂腐冥頑。更加令人心痛的史實則是，二十世紀的中國，經歷了斷裂式的時代交錯，暴力敘事達到了難以逾越的高度，充斥於時間與空間的向度之中。專制主義暴力話語達到了前所未有的瘋狂狀態，並造就了迷失於革命激情之中的話語英雄與造反小生。話語英雄一聲號令，造反小生五洲激蕩，經由文革的群情昂揚與眾生喧嘩，中國的文化徹底喪失了原有的脈絡，氣數斷絕。

　　必須指出的是，在此之前，中國的歷史並非此種方式的書寫。在孔子修訂《春秋》的時候，他的態度是小心翼翼的，並不想把歷史訴諸於身體哲學的淺陋描述，訴諸於武力彌漫的風雲際會。由此《春秋》所昭顯的微言大義，乃是另一種形式的歷史本真。這種寫史起碼的誠實標準，在後世歷代的史官身上都看不到哪怕些許的傳承。幾乎從司馬遷的《史記》開始，歷史的描述開始遠離了本真，接近了暴力的風雲。《刺客列傳》可以看作太史公一次艱難的告別。儘管我對太史公難掩敬重之情，並長久地對《刺客列傳》心懷敬意，但無可否認的是《刺客列傳》的暴力敘事，成為《二十四史》最為典範的樣板，並構成了暴力的話語方式，深刻而激烈地影響了其後史官的秉筆心態。

　　此間必須引起注意的是歷史上兩次重要的異族入侵。一次是成吉思汗，橫貫於宋明之間，一次是努爾哈赤，橫貫於明朝與民國之間。而這種異族入侵的結果不僅僅是王朝變更意義上的征服，其深層次的含義在於加速了暴力話語的繁衍與生殖。眾所周知，元朝是中國歷史上武力最為張揚的時代，這個號稱騎在馬背上的民族統治中國的時期是中國歷史上最為混亂和庸俗的時期，雖然有元曲之類文化意義上的掩飾抹卻了元代些許的野蠻氣息，但無可否認它是中國最沒有文化的一個朝代，其統治者竭力推行的民族歧視政策無論在當時或是現世都缺乏充足的令人信服的理由，更何況這個朝代法治混亂，民生凋敝，寫盡了亂世離人的悲慘與蒼涼。經由農民起義的歷史性循環，元朝作為曾經中國疆域最為遼闊的朝代，在所謂強大富饒的假面下終於暴露了其內在的虛弱與貧瘠，僅存在了一個世紀便匆匆接受了坍毀的命運。

　　與元代遙相呼應的清朝則將中國拖入更為黑暗的深淵。如果說元代時期的中國只是遭受到武力的征服之外，清朝則在這一層傷害

上又增添了文化上的滅絕。有著千年歷史的文字獄在清朝前所未有的轟轟烈烈，使中國的知識份子遭受了同樣前所未有的浩劫。這一痛入骨髓的傷害只有幾個世紀後慘絕人寰的文革可以庶幾比擬。而這種傷害的深層次含義則在於，漢唐之時的文人氣節在清朝有似於文字獄的重壓下喪失殆盡，文化氣脈的傳沿成為了乾嘉學派皓首窮經式的尋章摘句，中國的知識份子從來沒有如此的委瑣不堪。而作為國家主義暴力語境下的暴力書寫，《四庫全書》實現了文化與武力的完美結合。不僅使文化的傳承人知識份子變成其奴役的工具以實現其武力征伐成功的標誌，更以銷毀大量異端書籍實現了其文化意義上的終極統治。時代遭受了國家專制主義威權的無情洗劫，中國成為超穩定性專制體制架構最為充分發展的封建帝國。這一歷史時期共經歷了兩百餘年，最後終結於另一種形式的入侵。

　　近代中國的歷史乃是被描述為最為沉淪的所謂被帝國主義侵略欺壓的歷史，這段歷史雖然充斥著暴力的血洗與清算，但史學界幾乎一致忽略了其固有的歷史進步意味。作為唯物史觀不容置疑的中國近代史開端的鴉片戰爭，雖然有著太多的暴力因素，但從客觀上卻為中國打開了一扇窗戶，西方的頭腦文化開始植入中國的思維模式，從洋務運動至為新變法再至新文化運動，標注了西方文化逐漸進入晚近中國的三部曲。然而此三者在其後的中國遭受的冷遇不無悲劇地揭示了暴力敘事之於中國的根深蒂固，難以斷絕。由於西方頭腦文化進入中國是以一種悄無聲息的低調姿態，並且其受眾僅為上層的知識份子，底層的大眾並未由此獲得任何實質性的利益，因而也無從領會其之於晚近中國的意味深長。或許正是這樣一種悲劇性的現實，西方國家的武力入侵更激發了民眾暴力抗爭的反叛激情，從太平天國到義和團，標注了晚清時代暴力敘事的代際傳承。其後軍閥混戰的年代傳接了暴力敘事的傳統，再其後毛澤東崛起，

將暴力與文化一舉揉和，將中國推向烏托邦式的發展軌道，然而烏托邦在三十年中備經風雨飄搖，經由文革過去的大夢初醒，二十世紀中國完成了歷史性的蛻變，晚近中國的長期暴力敘事流於圖窮匕見，退出了歷史舞臺。然而其衍生的幽靈卻陰魂不散，久久地在歷史的天空徘徊。

　　強調暴力的因襲與展開，揭示了晚近中國一個特殊的本質。暴力話語從未像這個時代一樣充滿複雜多變的色彩，並對後世產生深廣久遠的影響。其愈演愈烈的態勢如同一波接一波的颶風，強烈地衝擊著二十世紀傷痕累累的中國。基於晚近歷史這樣一種本真的形貌，我覺得有必要寫出歷史原有的真實。同樣不容忽視的是，在日落時代的晚清，西方頭腦文化深入中國，與東方頭腦文化交滙。當東方遇到西方，二者激出了無比強烈的火花。這火花落入晚近中國思想的荒原，形成星火燎原之勢，為晚近中國的歷史圖景，書寫了一個永遠無法複製的黃金時代。

第三章　士大夫的崛起

一、嚴復之於晚近中國的震盪

　　在晚近中國思想史上，嚴復是命運最為波折的一位。此語倒不是意指嚴復的一生如何的充滿坎坷，寫盡世間的蒼涼。其真正的意味在於言說嚴復之於晚近中國思想史的地位問題，充滿著起起落落的境遇。在中國人的腦中，歷史在一九四九年之前，人們提及嚴復多半是因為「譯才並世數嚴林」這一令人長久敬畏的言稱，意義乃是在說明嚴復在翻譯上的造詣是如何的精深，幾近與影響幾代少年中國人的林琴南相提並論。但對於嚴復於思想史上的貢獻，鮮有人提及。還有這樣一種戲劇性的轉折──毛澤東在《論人民民主專政》一文中將嚴復與林則徐、洪秀全、孫中山並稱為近代中國「在中國共產黨出世以前向西方尋找真理的一派人物」，嚴復便開始承受了聲望的日漸興隆。然而人們恰恰忘了，舉世聞名的胡適之早年便對嚴復崇仰備至。然而這種崇仰如同胡適之在建國後三十年內的命運一樣，被莫名其妙地忽略了。或許是基於毛澤東與胡適同樣崇仰嚴復與盛行的批判胡適的運動有某種曖昧不清的矛盾，胡適之對於嚴復的評價幾乎無人問津。我的論說便從胡適的評說開始。

　　胡適在《四十四述》中頗有些夫子自道般地回憶起嚴復所譯《天演論》對於自身乃至整個社會如同火山噴發一般巨大影響，胡適回憶說，他的學生時代，社會上流行《天演論》，連學堂裏的先生也用它做教科書，引導學生讀之。胡適幾乎毫不掩飾《天演論》

之於自己乃至社會的深遠意義，連自己的名字，也取「物競天擇，
適者生存」之「適」字而改，並以一語精準描述了當時社會爭相
傳閱《天演論》，《天演論》深入人心的真實狀況：「讀《天演
論》，做『物競天擇』的文章，都可以代表那個時代的風氣。」

胡適的評價，或許只是基於一種基本的價值判斷。縱觀晚近
中國風雲人物對於《天演論》的評價，大多流於口號式的頂禮膜
拜，走向另一種極端的則是出於實用主義原則，以自身獲益與否為
尺規，對《天演論》作出是非高下的優劣判斷。諸如孫中山公開坦
誠自己的思想立論，從哲學方面來看，來源於進化論。又如毛澤東
在長沙師範學校學習《倫理學原理》時，常常用進化論的觀點，闡
述自己的見解，在晚年依舊戀戀不忘以階級鬥爭的尺規衡量《天演
論》的正確與否。僅此二例便可看出嚴復所著《天演論》之於社會
長久而深遠的影響。

口號式頂禮膜拜，恰恰是《天演論》在中國命運最為真正的寫
照，很少有人能注意到嚴復其本身被注目的程度。嚴復本人被關注
的程度與其《天演論》所引起的巨大轟動，中間隔著巨大的反差。或
許是《天演論》的光芒四射掩蓋了嚴復本人的寂寞命運。或許是嚴復
本人於事功立言並無相應的成就，人們盡可以作出種種假設，但卻
無可否認，嚴復與其《天演論》，本身就構成了一個極大的悖論。

嚴復的生平和其同時期的人物相比，他除了著書立說，鮮有
驚天動地的壯舉。與其同時代的風雲人物，大多有值得為之側目的
歷史功績。例如梁啟超、康有為有維新之變革，蔡元培有北大革新
之功勞，孫中山有同盟會之業績，宋教仁有改善政治之英勇嘗試等
等，但嚴復一生極少參與政治，他早年勤勉譯著，終成晚近中國開
啟民智的一代宗師。其後曾出任安徽高等學堂監督、復旦公學和京
師大學堂等校校長，雖無過人之處但也僅僅奉行了教育救國的責

任。其晚年黨附袁世凱，捲入洪憲帝制，並因此飽受世人詬病。但是其深層的複雜原因，依舊沒有人能夠真正理解。由於嚴復這種思想的不為人解，由於嚴復本人的某種價值取向，他終身反對革命共和，時持犯眾之論，既不獲解於當時，更致無法留頌於後世，於是造成了其後學界對於他刻意的冷漠。如同楊度因鼓吹帝制、籌辦籌安會之事由被史學界打入冷宮一樣，嚴復的身後命運也由其身前的孤身自持，特立獨行所昭顯的冷漠，成為主流學界對其採取封殺手段的重要原因。

　　嚴復之所以被長久忽略的原因，在於解放後的學界出於意識形態高壓態勢的影響。出於革命階級分析論的覆蓋，嚴復作為所謂資產階級啟蒙思想家，本應在被批判的範圍之內，但由於毛澤東的緣故，嚴復躲過了一劫。新時期以來，當毛澤東走下神壇之時，嚴復也開始承受迥異於以往的命運。學界攻擊嚴復無非出於兩個方面，其一宣揚達爾文主義的社會進化論，其二在其晚年時為袁世凱所用，斷送了一世清名。此語一處彷彿已成定論，嚴復也就有了此後幽居深宮的悲涼命運。

　　嚴復晚年的政治抉擇，帶有常人難以理解的複雜性，所以不能基於此全盤抹煞其之於晚近中國思想史的地位。然而現實的狀況則是，除卻其本身固有的政治性含義，帶著有色眼鏡的學術態度恐怕也是其中原因。更為深刻之處則在於，對嚴復宣揚社會達爾文主義的指摘達到了幾近荒謬的程度。為了證明這種難以言語的荒謬，不妨作一番簡單的辨別。

　　主流學界幾乎眾口一致地認為，嚴復譯著中的社會達爾文主義在中國近代史上撒播下了嚴重的毒素在於，其宣揚「物變至微，真遷極漸」的思想，反映到政治層面則成為崇奉改良的資產階級賴以生存的政治態度。據此資產階級改良派便會反對劇烈的革命，主張

「一點一滴改良」，這在素以革命進步面目示人的主流學界看來，幾乎是反動透頂的理論。主流學界以此作出如下申述：如果承認「物競天擇，適者生存」諸如此類的社會發展規律，幾近認同帝國主義對中國的侵略，壓迫和奴役，所以出於「愛國主義」的原則，嚴復罪莫大焉。這種偷換概念以宣揚愛國主義為旗號，實則是民粹主義的粉飾。這種學術態度本身就是可恥，另外一種可恥則在於，它幾乎完全誤解了社會達爾文主義的真實含義乃至於嚴復的初始想法。

達爾文的《物種起源》出版於1858年，而嚴復所譯《天演論》出版於1898年，僅僅相隔40年，在東方與西方交流並不十分發達的當時，《天演論》對於《物種起源》中進化論的吸收並非別有用心的利用，它的真實含義在於用進化論敲響國家危亡的警鐘，其本意無非是主張以改革救國，以變法以求國之振興，並無其他的含義。主流學界的誤解在於其對於漸變改良的仇視，對於社會達爾文主義的真正危害卻沒有真正觸及。這種危害太過隱蔽，以至於嚴復終身都未能領悟，帶著這樣的遺憾，帶著晚年失節的追悔，走完了人生最後的旅程。

這種隱性危害的真正含義及其終結式的表現在於，社會達爾文主義具有難以言說的暴力色彩。從其源頭來看，就達爾文的經歷而言，早在其環球考察時，除了生物界的生存鬥爭給予他深刻的印象之外，白人殖民者與土著居民的殘酷鬥爭也令他終身難忘。而這些瀰漫著血腥與暴力意味的場景無疑為其後來的生存競爭學說的創立提供了最直接的感性材料，但基於其自然科學工作者的單一立場，對於社會科學的茫然使得生存競爭學說經由赫胥黎等人的發揮誇大，成為了名聲大振的社會達爾文主義。

社會達爾文主義並非首先荼毒中國，但卻於中國傷害最深。在中國之前，德國、美國等西方國家相繼受到這種隱性的傷害。德國

由於日爾曼民族的原有血性，加之俾斯麥時代進化論教育的盛行，優劣人種之分深入人心，一戰二戰皆因此烽煙四起。對於美國來說，社會達爾文主義的傷害在於，它令美國的道德與基督教倫理普遍衰敗，社會成為慾望充斥、投機鑽營的時空，成就了三十年代美國災難式的經濟恐慌。

嚴復用《天演論》將進化論引入中國，這一脈來自於西方飽受質疑的理論，在中國卻在短時期內風行，即便清醒如胡適之者，有時也難免跟風，說一些關於進化論無關痛癢的客套話。然而其後列寧專政主義傳入中國，由於進化論在人們心中已普遍植入了鬥爭生存的思維，列寧專政主義的闡釋精義在於階級之間的訴諸武力，以期達到無產階級專政。這種極具蠱惑性質的理論與大眾的非理性反抗情緒一拍即合，由於《天演論》所為其前期鋪好的道路，中國開始了暴力革命的征途。

此間值得一提的是毛澤東的暴力話語。早在毛澤東的青年時期，便已經常引用進化論的觀點闡述已久。由於青年時代的毛澤東深深印上了鬥爭生存的價值取向，在他投身革命之後，才會炮製出「槍桿子裏出政權」之類充斥著暴力色彩的理論觀點。或許是早年對於鬥爭哲學的熟稔，加之其對於古代權謀的一向精通，毛澤東成功地揉和了智力與暴力，開創了晚近中國全人悲欣交集的時代。

其實何止是毛澤東，只要對五四新文化運動的發動者如陳獨秀，胡適諸君有所瞭解的話便可知曉，嚴復是影響了這一代幾乎所有少年中國人的啟蒙導師，但一個有趣的事實在於，嚴復是科舉制度的失利者，四赴舉人考試都落榜，只能用自己精通的先秦諸子文筆，在《天演論》中鍛造出「物競天擇，適者生存」的關鍵字，。但是嚴復的悲劇性在於，由於他不是如同王國維一樣有著天才般的文化感悟力。進化論中所隱含的暴力因素嚴復終生都未察覺，乃至

其行將就木之時，仍然得意於其引入進化論震撼中國的輝煌曾經。嚴復的理解有誤，他的影響並不在於《天演論》如何風行，其真實的意義在於將鬥爭與暴力的基因通過西方頭腦文化的面目植入中國，造成了革命時代來臨前群情激奮的壯觀圖景。在晚近中國的歷史上，這種由文人無意識主導的劇烈動盪的社會風潮歷歷可數，從嚴復到胡適，從胡適至陳獨秀，這些彷彿註定成為晚近中國一次次的劇烈的變革。嚴復的裂變式無與倫比的影響，在於其不可複製的單一，他至死未曾領悟的暴力幽靈，在他逝去近一個世紀的動盪年代，依舊無聲無息地漂浮在充滿動盪與不安的空氣之中。

二、引以為憾的百日維新

作為在義和團之前晚清社會的一次最富有多元意義的社會變革，百日維新長久以來經受著極其不公正的待遇。正統的史學界可以秉持其亙古不變的思維模式對百日維新的沉淪提出苛刻的批判，並由此從點到面地組織對改良主義的圍攻。這些史學界諸人恰恰遺忘了一個基本的歷史常識，歷史的發展並非因為人類的意志願望發生轉移，而是基於諸多的偶然。這種如荒草叢生般的偶然既不能事先預知，又無法獲得被歸類的命運。因此史學界對於百日維新的質疑與批駁是毫無根據的，他們所仰仗的不過是那些早已玩弄成熟的話語權，在白紙黑字之間實現其仇恨宣洩式的征伐。

史學界由來已久的論斷，關鍵在於其一貫看待歷史帶著度數頗深的有色眼鏡，導致他們無視時代的重壓，一味對百日維新求全責備。這種隔岸觀火的學術態度是極其可恥的。更何況其忽略了一個重要的史實，在百日維新之後，康梁諸人於社會的貢獻並不亞於百

日維新的**轟轟**烈烈。另外一個極其不易察覺的事實則是，百日維新中康梁諸人所主張的措施，直到今天看來依然別有深義。

百日維新是義和團之前晚清社會最富多元意義的一次社會變革，事實上正是百日維新遺憾造成了義和團悲劇，而義和團單純的暴力指向將百日維新殘存的良性影響消滅殆盡。而更為深刻的悲劇則在於，義和團成功地阻隔了歷史由改良主義所引領的時代走向，將二十世紀中國拖入暴力的惡性循環。

百日維新當然不具備過多的暴力色彩，唯獨六君子血灑京城之時才會使人記得淡淡的恐懼與憂慮。其本身所秉持的改良主義立場至今依然散發著實用主義的芬芳。對於高呼革命的人群來說，百日維新當然如同小腳女人一樣扭扭捏捏，舉棋不定。對於抱殘守缺的官僚來說，百日維新顯然在實質上對其利益構成巨大的威脅。而百日維新的引以為憾恰恰源於此類處於夾縫之中的境遇，更為不妙的事實則在於，革命派與保守派幾乎形成了中國社會的全部力量，改良派僅僅是難以察覺的一小部分人群。或許百日維新的血淚悲歌在某種程度上揭示了康梁二人改良主義之於中國的坎坷命運。在維新失敗之後，康梁二人由改良主義走向了不同的分野，康有為選擇了保守而梁啟超選擇了激進。

康有為早年間當然不似百日維新之後的昏庸與保守，甚至在某種程度上帶有若隱若現的激進痕跡。作為封建官僚家庭出身並沒有使康有為在仕途上一帆風順，或許這也迫使他走上以言幹政的道路，尋求另一種更具時代性的征途。我要強調的是，康有為在其早年間的治學歷程上便已體現出這種不易察覺的激進立場，我指的是朱次琦之於康有為的啟蒙性指引。

雖然康有為青年時期便已接受了正統的儒家教育，但並沒有陷入皓首窮經的泥潭難以自拔，這是廣東之地古已有之的學風使然，

也是歐風美雨吹拂下開放心態的張揚所在。康有為十九歲起到廣州朱次琦處學習理學。雖然名為理學大師，但朱次琦並無傳統士人的迂腐冥頑。而更為重要的關鍵則在於，朱次琦主治程朱之學，對乾嘉所謂「漢學」痛恨已久。追隨乃師的康有為當然沒有對此有所免疫，同樣鄙夷乾嘉之流考據訓詁的繁瑣學風。而朱次琦之於康有為更為深層的影響則在於，在康有為腦中深深地植入了「尊孔」的基因。乃至於百日維新最為人所熟稔的文獻，竟是假借孔子之名所撰的《孔子改制考》。既承接乃師的反叛傾向，又在立場上承襲舊有的文化傳統，康有為成為改良主義的代表似乎順理成章。

梁啟超較之於康有為，褪去了舊學影響的痕跡，以一種嶄新的面貌呈現於百日維新之中。與康有為的姿態相比，梁啟超更為激進與開明，不似康有為一度陷入了保守僵化的人生悲劇。而另外不容忽視的則是，梁啟超深具現代意識，深諳現代知識份子的生存技巧與宣傳策略，因而在康有為因上書言事備受困擾、全國維新運動幾近陷入停滯之時，是梁啟超以煌煌長文為依，以報刊為媒介，打開了維新一直痛苦難言的宣傳領域生力匱乏的局面，而這極具標注性意味的事件，也作為維新變法之前社會風潮激烈碰撞的始作俑者，在改良主義登上歷史舞臺的時期，意義顯得非比尋常。

百日維新雖然壽短，但卻成就了十九世紀末思想解放先驅的盛名，與康梁之間互補性的人格乃至生命氣象的構成有著難以割斷的聯繫。正是基於康有為尊孔的價值取向，叛逆激進的梁啟超才避免了走向文化破壞的類似於太平天國義和團的暴力路途，也正是基於梁啟超的現代意識，身上多少有些陳年氣息的康有為才得以展開事業，並在具體的操作層面因梁啟超的幫助而省卻了相當程度的後顧之憂。

基於這種天作地設式的絕佳組合，康有為與梁啟超在相遇之後立即形成一股強烈的氣流，席捲著中國的山南水北、長城內外。而

與之構成強烈對比的則是康梁尚未相識相知之前，康有為幾乎從未品嚐過所謂成功與轟動的效應，而梁啟超也幾乎是處於渾渾噩噩的狀態，終日閉門謝客，與青燈黃卷為伴。而兩人相遇之後似乎融為一體，正如同朱毛的緊密相連，康梁幾乎成為維新的代名詞，在世紀末的中國主導了一場基於政治理想的社會變革，雖然結局未必那麼圓滿，也造成了血濺菜市口的人間悲劇，但維新的聲勢已成。

迄今為止，所有歷史學家都忘記了一個重要的歷史事實，康梁二人絕非鐵骨錚錚以頭撞牆之類的熱血青年，而是深昧鬥爭哲學的世故老手。在北京強學會被查封之際，兩廣總督張之洞起到了至關重要的作用。這位貌似開放實則落後愚蠢的湘人，蠻橫地以強學會所辦《強學報》不用清朝紀年而是以孔子生日紀年為由，強行禁止報紙發行，並在經濟上予以封鎖。此時的康梁並非以激烈的姿態反抗強權，而是以退守的決定保存了自己。這一具有歷史性意味的事件，長久以來被誤讀為所謂資產階級改良派的軟弱與妥協。實際上透過這一事件，可以觀照出另一種政治勢力基於形勢所採取的折衷態度，既非抱殘守缺式的退讓，亦非以頭撞牆式的激烈。前者在歷史中被罵作軟弱，後者在歷史中則被標榜成為英雄。而改良主義的中和態度在歷史中難以被歸類，也從另外一個角度預示了其難以言說的命運。

改良主義是在一個不成熟的時代應運而生的產物。在百日維新之前的洋務運動，已或多或少地帶上了難以磨滅的改良色彩，只是結局毀於一場民族主義遭受嚴重傷害的戰爭，導致洋務運動及其推動者背上了世紀噩夢式的終身罵名，其原有的改良色彩也被扔進了歷史的暗角，久久隱去了光澤。但百日維新的新處則在於，它的改良主義色彩從來都不是作為一種附庸，而是作為一種主色。更為關鍵的是，與洋務運動相比，百日維新並非簡單的物質改革，乃是政治領域的深層次訴求，並且具備了更為深刻的顛覆式含義。

　　意味深長的是，雖然洋務運動的主導者曾國藩李鴻章諸人是開明的改革派，但由於斯時曾國藩已入黃土，李鴻章也背負了甲午海戰失利的黑鍋，普天之下已無幾人贊同李鴻章的所謂器物改革。而據此再進一步的改革政治，時人肯定群起而攻之。而在此時，康梁諸人登上歷史舞臺，將改良主義訴諸了政治層面的變法。

　　自秦漢伊始，千年古國一直諱言變法。偶有倡言變法之人也很快以悲劇性的面孔消失於歷史之中。在士大夫階級世代相沿的思維模式中，法制是先聖先賢歷代相傳不可變更的永恆，絕對不能有所傷損。因此康有為抓住了孔子，以《孔子改制考》宣揚改革之於孔子被忽視的意義。雖然此文政治目的極強，且語中多有強詞奪理之句，但不可否認，康有為成功地抓住了孔子作為其宣揚改革的人質，成功地在輿論上鎮壓了反對變法的士大夫，改良主義似乎也獲得了合理的地位。但悲劇恰恰在於，輿論雖然能造成走勢，卻無法形成高壓態勢逼迫乃至左右當權者的意圖。由於這種生而帶來的殘缺，改良主義註定了悲劇的重演。正如同文化遭遇暴力的歷史性循環結局，改良主義同樣劫數難逃。

　　由於百日維新這種氣象式微的慘澹，改良主義其後在中國一直含羞度日。其後湧現的所謂自由主義、無政府主義等看似公正實則偏頗的諸多理論，終究無法擺脫改良主義的底色。而一次次的失敗也將劫數難逃的命運世代傳承。更為深刻的悲劇性則在於，暴力在二十世紀領導了世界的改變，不僅在世界上掀起了一波強似一波的浪潮，更以在中國的深植而引起這個千年未變的古國斷裂般的歷史性時代而顯得意味非凡。中國在二十世紀徘徊於暴力革命的迷津中難以走出，改良主義尾隨其後，如同一個可憐的病孩等待時機尋求施救，無奈總是面對殘酷而寫滿拒絕的背影。這一具有隱喻性含義的世紀性圖景，為晚近中國的歷史，增添了永遠揮之不去的悲涼氣息。

三、立憲派的興起

清帝退位，辛亥革命最終實現了圓滿。歷代的史家對於辛亥革命多有評述，但是對於〈清帝遜位昭書〉這一帶有象徵性的文本，多有所忽略。近年來，高金喜先生就〈清帝遜位昭書〉這一文本作出系統的研究。〈清帝遜位昭書〉才逐漸獲得人們的重視，而〈清帝遜位昭書〉本身產生的過程及台前幕後的運作，都值得逐一細察。

高金喜先生在總結〈清帝遜位昭書〉的意義時，曾經以國內外對辛亥革命的言說為引，指出其主要分為兩派，其一是國共兩黨的革命史觀，進步史觀，另一派是自由派對辛亥革命的總結，但是他更願意從憲政角度對考察這一文本。高金喜先生的這種觀點，恰恰提示了我們看待這一文本的角度，雖然史學界目前有關於〈清帝遜位昭書〉的產生過程尚存在著爭議，但是該昭書的撰寫人大致是張謇、楊度和雷奮三人。而這三人，恰恰具備完整的憲政思想背景。從這一層面上來說，此三人起草的〈清帝遜位昭書〉，在民國初年具有非比尋常的示範意義。

張謇，名滿天下的清末狀元，不必做過多的介紹，學界對張謇的研究，多集中在經濟思想，教育思想等方面，並未對張謇的憲政思想作出評述。實際上早在戊戌變法之後，張謇便已寫成〈變法平議〉一文，成為其憲政思想的濫觴。雖說〈變法平議〉在戊戌變法的大背景下，顯得微不足道。但是其中依然有著值得借鑒之處。比如張謇強調變法應「意行百里而阻於五十，何如日行二、三十里，旨之不至於阻，而猶可達也」，此一語充份昭顯了張謇堅持改良主義道路的思想底色。當孫中山、黃興提出用暴力革命的君主立憲思潮時，張謇的〈變法平議〉，謹小慎微地為中國的走向提出了自己的設想。

　　而在此之外，張謇還就中國選擇何種的君主立憲道路作出了
自己的回答。當時盛行的君主立憲模式一為英國模式，一為德日模
式。英國模式經由光榮革命以來的數百年變遷，被認為是社會變革
代價與成本最小的君主立憲模式，尤其是英國自一八四〇年以來在
中國面前展示出的經由工業革命而崛起於世界的形象，更是讓晚清
的士大夫豔羨不已。英國的崛起與對外擴張，由此給中國的民族百
業所帶來的傷害，使得朝野之中難聞以英為師的聲息。反倒是鄰邦
日本，自明治維新以來痛下狠心，一心以英美為師，最終在遠東
崛起，甲午一役將老大帝國的自尊心打得粉碎。在這樣的歷史條件
下，張謇號召的以英國君主立憲為樣板，無疑是追根溯源的良策。

　　張謇在憲政的道路選擇上為人們指明了道路，同時他還十分注
重憲政道路的實際運作，具體而言，便是他十分強調設立國會與責
任內閣，這便抓住了民主政治的咽喉，可謂蛇打七寸。晚清之後的
中華民國，之所以一再上演共和與復辟之間的拉鋸戰，歸根到底在
於國會的制度未能健全，國會未能得到充份的尊重。宋教仁慘死在
南下的火車旁，更是一大標誌性的事件。他的死能為國會在中華民
國建構中所起的作用，帶上了一層揮之不去的陰影。

　　晚清以來，張謇為代表的君主立憲派，殫精竭慮，篳路藍縷，
方才將老大帝國從鐵板一塊逐漸改造成為初具現代文明國家特徵
的、具有鮮明地方自治色彩的國度，在此之中的東南互保，或可視
為地方自治的起源。這一局面的出現，遠可追溯至洋務運動，近可
指向張謇諸人之於民族資本主義的發展，成其是清末立憲格局的初
步顯現，使得滿清得以在辛亥革命中迅速瓦解，這一過程中流血極
小，實現了代價最小的社會變革。

　　與張謇相似的是，楊度對於中國的君主立憲道路頗有見解。早
在一九〇〇年，楊度便在日記中談論君權與相權之關係，換成民主

政治的說法，便是總統與責任內閣的關係問題。楊度認為「凡君民共主之國，相權重於君權，每易一相，則朝局一變。」這一描述，已初步接近民主政治的本真。

而在一九〇八年，楊度更是迎來了他生命中重要的時刻。經人推薦，他被清廷任命為憲政編查館行走，任參議兼考核專科會辦，楊度的憲政思想，由此得以發展。之後更是成為提倡「政黨內閣制」的中國第一人。

實際上早在辛亥革命前夕，革命派與立憲派民開論戰之際，楊度就以超然的立場對中國的立憲問題作出了自己的解釋，他並不關心革命派與立憲派在道路選擇上的歧異，而是越過此獨闢蹊徑。五大臣出洋考察憲政時，楊度便受命擔任諮詢工作，撰寫了〈實施憲政程式〉與〈中國憲政大綱應吸收東西各國之所長〉，五大臣回國之後，原封不動地將楊度的報告作為奏章上奏。於是，清末立憲由此展開。

正是因為此，以康有為為主的保皇派，以孫中山為主的革命派，以張謇為主的立憲派，無不對楊度另眼相看。康有為認為其頗可為保皇盡力，而革命派則將其引為同志，但楊度最終選擇了與保皇派革命派劃清界限，逐漸與張謇過從甚密，最終成為了立憲派的中流砥柱。

而〈清帝遜位昭書〉另一位撰寫者雷奮，雖然斯時聲名不顯，但在此後的時代中，亦發出了自己的聲音。他早年曾在南洋公學就讀，後來官費赴日本早稻田大學學習法政，歸國後參與組建滬上憲政研究會，受聘為張謇的高級顧問，曾力諫張謇北上議政。張謇受袁世凱之託擬寫〈清帝遜位昭書〉，張謇第一時間想到的便是楊度與雷奮。

當時張謇身為立憲派的領袖，其政治主張與清廷頗有相似，同時亦順應歷史潮流，所以被袁世凱相中擔任昭書擬稿人，張謇為慎重起見，與幕僚楊度、雷奮商議，最終還是由楊度執筆，文成後由雷奮送京交洽袁世凱，後來又由楊倩等人繪《秋夜草疏圖》和疏稿，以為紀念，由張謇作序，楊度作跋。

楊度在跋文中記述：「雲陽程公德會方撫蘇，都時局至此，思為清廷盡最後之忠告，囑廷棟稽華亭雷君奮，邀通州張公謇蒞蘇熟議。張公適乘滬寧東由寧赴滬，及與雷君迎至錫站。謁張公於東中，是勿所以，即同往蘇撫署聚談。初，張公自起草，繼，張公口授，由雷君與廷棟更奮筆述之，稿成，已三鼓。」但是楊度這一記述，顯然有自謙的成分在其中，電稿至京後，袁世凱請汪榮寶一閱，汪便聲稱「張季直為文，力模班史，詞名硬碰硬，此稿婉轉莊肅，情見平詞，不類季直手筆，或當另有其人。」

不管〈清帝遜位昭書〉出自誰手，它之於辛亥革命的重要性不言而喻，中國光榮革命的象徵性文本這一指稱，也決非過譽之詞。曾有論者認為辛亥革命初始，乃是刻意模仿法國革命，但是最終卻是以談判的方式，踐行了英國革命的路數，從這一層面來說，〈清帝遜位昭書〉的意義，以及辛亥革命事立憲派的興起，無論如何評價，都不算過份。

第四章　廟堂之變

一、三十年洋務的複雜形貌

在晚清時代，有著諸多勢力的崛起與相互的角力，最終孫文在這幾股勢力之間艱難地實現了突破。就在這幾股勢力相互角力的過程之中，形成了歷史的本真與風雲。歷史的本真，乃是歷史最初的形貌，未經人為雕琢修飾的歷史真實。所謂的歷史風雲，意指在歷史中一個個複雜糾結的事件，唯物論者將命名為社會的演進。在晚清時代，這一演進以鴉片戰爭、太平天國、洋務運動、戊戌變法、庚子國變等諸多歷史事件為標注，一直走到晚清時代的終結。作為在時段上居中的洋務運動，承載了晚清時代諸多承上啟下的內容。而其複雜的形貌，也因為其最終的悲劇性命運，而被後世描述為局限性很強的自救運動。甲午海戰的失利構成了後世對於洋務運動偏見的最終原因，也構成了其湮沒於歷史風塵的命運。

毋庸置疑，讀懂洋務運動三十年的歷史，往上可以領會二十年徘徊的真正原因，往下可以理解晚清時代逐漸沒落的悲劇走向。更為重要的則是，洋務運動一頭連接著列強的入侵與太平天國的興起，一頭連接著戊戌變法的失敗與庚子國變的倉皇，各種勢力在洋務運動前後的沒落與崛起，共同構成了歷史的全部。而這一切在長久的晚近中國裏幾近受到塵封的待遇。這些固然與洋務運動最終的悲慘命運的結局有關，更為深刻的原因則在於後世歷史觀的殘缺。歷史上有過許多次的變革，而洋務運動作為內涵最為豐富、情況最

為複雜、身處時代最為特殊的社會變革，需要歷史書寫拋棄成見，詮解其原有的紛繁景象。

洋務運動三十年作為晚清時代腐朽的苟延殘喘，其在某種程度上而言，從出世伊始就註定了被批判的命運。這一批判的雙重含義的複雜性在於保守派斥其激進，激進派又斥其保守，而當權者對其態度曖昧，不置可否。這一歷史性的含義不喻自明，洋務運動既不會獲解於當時，又不能容於後世。而這一歷史圖景的真實反映則是幾代洋務精英的摧折以及其在學界不絕於耳的批評。

其實所謂洋務運動，歸根結底是西方文明與東方文明如何融合成為現代文明的問題。王國維所言「吾國無完備哲學，唯一完備者，唯道德哲學耳」便是對於中國文明的精確描述。在中世紀年代，這種哲學或可以治國平天下，然而歷史演進到了近代，這種哲學開始顯露其破敗不堪的境遇，其境遇表現為東西方在兵戎相見時東方所表現出來的黔驢技窮的醜態。但這並不表明東方的內心修為已經毫無價值。恰恰相反，西方文化的缺少內心修為，最終的表現則在於機械式的死板與呆滯，缺少一種內心的體悟。所以將西方的器物制度與東方內心的體悟相結合，便是現代文明最初的樣板。遺憾的是，洋務運動的這一含義被長久地忽視，除卻人們的無知之外，其本身四處開工廠創建海軍的聲勢浩大某種程度上遮掩了其致力於後世都未得到應有的重視，我指的是外派留學生計畫的實施。

外派留學生計畫的實施，揭示了洋務運動的要義。雖然洋務運動中廣為人知的乃是江南製造局等一大批致力於學習西方機械軍工等自然科學企業，但這並不能僅僅理解為洋務運動的全部乃至主要內容。洋務運動即便在工業方面再有成就，甲午海戰的一縷硝煙，瞬間可以將三十年的事功抹煞無餘。

　　而其本身所開創的文化教育事業，即便眾口鑠金千夫所指，在當時如何的為人所不容，卻無妨於其本身的成就。自一八六三年京師同文館成立，至一八九三年天津軍工學堂的成立。中國近代的文化教育事業走過了最初的風雨歷程。而這一歷程的深刻含義在於，它借用文化教育的方式，為晚近中國歷史上一個嶄新的時代的出現，開創了無法超越的先河。其對於中國傳統社會的衝擊，遠甚於中國的農民戰爭，這一過程雖然如同春風化雨一樣悄然，但卻在不知不覺之間逐漸改變著人們世代沿襲的成見與信念。這一點即便是幾代洋務精英對此也是始料未及。

　　這種始料未及的反應，是某種歷史的必然。即便身居其中目俱明的曾國藩、李鴻章者，也無法清楚地表述或是推算出他們所從事的事業會對後世有如何深刻的影響。曾李於洋務運動本身的描述與評價，幾乎全無蹤影。然而必須注意的到的是，無言並不意味著事功的空白，曾李諸人所開創的局面，絕非史家那一行行輕描淡寫的筆墨可以抹煞。三十年的洋務承前啟後性的意味，仍需要深入地理解。

　　誠然如史家基於唯物論的觀點作出的評價一般，洋務運動有著時代性的局限。但不能因此就一口咬定洋務運動的不足為訓，將其長久地隱藏於冷宮之中。洋務運動的時代性局限在於晚清「三千年未有之大變局」中，是無可避免的局限。更何況洋務運動推行的歷史時機乃至其間經歷的種種困苦，以及其後的巨大影響，其中包含的諸多鬥爭，遠非今人可以知曉乃至參悟，為了使三十年洋務的複雜性能夠以一種清晰的脈絡呈現，不妨從洋務運動之前鴉片戰爭之後徘徊不前的二十年說起。

　　從鴉片戰爭打開中國國門伊始至洋務運動的興起為終，這段徘徊不前的歷史主要由眾多的不平等條約的簽訂與太平天國的興起構成。人們常常據此將兩者結為一體，繼而認定，由於不平等簽

訂，中外的矛盾日益加深，加諸清廷的腐敗無能，種種社會矛盾的
激化，都加速了太平天國運動的興起；太平天國打響了反封建勢力
的戰爭，為全亞洲反抗封建主義的戰鬥提供了極大的支援。諸如此
類帶有鮮明意識形態色彩的觀點和描述，很大程度上遮蔽了一個真
相，那就是太平天國對於這徘徊中的二十年所應承擔的責任。

　　被冠之以「反封建」旗號的太平天國，說到底不過是歷史上農
民起義的重演。只不過身處晚清時代的複雜，使得這場中國歷史上
最大規模的身體叛亂蒙上了一層終結式的色彩。太平天國的興起對
於晚近中國的歷史來說，是一幕徹頭徹尾的悲劇。更何況這幕悲劇直
接導致了眾多兵卒的枉死，將歷史的進程活生生地拉回到類似明末清
初的場景。假如太平天國舉事成功，中國註定要陷入農民戰爭──王
朝變革──王朝腐敗──農民戰爭的悲劇性循環，慶幸的是最終天國
沒落。我對此慶幸的理由在於，太平天國運動興起本身所昭示的江湖
勢力的愚昧落後、皇權思想的濃厚，都是其不能推翻清王朝的種種原
因。更何況晚近中國的另一股勢力，以曾國藩、李鴻章為首代表的廟
堂，恰如其分地出現，如同一種歷史的償還。經由太平天國暴亂延續
近二十年的歷程，江湖勢力遭到了廟堂勢力的打壓。江湖勢力風頭不
再，以一種更為隱秘的方式存在於民間蓄勢待發，而廟堂勢力崛起，
以洋務運動為主導，以三十年為期，寫下了另一段時代的歷史。

　　廟堂勢力的崛起並不意味著一帆風順的命運。洋務運動的舉
步維艱也恰恰詮釋了這一段歷史的隱痛。以前人們總將洋務實施的
阻力歸結為守舊派大臣，卻忽視了這種阻力更深層的原因來自於以
慈禧所代表的庭院以及由此擴散出去的中國傳統社會隱藏著的超穩
定性結構。曾李諸人主導的洋務運動，就其較高層面的詮釋乃是中
西方文化融合而成現代文明的歷史性嘗試。就其直觀層面而言，無
非是將傳統中國社會改造成為現代文明社會的努力。雖然幾代洋務

精英沒有那樣準確的感知和描述，更遑論那位終年幽居深宮的西太后。但是由於某種隱隱約約的直覺，慈禧意識到由洋務運動帶來的中興局面下隱藏著一個巨大的陰謀。作為晚清時代的最高統治者，一面是中興局面的事實，一面是不祥的預感，慈禧陷入某種兩難的抉擇之間，所以在整個洋務運動中的態度才會那樣的曖昧，那樣的舉棋不定。這種牆頭草的態度的惡劣後果則是，她在關鍵時刻挪用了北洋水師的軍費，直接造成了甲午海戰的悲慘境遇，守舊勢力由此大舉反攻，三十年洋務毀於一旦，正如李鴻章在晚年自述中那樣蒼涼的感慨：一生之業，掃地無餘。

李鴻章的感歎雖然有某種功敗垂成的宿命意味，卻恰恰揭示了一個真實：即便是洋務運動推動者的本身，也認定洋務運動的結局乃是以失敗告終。李鴻章恰恰忽視了一個極為重要的史實：洋務運動所開創的文化教育事業的近代化歷程，恰恰是戊戌變法得以成事的前提。而甲午海戰失敗所帶來的社會危機意識的加劇，則為戊戌變法的出現提供了質變的燃料。作為晚清幾近與洋務運動功業相當的變革，戊戌變法雖然以失敗告終，卻喚醒了更多的有識之士用自己的努力推翻落日時代，走向無法預知的未來。而這一切都與洋務運動的開創運動有著千絲萬縷的聯繫。

有趣的是，雖然李鴻章沒能意識到洋務運動諸如此類的開創之功。但他在戊戌變法中被誣告為康梁亂黨時所表露的心跡卻能表明他對於時局的態度，當慈禧手執彈劾他的奏章發出質問時，李鴻章回答：

> 臣實是康黨，廢立之事，臣不與聞。六部誠可廢，若舊法能富強，中國之強久矣，何待今日？主張變法者即指為康黨，臣無可逃，實是康黨！

　　李鴻章回答昭顯了一種政治家的氣度，也從另一層面展示了李鴻章為代表的洋務派對於國家復興，對於「自強」源於內心的渴望。或許是出於惺惺相惜的緣故，出逃的維新領袖康有為對李鴻章依舊念念不忘。在出逃途中他曾致函李鴻章，感謝他在維新運動中「助吾革政」，並「深知公維新之同志」。

　　李鴻章於維新運動中的這種抉擇，與其說是對康有為的好感，不妨將其看作對於洋務運動的遺憾。這種遺憾不僅存在於李鴻章，也存在於後世對於洋務運動的誤讀。我想指出我在前文提到的觀點，雖然曾李二人事功無數，但于立言方面，的確與事功的偉岸不可同日而語。與此構成觀照的則是康梁諸人引領的維新運動，其時限與洋務運動雖有天壤之別，但其影響卻是流傳於世。這種歷史的悖論出現，乃是由於兩場運動的引領者于立言方面的差距。洋務運動雖然有三十年之輝煌，其主角卻對其事功茫然無知，然而然戊戌變法僅存百日，但憑藉梁任公一支巨筆塗抹渲染，戊戌變法的研究至今依舊推陳出新。這是洋務運動三十年一種無端的遺憾。而更為深刻的遺憾在於，在洋務運動中承接曾李香火的張之洞，以拙劣的「體用之說」來概括洋務運動，這一充滿荒謬性的誤讀，又被誤解為晚清時代諸多學人經年累月的探索成果之所在。這種令人啼笑皆非的荒誕，為洋務三十年的複雜形貌，蒙上了濃重的悲劇性命運。

二、走出定東陵的西太后

　　如果把晚清時代的歷史看作一幕不同勢力相互角力此消彼長的戲劇，統治晚清時代將近半個世紀的西太后，幾近是這幕戲劇中不變的主角。無論那幾股勢力如何的演出或是謝幕，西太后所代表的庭院卻永遠屹立在舞臺的中央。

　　迄今為止所有的歷史教科書上有關於慈禧的論述，大多對其作為晚清時代最高統治者時將晚清社會推入黑暗的深淵而耿耿於懷。史家幾乎不約而同地將慈禧看作因循守舊的頑固勢力。對清末社會的沉淪負有不可逃避的責任。我想以例證來解釋王朝的沒落與個人的作為並不存在著太過直接的關係。以明朝為例，明思宗荒淫無度，數年不上早朝，卻依然在位四十八年，治下依舊太平。而崇禎儘管勵精圖治，卻依然難逃亡國之君的宿命。此種對比意在闡明，已處於王朝日暮的晚清時代，其本身已難逃衰敗的命運。即便慈禧不作為時代的統治者出現，依然會有其他人填補她的空缺。這種領袖地位的確立並不意味著扭轉時代的走向，也不會構成歷史的本身。所謂力挽狂瀾扶大廈之於將傾，只是後世對其形勢走向牽強附會的因果誤讀。據此而言，慈禧本身出現並非如清初「葉赫那拉氏亡國」之說所驗證的詛咒，乃是一種因果報應的循然。她的出現是歷史諸多偶然的一種，卻必然要構成歷史的象徵。

　　慈禧的象徵意味在於，她是一個時代的終結者。這種歷史責任的賦予並非意味著慈禧個人的作為象徵了時代的終結，而是時代終結的歷史選擇了慈禧作為其守靈人。我想說的是，慈禧的這種送葬的角色不可或缺，乃至於不可替代。李劼先生曾把晚清看做三股勢力的糾結，曾李為代表的廟堂，慈禧為代表的庭院，洪秀全孫中山為代表的江湖。縱觀整個晚清時代便可以知曉，其中兩股都由某一群體組成，而慈禧所代表的庭院僅有慈禧一人。這種孤獨的境遇並非慈禧自身的選擇，而是源於權利巔峰的獨一無二。我要表述的乃是這樣一個觀點，假設太平天國所標注的江湖缺少洪秀全，畢竟還有石達開諸人。洋務運動所標注廟堂缺少曾國藩，畢竟還有李鴻章諸人。戊戌變法所標注的民間缺少康梁，畢竟還有六君子諸人。這種團體性的缺一無妨正是基於其本身的運作與團體關聯遠甚於與

個人的關聯。這種關聯的運作，相互角力，構成了大地上的歷史本身。然而慈禧所代表的廟堂則象徵了土地上方天空中層層的烏雲。這一幕幕烏雲是如此的令人心驚膽寒，乃至一股股勢力在烏雲的逼仄下一一摧折，成為了風雨中凋零的花朵。這種烏雲的象徵性意味在於，其本身並不置身於歷史之外，卻在歷史之外構成了另一脈歷史。我所意指的是慈禧所代表的庭院之餘千年古國的隱喻含義。

作為中國歷史上最後一個朝代的終結者，慈禧承繼了千年古國專制主義話語所有的陰沉。這種陰沉包含著兩方面的含義。作為一個歷史時期的終結，慈禧的身上帶有專制主義話語垂死掙扎的迷亂瘋狂。作為一個女性，慈禧的身上積壓著千百年來中國女性的所有陰性能量。這種陰性能量爆發的機緣在在於，每當歷史走向陰盛陽衰的十字路口，這種能量經過長期的聚集，終於在十字路口選擇了充滿戾氣的出場。

早在慈禧之前，中國的歷史上曾出現兩位與慈禧幾近形成映照的女性統治者。一為漢初呂后，一為唐中期武則天。有趣的是，這兩位女性統治者恰恰映證了歷史走向陰盛陽衰十字路口的戾氣達到了極致。更何況在先秦時期遊俠刺客的暴力書寫，更為皇權所張揚的陽氣注入了民間的血液，而呂后的出現恰恰是在秦代統一天下的版圖四分五裂的情況下匆匆登場，她的夫君──一位以流氓面目示人的開國君王，在登基之後不長時間便匆匆謝世，更留下了兵敗被圍之類英雄氣短頭巾氣長令人失落的故事。呂后的出現如同一個事先知曉的故事，她的心狠手辣，令記錄的史官秉筆直書時都顯得有些犯難。在呂后故去的時光中，漢朝實現了奇跡式的復興，後世的史學界籠統地將呂后的象徵意義忽略，稱先秦時代的精神風貌乃是一以貫之的熱烈奔放，這一時代被簡化成「秦漢」二字，見諸於後世數不盡的筆墨之間。

　　武則天的崛起則是在唐代的盛世之中。與其說武則天參與了盛世的構建，毋寧說她標注了盛世的衰亡。她在位時雖然深度參與了制度的修補，但卻將家天下的本質更為深刻地展示。然而後世沒有記住她於制度本身的損益，她在晚年的這些行為直接為盛唐的衰亡埋下了伏筆，她的繼任者李隆基也步其後塵，上演了一幕行百里者半九十功虧一簣的悲劇。

　　慈禧本身的象徵性意味，與呂后武則天的含義一樣，在於其對於歷史的深度破壞。這種破壞的成因必須追溯到千年古國的庭院意味。人們所津津樂道的幾千年的文明史，不外乎專制主義中央集權國家不斷鞏固完善極權統治的過程。中文之中所謂國家，沒有國的概念，只有家的概念，整個國在君王看來如同整個家一般，君王便是掌握家庭一切權利的家長。在這樣的家庭之中，無論百姓或是皇族，女性的地位永遠是從屬的地位。只有當其獲得了男權位置上空缺的一席之地之時，女性處於從屬地位時長期被壓抑的生命能量才能噴發出來。這種生命能量，充滿了乖張與暴戾。

　　這種乖張與暴戾具體到慈禧所面對的歷史，集中體現在排外與仇內兩個方面。這種仇視和憤恨的心理與其說是一種權術，毋寧說是一種本能。慈禧對於西方文化的仇視，當然有具體的原因，西方文化恰恰扮演了與慈禧類似卻又截然相反的送葬角色。一方面而言，西方文化經由曾李所代表的廟堂輸入庭院，瓦解著庭院的秩序井然。這種走向的終結與慈禧所擔當的歷史角色幾近如出一轍。但從另一方面而言，慈禧對於庭院瓦解的恐懼又使她果斷地截住西方文化對中國的輸入，以維持她的庭院在風雨飄搖裏慘澹經營的局面。作為一代代崛起的勢力，從洪秀全到曾國藩，從曾國藩到康有為，雖然大多師出有名，但最終卻都難逃劫數。慈禧不動聲色地用興起的廟堂代表曾國藩滅掉了時風正勁的江湖首領洪秀全，之後又

用吹灰之力將廟堂斷送在了天津教案與甲午海戰之上。令人深思的是，她故去後不到十年，清王朝在毫無知覺的情況下匆匆瓦解，上演了晚近中國一幕最為精彩的悲喜劇。

慈禧這種遊刃有餘的政治運作，以及沾滿陰氣、凝聚著積壓幾千年的心術權謀所表現出來的政治手腕，深刻影響了慈禧之後的歷代統治者，在慈禧逝去的時代裏，時代相繼在盛夏時代摧折了孫中山、陳獨秀，乃至蔣介石、汪精衛之後，最終選擇了毛澤東。我想說明的是，歷史的命運往往便以這種因循的方式得以傳承，承繼著殘酷而現實的圖景，書寫在晚近中國的書卷之中。

三、作為一種歷史命運的李鴻章

在晚清時代與奕訢、曾國藩一同倡導洋務運動，其功足以鎮主的李鴻章，雖然在晚清時代的餘音中了卻難以為繼的人生，並留下諸如「宰相合肥天下瘦」之類出於義憤激烈所指的惡名。但圍繞他的論爭卻一直不絕於耳。相較於乃師曾國藩的無言姿態，李鴻章同樣拙於言說自己的事功。但他留下諸多彌漫著神秘氣質的奏章批文，卻讓在他死後逐漸為人所認知。在長久的意識形態重壓下，李鴻章一直被視為晚清時節地主階級改良派的代表，這是一種較為客氣的說法。更有好事者引出當年張之洞與其相互譏諷時的對聯，指摘其對於簽署不平等條約的不可推卸的責任。「少荃議和兩三次，遂以前輩自居乎？」這一充滿尖酸刻薄意味的嘲弄恰恰可以讀解出當時乃至現世諸人對於李鴻章的諸多誤解。

曾國藩之於中國晚清時代的廟堂意味，慈禧之於中國晚近歷史的命運意味，無疑給李鴻章的定論問題架上了悖論。曾國藩所代表的廟堂，並非慈禧所代表的庭院那樣乃是象徵整個晚近歷史的命

運那般不可或缺。而李鴻章雖然與曾國藩一樣構成了廟堂的歷史變遷，但他之於晚近歷史，幾近具有不可或缺的歷史地位。換言之，缺少李鴻章，整個晚近歷史至少需要改寫。而這種舉足輕重的角色地位，卻成為李鴻章深刻悲劇的內在根源。以至於這種悲劇是那樣的順理成章，逐漸構成一種具有典型性的歷史命運類型，極其準確地描繪了李鴻章的過往與曾經。

李鴻章的過往與曾經，深度參與了自太平天國、洋務運動、戊戌變法所勾勒的晚清時代諸多歷史性事件。而這一切都抵不過甲午海戰的一縷硝煙。人們可以就李鴻章簽訂不平等條約的對其提出苛刻的質疑乃至道德上的批判，甚至可以對其中飽私囊的官僚行徑作出評述，但卻不能對其全盤否定，全面否定李鴻章之於晚清時代的種種功勳。事實上悖論正在於此，人們詬病李鴻章的種種，恰恰可以從中觀照出李鴻章作為一種歷史命運類型的真切含義。讀懂李鴻章為人所詬病的曾經，是一條極具隱喻性質的解讀。

李鴻章死後遺留下來的令人瞠目結舌的財富，所謂「宰相合肥天下瘦」的典故便出於此。無需刻意為李鴻章辯護，也無需為其粉飾或是美化。李鴻章的財產並不能僅僅從貪污的角度去理解，身處時代衰亡的劇變之中，作為晚清歷史洞若觀火的人，李鴻章確切地理解自己的歷史角色。正如一位學者後來如此描述這位穿越晚清四十年的重臣：他的一生事業便是在晚清這座搖搖欲墜、處在風雨中的危房上面糊了一層又一層的白紙。

李鴻章的這種歷史定位恰恰可以解讀其身後的財產。這筆財產雖然在某種程度上對李鴻章的私德構成質疑，但卻無意中揭示了另外一層含義。作為曾國藩的學生，李鴻章本可以像乃師曾國藩一樣徘徊於義理之間，但是糊裱匠的這種歷史地位只能將李鴻章拖入官僚的泥淖，乃至患上官僚的種種惡習，諸如貪污之類。但這種抉擇

的另一種含義在於，既然李鴻章在晚清時代要有所作為，他首先必須學會自保。而他犯下諸如貪污之類的官僚惡習，某種程度上亦可以作出自保的讀解。

當然李鴻章這種抉擇的更深刻含義乃是昭示了其與乃師曾國藩不同的歷史地位。這種歷史定位的不同乃至分化恰恰構建出曾李二人所倡導的洋務運動的形貌與內核。作為廟堂的代表，曾國藩注重義理的抉擇，雖然其於事功方面幾近完整，不動聲色地完成了修身齊家治國平天下的信條。但由於其拙於言說，事功的光芒幾近被歷史的塵埃所掩埋。但恰恰由於這種無言，曾國藩完成了義理的抉擇。他以天津教案中的犧牲詮釋了一生之於義理的抉擇，即是焚心以火，焚身以謝天下。

李鴻章於乃師的這種境界相比，自然不可同日而語。但雖然疏於義理之學，卻恰恰指向了李鴻章的另一種歷史定位。即他的出現乃是象徵著整個社會的操作層面漸次啟動。正如同那個腦袋與手的寓言。腦袋象徵著內核，象徵著境界，象徵著預知；手象徵著操作，象徵著務實，象徵著實踐。曾李二人所構建的歷史表明，曾國藩象徵著那個腦袋，李鴻章則象徵著那隻手。曾國藩意味著義理之學的昭顯，李鴻章則意味著操作的躬親躬行。

循著這一種角色的定位，李鴻章為人所詬病的簽訂不平等條約的曾經，恰恰可以作出另一種層面的解釋。透過這種解讀，一方面可以瞭解晚清社會是如何開始的，一方面也可以體味到晚清社會是如何終結的。我必須強調，這種開端與終結的相互關係是十分微妙的，更何況其中的悲劇意味更是難以言說。

長久以來人們指責李鴻章作為朝廷的代表簽署不平等條約的種種不是，卻很少有人領會到簽訂不平等條約的內在含義。其一，它以苦難為代價換取了時代有限的進步。其二，它見證了中國一次又

一次自我變革的失敗。李鴻章作為不平等條約的簽訂者，其身份是令人深思的。他作為晚清四十年最為重要的大臣，是歷次變革的親歷者，但每一次變革失敗時他都會受到非人的責難。所謂「名滿天下，謗亦隨之」便是李鴻章境遇的精確描繪。

這種極具悲劇性的境遇勾勒出了李鴻章被誤解的真相。實際上不平等條約的起源歸根結底是晚清時代氣數已盡，已經走向窮途末路。李鴻章是朝廷中的一位替罪羔羊。這隻羔羊一生為晚清時代修補著種種漏洞，乃至終老卻無法頤養天年，依舊要承受千夫所指的惡名，斥責其賣國有術。透過這種指責，民族主義的囂張嘴臉昭然若揭。中國晚近歷史的由來與去向亦可略知一二。

在晚近中國歷史的書寫中，鴉片戰爭在正統史學界看來無疑是晚近歷史的開端。這種唯物主義歷史觀對錯並無明確的界限，但它卻不折不扣地將林則徐推向前臺。林則徐作為所謂的民族英雄，長久以來幾乎形成了與李鴻章截然相反的待遇。然而歷史的真相在於，是他點燃了鴉片戰爭的導火索，開啟了晚近中國的悲慘的歷程。林則徐更深的含義則是，他代表了千年古國乃至晚近歷史中與李鴻章截然不同的歷史命運類型。我稱為愛國主義的偶像崇拜。

這種愛國主義的偶像崇拜是荒唐的，它最大限度的昭示了無知者無畏的群氓特色。這種偶像崇拜在此之前有章可循，諸如岳飛，諸如文天祥，在其後同樣不乏後繼者。這種偶像崇拜在全民喧嘩的文革時代發展成為極端的排外主義，在一次次反帝遊行示威中，愛國主義導演的一幕幕場景，重演著歷史的曾經。

然而必須清醒地認識到，這種行動並非出於理性的思辨，而是出於未經大腦的身體衝動。這種盲目的抉擇後果可想而知，造成了一幕幕令人無法正視的歷史真實。然而另一個令人心痛的歷史真實則在於，經由官方意識形態的粉飾包裝，這種在種種層面上依舊面

臨質疑的愛國主義依舊被冠以無可比擬的正統地位，在虛設的廟堂內享受承平的香火。

李鴻章的悲劇與此則形成形象深刻的觀照，作為洋務運動中的操作層面的主導者，李鴻章一生的事業便如同他在洋務運動乃至晚近歷史中的定位一樣，是負責具體實踐的引導者。這種引導者的態度在於務實和理性，而非盲目的愛國主義或是其他。他沒有主義的支撐，也沒有絲毫的激情可言。他的態度在於一個終極的信念，是這個時代延續它的生命，獲得新生或是永生。

然而李鴻章知道他的這種奢想幾近癡人說夢。這位在洋務運動中引領時代的先鋒，卻於晚年見證了一生心血毀於一旦的真實與殘酷。甲午海戰的硝煙未散去，這位被眾人責難的老者卻登上了赴日的航船，等待他的是一紙幾近不容變動的條約。他只需在條約上簽下寫過無數遍的名字，所有的謾罵便會再次向他襲來。

值得注意的是，在他簽字的最後關頭，他曾經老淚縱橫地對使團美國顧問說：「萬一談判不成，只有遷都陝西，與日本長期作戰，日本必不能征服中國，中國可以抵抗到無盡期，日本最後必敗求和。」然而他的這番話已經不大有人再去關心。無知的人群只會記住他一次次見證中日的屈辱。當然人們也不會忘記他在教科書中一再被醜化歪曲的形象。作為一種被誤解至深的歷史命運類型，李鴻章的悲劇似乎是一種無法複製的預言，從某種程度上預告了晚清時代的沒落與終結。

第五章　革命的來臨

一、刺客歷史的浪漫重演

　　作為晚近中國歷史上一道獨特的風景，行刺是浪漫而極富傳奇色彩的。行刺的浪漫意味在於，它以鮮血書寫了人們抵抗暴政、憎惡強權的夢想。行刺的傳奇色彩在於，他以一種類似於江湖的方式表達了人們某種訴求，乃至熱烈的願望。基於這種浪漫與傳奇的舉動，晚近中國的歷史書篇在時代交接處散發著刺客行事的悲壯氣息。

　　刺客文化作為一種歷史的因循，在專制主義極權統治的漫長時代，幾近成為絕唱。而遠在先秦時期，那樣充滿極致與熱血的歲月裏，刺客的身影不時地出現在動盪的社會之中，作為終結式的民間抵抗，刺客的意義在於他以純然個體的力量宣告了對於強權與暴政的蔑視與不妥協。這種行刺的傳統與暴力因循的最大區別在於，暴力因循諸如農民起義、武裝暴動之類，終究只是群眾性的集體狂歡，其最終傷害到的必然是群眾本身。刺客的行刺意義在於，它犧牲的純然是個體，而對抗的則是整個強權。或許這種與他人無妨、僅僅關涉刺客本身的抉擇，使得其原有的犧牲精神更添一種決絕而炙熱的高曠。

　　比較晚清時代的刺客與先秦時代的刺客之間的異同，是一件不算輕鬆甚至是十分繁重的工作。我只是隱隱感覺到失語式的沉默。唯一可以確認的是，在晚清時代，在民國時代，刺客歷史重演的背景與先秦時代如此的相近相同。在先秦時代，強權開始主宰歷史，

所謂春秋無義戰，便是強權介入歷史的最佳證明。中國由春秋伊始，人為的動亂開始強制推行其巨大的破壞力。在此之前，雖有所謂的戰爭風雲，但大多出師無名，為禮樂而征戰。即便是商周之際初露權利鬥爭的歷史性先河，其於歷史的本真而言，只是入世之初的萌動而已，並未釀成人間悲劇。再向前溯源，歷史的動盪的主要由天災構成，所謂大禹治水，其書寫的歷史便是歷史在民智未開尚處於混沌時期所寫下的一段人與天相爭鬥的傳奇。先秦之前的歷史是本真的歷史。春秋戰國標注了歷史的淪陷，本真開始走向混沌。

晚清時代與民國時代當然與其有著歷史循環式的悲劇意味，只不過歷史走向了更深的沉淪。李鴻章所言「三千年未有之大變局」，便是這種沉淪歷程的終級描繪。社會的諸多領域在歷經了千年漸進式的超穩定性結構之後忽然面臨瓦解與重組的深刻變革，這其間夾雜著難以言說的苦痛與失落。而最為重要的是，作為歷史本真意義的破壞者，暴力及其話語開始深度介入歷史，深刻地影響歷史的過程。這種歷史的抉擇並非某種偶然的機緣，而是自晚近歷史開端以來若干次溫和變革遭到傳統權力彈壓的必然式演進。中國知識份子開始由溫和的合作演變成為激烈的兵戈相向，後世的學人將這種演變稱之為由改良到革命的轉折。但我必須強調，刺殺雖有與革命的恩怨糾結，且無法擺脫抹殺其固有的暴力意味。但它對於含混籠統的所謂革命而言，無疑具有單純的指向，更為重要的則是，與革命相比，刺殺最大限度地保留了自身的獨立地位。

中國的行刺有著源遠流長的傳統，先秦時代的豪俠刺客，諸如專諸刺王僚、要離刺慶忌，雖有其不可推卻的政治性運作的含義，但就行刺者本身而言，其行刺的目的僅僅是以此報答某人的知遇之恩，報答過後，刺客亦會慷慨赴死，無論事成事敗。最為人所側目的荊軻刺秦王，也不外乎為赴義所驅使。正是由於這種知遇之恩的

難以回報以及刺殺的生死未卜，易水送別在太史公的筆下顯得如同深秋一般充斥著肅殺的寒氣。

然而一個歷史性的悖論在於，先秦時代與晚近中國這一封建社會兩端的動盪，其間的魏晉時代卻沒有出現刺客歷史的大規模重演，取而代之的則是名士風流的崛起與衰落。魏晉時代與晚清時代的迥異之處在於，作為封建社會的起始時期，魏晉時代與先秦時代一樣具有光芒奪目的文化成就。雖說先秦時代暴力及其話語已經登上了主宰的地位，但先秦時代畢竟有「春秋無義戰」之類有關戰爭風雲的醜陋的愚昧對抗，基於這樣的歷史前提，先秦時代有了刺客的衍生。晚清時代則將這種歷史前提複雜化，成為多方角力的風雲時代，刺客歷史的重演也就在情理之中。而魏晉時代的特殊性在於，它不僅出於一種封閉的結構之中，更為重要的是，在知識階級尚未意識到話語暴力的前提下，國家主義開始借助暴力實行對話語所代表的知識階層的鎮壓。知識階級遭遇了自焚書坑儒、黨錮之禍之後的又一次空前的浩劫。另外一個極為重要的因素則在於，經過國家主義的清洗與禁錮，先秦時代刺客的主體——遊民社會開始走向瓦解，而《史記》中所記錄的具有傳奇色彩的遊俠業已成為如煙往事。在這樣的歷史環境下，知識份子選擇了放蕩，成就了所謂的魏晉風流。而在晚清時代，西方文化介入，知識階級在歷經幾千年的暴力摧殘之後，終於選擇了以暴力對抗暴力。此時人們已然忘記先秦時代的伯夷叔齊那樣具有隱喻性質的仰天長歎：「以暴易暴，未知其可。」

刺客歷史之於晚清時代，雖然沒能構成歷史的主體，卻成就了歷史的色彩。這種色彩的真切含義在於知識階級面臨抉擇時所承受的難以言說的苦痛。與先秦時代主要由遊民構成的情形不同，民國時代的刺客卻大部分來源於知識階層。我曾在前文中感慨戊戌變法的失敗之於改良主義的巨大影響，幾近為之扼腕歎息。戊戌變法的

另一層失落性含義則在於，它以六君子的鮮血喚起了知識階層的迷夢狀態，其後所引起的後果依舊令人悲喜交集。其可喜之處在於知識階層意識到了傳統變革的艱巨性，放棄了改良選擇了激進的革命。其可悲之處在於，由於對譚嗣同抱有古典的仰慕之情，這種感情進而演變成對於改良主義的徹底否定，對於暴力訴求的無止境迷戀，最終將晚近中國的歷史拖入暴力敘事的泥淖，在二十世紀陷入無止境的掙扎。就其悲喜交集的矛盾而言，卻無法抹去刺客歷史的重演所昭顯的浪漫色彩。以譚嗣同為首的六君子慨然赴死與其說喚醒了民眾的覺醒，不如說激發了復仇的狂熱。這種狂熱雖然包含著暴力、鮮血、殺戮等不可規避的特徵，並且蘊含著激發民眾非理性盲目的鼓動色彩，但是我要指出的是，與其後所謂光輝的歷程所包含著的體現陰謀與權力的暴力運作相比，這種刺客行事的決絕包含著理想主義的純潔，這種純潔的本質來源於仇恨的單純，一種源自內心的超然於物外的單純情感。

我願以鑑湖女俠秋瑾的詩句來論證這種追求並不包含著種種骯髒卑劣的陰謀。在此之前我必須提示諸位，先秦刺客多出於北方，「燕趙古稱多感慨悲歌之士」，便是這種歷史風景裏的一種極為精確的描述。然而晚清時代，經由歷史的變遷，行刺之風由北向南，成就了吳越豪俠的蓋世英名。在刺客之外，章太炎的大義凜然，陶成章的光彩奪目，都可以作為吳越志士的有力佐證。而其中的代表人物秋瑾的歷史意味在於，她以「秋風秋雨愁煞人」這一意味深長的警句，無比精確地描繪了刺殺時代的肅殺寒意。

二、孫文崛起與大清日暮

孫文是落日時代的終結者，但孫文崛起並不能代表落日時代告別的全部，其終結晚清的真切含義在於見證了曾國藩李鴻章為代表

的廟堂的漸次崩毀。孫文的崛起與大清日暮雖然有著直接的聯繫，但是落日時代的淪陷有著諸多複雜的含義。正如同孫文崛起一般，其間包蘊著歷史紛繁複雜的曾經。

　　孫文崛起的隱喻在於，他在以一種戲劇性的方式終結落日時代之前，曾經深度參與了與那幾種勢力的接觸甚至是角力。更為重要的是，他起始的身份並非職業的革命家，而是在落日時代逐漸發展壯大直至登上歷史舞臺的啟蒙型知識份子，這一點普遍為人所忽略。長久以來經受意識形態意味濃重的教育體制教化的人，已經習慣性地將孫中山看作所謂革命的先行者，而忽略了其本身所具備的文化意味。我對這種忽略並不抱持所謂的失望之類情緒，相反我認為這恰恰體現了孫文的弱點——我所意指的乃是其在話語及宣傳方面的缺陷與不足。

　　作為與晚清相生相隨的那幾代啟蒙型知識份子，諸如王韜、鄭觀應、梁啟超等人，其之所以能成為啟蒙式的人物，其中最為關鍵之處並不在於其廣納中西之學並能融合貫通，而是基於宣傳策略及方式上的現代性抉擇。例如王韜早年遊歷歐美，早有辦報論政之歷史；梁啟超於維新變法前後主編各類報刊雜誌不計其數，至於文章行於天下，更有「中華第一健筆」之稱為之佐證。孫文早歲即有遊學歐洲之經歷，其後足跡遍佈世界，身後即有學人指出其思想之兼收並蓄。然而這種思想駁雜的特性不為常人所知的真正原因在於，作為介於革命與改良之間的所謂資產階級革命領袖，孫中山最為缺少的便是於其功業的宣傳，或曰忽略了事功背後言說的建構。

　　翻開孫文早年的履歷表，可以清楚地看到，他以早年便開始接受科學的教育訓練。十三歲便在夏威夷的小學就讀。由於孫中山從幼年開始便開始接受完全西方化的教育，西方的思維方式乃至處世為人的基本準則，都在孫文的內心打下深深的烙印。這種烙印一方面造成了他對於中國的疏離，一方面則造成了他內心修為的闕如。

對中國的疏離，構成了孫文崛起之後全面潰敗的終極對應。由於長期身處異鄉，孫文本身對於中國的瞭解僅僅局限在他童年時目睹日暮帝國破敗時內心產生的一種憐憫。其在民國初立之時所採取的種種措施，無不昭顯了他對於國情的陌生乃至無知。值得一提的是，在孫中山的早年求學生涯中，他一直從事的是醫學方面的學習。位外科醫生的可笑在於，他不懂得所有的毒瘤都連著血管，只要去其一處，鮮血就會噴湧而出。這個比喻在於說明孫文本人對於中國的無知幾近達到了不可思議的程度，他只是憑藉時有時無的熱情來從事他一直為之神往的所謂革命事業，我想指出的是，這一歷程演變成為徹頭徹尾的悲劇。

所謂內心修為的闕如，指的是孫文接受全盤西方化教育所帶來的必然結果。由於整個西方文化的思維方式來自於亞里斯多德式的哲人傳統，所以這種文化傳承所帶來的後果是西方的知識份子推崇頭腦，推崇智慧。希臘語中所謂「哲學」，便是「愛智慧」之意。由此可見西方文化思維模式中對於頭腦，智慧的推崇。而中國的傳統知識份子推崇的並非頭腦，智術在他們看來，幾近如同《三國演義》中的勾心鬥角，充滿了世俗的骯髒。他們千年以來所醉心並推崇的乃是內心的修為，追求一種心靈的高遠。這種高遠在莊子的《逍遙游》，陶淵明的《桃花源記》中都可以找到類似的影子，它所代表的是一種理想心境的追求，在落日時代的最後歲月裏，身處紛繁世事的曾國藩也曾經獲得了這種心境的體悟，「倚天照海花無數，高山流水心自知」，所言說的便是這種無視世事紛擾的孤絕心境。孫文無法領會這種內心修為的高妙之處，否則他也不會在晚年患上陷入聯俄聯共的迷狂。

雖然孫文有諸如此類的缺陷或是不足，但無可否認的是，他在落日時代的最後關頭實現了崛起。這種崛起與大清日暮的複雜關

係，完整地勾勒了晚清時代幾種勢力的糾結。我要重點闡明的是孫文與曾國藩李鴻章所代表的廟堂，慈禧所代表的庭院，洪秀全所代表的江湖之間的曖昧的關係，透過他與這幾種勢力的妥協、對峙、認同等等不同的態度，或許對於理解孫文崛起的歷史性隱喻，會有一些意想不到的幫助。

以曾國藩與李鴻章為代表的廟堂，在落日時代彷彿一副延續生命的針劑，為晚清又贏得了半個世紀的苟延殘喘。這種幾近氣數盡毀的支撐曾經使孫文的態度並非像其在辛亥革命失敗後那樣激烈。為此他早年諱言革命，一直以溫厚面目示人。在一八九四年《上李鴻章萬言書》中這種溫和的態度幾乎昭顯無疑。然而李鴻章對他的拒絕卻使他感受到了某種難以言說的失落。作為深受西方文化影響的知識份子，孫中山骨子裏仍然抹不去中國傳統士人上書言事建功立業代際相承的情結。即使是在受到李鴻章的冷遇之後，他的內心深處依然對這個落日中的帝國心存最後的感念，否則他也不會在世紀之交，在庚子國變引來八國聯軍惹得天下大亂之時再次向李鴻章伸出了橄欖枝，希望他能籌畫南方諸省的獨立，成立類似美國的合眾國政府。孫文對於廟堂的這種曖昧態度正好映襯了他對於中國的無知，而李鴻章這一次的設局陷害也使孫文深感痛心，他與廟堂的斷裂開始顯現，逐步走向了分化的兩極。

孫中山與慈禧所代表的庭院之間的仇隙絕非三言兩語可以道盡。正如其與江湖的分分合合，同樣充斥著令人無法捉摸的玄機。我所指摘的庭院不僅對廟堂的摧殘令人髮指，對於孫中山的仇視同樣不可輕視。在晚清大赦天下之時依然有「除康有為，梁啟超，孫文三人」的提示，由此可見二者之間不可彌合的矛盾。慈禧所代表的庭院之所以對孫文如此痛恨，究其本源乃在於庭院仇視一切社會化的運動，仇視一切將中國由傳統社會轉變成現代文明社會所

作的努力。基於這樣的價值取向，孫文一次次面臨死亡的威脅，孫文一次次地流亡異鄉，被稱為革命流亡者。或許正是與庭院之間的格格不入，孫文與洪秀全才會產生某種惺惺相惜的感覺。在流亡海外的歲月裏曾以洪秀全第二自居，並認定洪秀全為「反清英雄第一名」。孫文或許不曾領會這種認同內在的深義，他將洪秀全所代表的一種理念引入了自己的思想，最終成就了崛起的風雲。

洪秀全所代表的江湖，之於孫文有著刻骨銘心的影響。中國歷史上有無數次的農民起義，史學家便以農民起義為然，在浩如煙海的史料裏勤奮爬梳，試圖追尋其中的內在深義。所謂的農民起義，不過是基於生存策略的需求所爆發的身體叛亂，最終的結果是舊王朝的崩毀，新王朝的建立，同樣要罩上封建主義專制極權的冷酷面具。天國陷落之所以是一種歷史的幸運，因為其避免了中國走向舊式的王朝變更。更何況天國在其十餘年的歷程中，體現出一種更為落後與愚昧的風氣，其對於傳統文化的驚人破壞，昭顯出另一種觸目驚心的歷史性倒退。雖然其本身所具有的叛逆性激昂氣質令人為之動容，但從本質來講，這種行為本身所具備的隱形的巨大破壞力深刻影響了後世。天國沒落三十多年之後，義和團重演了歷史上諸如此類盲目的暴動，在義和團之後，孫文呼吸到了暴動所帶來的誘人氣息，因而早年諱言革命的他開始購置軍火，引領了那一場註定成為試驗品的起義。雖然經歷了循環反覆式的失敗，孫文自身也付出了流亡的代價。但武昌起義的戲劇性成功，將孫文的印記無可辯駁地抹在了光輝四射的軍功章上，究其內在的脈絡，無非是武昌起義有著孫文太多的影子。

一方面是與廟堂的分分合合，一方面是與庭院的不共戴天，孫文走向了江湖式的起義。然而無論如何，在大清日暮之際，孫文崛起的標誌性在於，他以一種偶然性的方式斷送了清季的苟延殘喘，

而他的崛起之後所開創的民國時代，則以紛繁複雜的十五年為期，昭顯了孫文革命的荒誕悲涼。我之所以寫下孫文崛與大清日暮的內在含義，乃是為其後的言說作為先導式的注解。

三、告別日落時代

日落時代之含義在於其標注了封建社會淪陷的過程，在此之前，兩千餘年封建時代漫漫長夜歷經了先秦時代的焦灼躁動，漢唐時代的熱血沸騰，宋明時代的人慾風流之後，終於在清代顯示了落日般的敗象。儘管處於黃昏，清代依然苟延殘喘般地度過了兩百餘年。其間有過所謂的康乾盛世的傳誦後世，最終卻毀於一場蓄謀已久的戰爭。在此之後，清季開始了真正意義上的落日時代，這個時代構成了本書的起始。

落日時代的深刻意味在於，它以前空前複雜的社會形態為後世留下了一段彌足珍貴的曾經。相較於兩千餘年帝制下的單調冗長，落日時代呈現出一種混合的世情世相。這段歲月的複雜在於幾種勢力的此消彼長。以慈禧為代表的庭院，以曾國藩李鴻章等人所代表的廟堂，以洪秀全為代表的江湖。更為主要的則是另一種勢力的崛起，幾近構成了落日時代的半壁江山——以知識份子覺世運動為主要特徵的晚清幾代啟蒙思想家的薪火相傳。

知識階層的覺世運動作為日落時代的主幹，乃是一種歷史的變革。在眾多史家的筆下，晚近中國歷史的主幹便是所謂中國人民與外來侵略勢力不懈鬥爭的歷史，此類深受毛時代階級鬥爭觀念荼毒的所謂唯物主義史觀，並非一時一地的時代性產物，乃是長久以來史家秉筆的必然體現。魯迅所言二十四史是帝王將相才子佳人的家譜，雖然失之偏頗，但卻道出了某種歷史的真相。自《史記》伊

始，史家著述開始言辭激烈，遠離本真。我並非對太史公心懷微辭，只是想指出《史記》中所包含的隱喻性寓言。它以慷慨激烈的文風結束了孔子編訂《春秋》時的微言大義，小心翼翼，在此之後歷史的書寫開始變得放蕩不羈，其最終惡劣的結果演變成為《資治通鑑》的橫空出世。這部充滿陰謀、謊言、權力鬥爭的所謂史學經典，道盡了中國社會的陰暗與卑劣。如果說孔子編著《春秋》時並無歷史的觀念，只是如實記述他所認為值得記述的歷史，太史公著《史記》也僅僅是為了了卻其早年一個宏大而卑微的願望，《資治通鑑》則全然體現出政治話語的慾望與企圖。在《資治通鑑》中，歷史直接被訴諸於權力鬥爭的歷史，不再有《春秋》的微言大義，抑或是《史記》的慷慨悲風。《資治通鑑》標注了歷史書寫的淪落，也同樣標注了一種文化氣脈的悄然斷絕，難以為續。

這種文化氣脈的斷絕，在於《資治通鑑》標注的歷史書寫觀念之於歷史本身的傷害。所謂歷史的構成，不外乎世俗所言物質與精神兩層含義。所謂物質層面，囊括諸如人類進化、器物變更、王朝爭鬥之類帶有渾濁色彩的歷史形態。此種歷史形態的描摹幾乎構成了千年古國歷史書寫的全部，然而對於精神層面，諸如文脈、話語之類難以言說的歷史存在，長久以來的歷史書寫不是選擇刻意的遺忘，便是將其物化成為種種文化符號並在紙張上予以毫無內涵的臨摹。所謂藝文志在史書中的代際傳承，便是精神的歷史在書寫之間所面臨的極端困境。基於這樣深刻的悲劇，加之落日時代一個重要的時代特徵——我指的是西方頭腦文化的大舉入侵，我的言說便從歷史的精神層面展開，雖然這種言說會辭不達意，甚至是含糊其辭，但我必須說明，這種取向僅僅是某種深具偶然性的個人喜好。

覺世運動以魏源林則徐為始，無以為終。其間歷經王韜鄭觀應諸人的啟蒙性著述，或是嚴復之於社會的裂變式震盪。在落日時

代的結語來臨之時，成為康梁推行改良主義的慷慨悲歌。以此為主
幹，慈禧的歷史臉譜，曾國藩與李鴻章的歷史性隱喻，太平天國和
義和團運動的歷史變遷，以及落日時代一個隱藏的線索——暴力敘
事的因襲與展開。都是歷史不可或缺的組成部分，在落日時代的最
後時刻，孫文接過了暴力敘事的衣缽，以商業交換原則般的利益謀
劃，實現了崛起，落日時代終於陷入了黑夜。

　　圍繞覺世運動敘述的落日時代，最後終結於孫文之手，並非歷
史的必然選擇。這其間夾雜著諸多含義複雜的是非因果。所謂庭院
的老謀深算，所謂廟堂的憂心忡忡，所謂江湖的血雨腥風，最終則
是孫文崛起的警示性意味。這三種勢力的相互角力，最終構成了暴
力敘事之於歷史本身的傷害。人們讀懂孫文崛起的某種災難，才能
認識下一段紛繁複雜歷史。

　　慈禧所代表的庭院，標注了千年帝制的終結性命運。作為千年
古國歷史上屈指可數的幾位女性最高統治者之中最後的定格，慈禧
的身上書寫了含義複雜的庭院意味。我所意指的庭院乃是一方狹窄
的區域，廟堂的諸君跪拜於這個庭院之中，而當權者則在這一方庭
院中呼風喚雨，玩弄廟堂於股掌之間。然而深具傳統深義的是，她
將這種暴虐與猙獰訴諸不動聲色的政治運作，處處透出中國權術的
陰柔。這種權術的陰柔如果加諸某位尚屬於明主的帝王，尚且可以
治平天下。但歷史的悲劇在於，慈禧如同《紅樓夢》中的王夫人薛
姨媽一般昏庸殘暴，看不清天下大勢中隱藏的巨大危機。對於曾國
藩為代表的廟堂所作的將中國傳統社會改造成為現代文明社會的努
力，一次次予以野蠻的干預。她似乎想以此樹立乃至鞏固自己的權
威地位，以給廟堂所作的社會化進程出盡難題來提示廟堂千年帝制
的庭院意味。正是這種左右逢源如魚得水的政治權謀運作，慈禧幾
乎主宰了中國半個世紀。

　　與慈禧代表的庭院相對立的江湖，作為暴力敘事的重要主幹，幾近構成光芒耀眼的暴力圖騰。我將暴力因襲與展開之於晚近中國的影響看作一種歷史演進的輪迴。眾所周知，在專制主義國家極權統治的長夜之中，有數不清的農民起義，但最後要麼歸於沉寂，要麼陷入王朝變更的歷史性惡性循環。晚清時代的農民起義所標注的江湖的獨特之處在於，它以天國的陷落成就了曾國藩李鴻章所代表的廟堂，又以義和團的凋零摧毀了慈禧所代表的庭院。更為主要的是，它以暴力血腥的形式為孫文提供了警醒，使他免於走上農民起義的不歸路。另外一個重要的歷史機緣則在於，戊戌變法的淪陷使孫文直接目睹了知識份子的悲劇，若干年後他以創立黃埔軍校作為歷史性的回聲，企圖以此捍衛起碼的生存。在這樣的雙重作用下，孫文在困苦的矛盾之中以一種頗為戲劇性的方式登上了歷史舞臺。

　　我將曾國藩李鴻章所代表的廟堂放在最末的位置敘述，並非出於喜好的取捨定奪。所謂時代的交接，往往取一、二人物的一生歷程加以評說，便足以解釋時代的終結與開始。孫文雖然崛起於日落時代的最後時刻，並且在其後的民國初年留下了事功的歷史性印跡，但必須承認，孫文本身並不能構成落日時代的逐步衰落，並不能標注落日時代的整個淪陷過程。從曾國藩到李鴻章，從李鴻章到張之洞，加上與之相隨的洋務運動、天津教案、甲午海戰，廟堂逐漸被庭院摧毀，最後斷送於孫文之手。以廟堂的逐次凋零作為終結，也僅僅是它之於落日時代意味深的無奈告別。

第六章　劇變中的動盪

一、質疑辛亥革命與五四運動

　　毋庸置疑的是，在晚近中國的歷史上，辛亥革命和五四運動是兩個光芒奪目的辭彙，它們之間相隔不過七年，共同標注了盛夏時代的先河。這種先河的作用並不意味著它們能夠對盛夏時代的所有內容做出預言式的提醒，而在於它們所處的歷史時刻。據此，官方意識形態話語將辛亥革命視作晚清時代的終結者，並被注釋為新民主主義革命的先聲。而五四則被冠以至高無上的革命地位，被推上香火豐饒的神壇，享受頂禮膜拜的待遇。二者幾乎概括了新舊民主主義革命的所有內容，唯一的區別則在於，官方意識形態話語將辛亥革命定義為不成熟的革命，並對其最終結果被袁世凱佔據而耿耿於懷。而對於五四則採取了神化的手段，賦予其不容置疑的崇高地位，並在其後的歷史中，通過意識形態話語的層層滲透，強行嵌入人們的思想，使這種不容置疑的地位代代相延。

　　事實上五四運動這種歷史性闡釋的形成，無非是其本身包含了無產階級投身革命的歷史內容，而對其本身所包含的惡性因素，鮮有學人能夠指出。而對於辛亥革命的評價則沾染上了太多階級性的色彩，而使得評價顯得立論偏頗，無法指出其原有的意旨。

　　事實上無論是辛亥革命抑或是五四運動，說到底僅僅是一種歷史的偶然與必然的契合，無非是一個歷史時期內的一個歷史性的事件。所謂的終結與開端，先河與先驅，終究只是後人的評說而已。

然而無論如何，透過如今人們對於辛亥革命與五四運動的理解，至少可以肯定，這兩個歷史事件的含義多多少少的被人誤解。透過這種誤解，便可以讀出歷史原有的本真。

孫文經過大浪淘沙般的披肝瀝膽，最終成為清廷的終結者，因此辛亥革命便被指認為推翻清代的不二事件。而事實的真相在於，孫文本身與辛亥革命並無多少聯繫，至少在辛亥革命的開端武昌起義之中，孫文是缺席的。而孫文終結清季的真實在於他以不明事理的頭腦作出的一個愚蠢決定，將民國作為政治交換拱手贈給了袁世凱。借助袁世凱的最後一擊，清廷從名存實亡變成了灰飛煙滅。這種戲劇性的變革雖然有武昌起義瓦解山河的作用，但就最終成果而言，袁世凱無疑功不可沒。而歷史本身並無對錯高低的判斷，因此指責袁世凱便成為意識形態教化下歷史觀為後人詬病的一條極具典型性的原因。

辛亥革命與袁世凱的關係，恰如一場暴風雨之於一個毫無先知的行路人。這場暴風雨的發生是如此的倉促和戲劇性，最直觀的體現便是起義初見勝利的曙光，新軍竟從床底揪出了舊軍的首領黎元洪做革命的領袖。這位同樣極具戲劇性的舊軍首領竟然用一句「莫害我」來表達其對革命的畏懼。若不是新軍槍口的威逼，這位舊軍首領恐怕依舊會堅持不認同新軍的擁戴，更不會一躍成為辛亥革命舞臺上的主角。袁世凱的登臺則與黎元洪有異曲同工之妙。本來是孫中山順理成章的以多年以來形成的革命領袖身份歸國接受臨時大總統的身份，而他卻自作聰明般地用商業交換的思維將民國得之不易的珍貴財富轉手交給了袁世凱，而孫中山得到的只是他對於袁世凱的若干美好的空想，以及那一紙幾近嘲弄的全國鐵路督辦的委任狀。那時除了章太炎等少數人對袁世凱之內心洞若觀火，絕大多數人對袁世凱的態度幾乎不約而同地倒向了孫文的愚蠢。而袁世凱在

粉碎清季之後的所作所為才讓孫文恍然大悟並慌忙組織討袁，然而此時已為時晚矣。袁世凱幾近不費吹灰之力，在舉手投足之間將民國扔進垃圾堆，自己坐上了龍庭。袁世凱的這種探囊取物的輕巧與其說是袁世凱自身的幸運，不妨讀解為孫文的荒唐與糊塗。然而令人尋味的是，在其後的歷史書寫中，孫文的這種荒唐糊塗以至愚蠢被美化成為顧及大局的舉措，另一方面袁世凱的心術權謀則被無限的放大，彷彿辛亥革命之失，罪責全在袁世凱。這種偷天換日欲蓋彌彰的伎倆不過在於掩飾孫中山的過錯。而更加令人啼笑皆非的是，隨後的所謂唯物史家將孫中山的這一愚蠢作出了貌似公允的評價，美其名曰：資產階級的兩面性。

斯時孫中山的愚蠢較之辛亥革命之前，幾近不值一提。我指的是在漫長的革命生涯中，孫中山扮演的正是這種愚蠢的角色。尤其是眾多同盟會員殞於沙場時，孫文也不改暴力變革的執著。這種抱殘守闕的革命姿態儘管訴諸道德無可厚非，一旦訴諸實踐，則要付出血的代價。更令人遺憾的是，經歷一次又一次的失敗，孫文依舊不改初衷，在他晚年做出了與蘇俄合作的荒唐舉措。這一充滿無窮劫難的抉擇，貽害千古。

孫文的這種革命迷失，無異於一齣荒誕悲涼的戲劇，而辛亥革命則是最佳情節。在這一幕劇中，孫文並未在一開始就出場亮相。在此之前他大大小小組織了數十次起義，無一成功。而戲劇性的是，在他起義失敗而不得不流亡他鄉的時候，起義恰恰取得了成功。這種成功不能理解為孫文之前的起義造成的聲勢已成，武昌之功不過是順理成章，是與孫文那若干次起義的遙相呼應。實際上武昌起義之時，孫文的缺席恰恰提醒了人們關於孫中山之於這場革命的無關緊要。然而歷史的荒誕則在於選擇了這個無關緊要的人充當了這一場革命的主角，演完了這一幕晚近中國極具諷刺意味的戲劇

性場景。孫中山基於這場革命的真實含義，便是我對辛亥革命如此質疑的原因。

相較於辛亥革命之於孫中山被誤解扭曲的命運，五四運動幾乎如出一轍，甚至變本加厲。經由毛澤東的話語包裝，五四運動被稱為反帝反封建的先驅。具有諷刺意味的是，在五四運動如火如荼的時候，毛澤東是缺席的，正如孫中山之於武昌起義的歷史性缺席。與孫中山缺席而成為辛亥革命的主角同樣令人費解的是，五四運動的闡釋正是由並未深度參與五四運動的毛澤東來完成的。在毛澤東所構建的話語體系當中，五四運動被賦予至高無上的尊崇，被闡釋為中國人民覺醒的標誌，這一大而化之的說法在日後逐漸成為定論及至不可動搖，享有獨一無二的極高尊崇。可怕之處在於，這一定論逐漸模糊了歷史的界限，將五四的範圍莫名其妙地擴大，這其中便包含了那場無論在性質或是取向上都與五四運動背道而馳的新文化運動。

由胡適、陳獨秀諸君所發起的新文化運動，事實上給了中國一次機會，一次構建民主政治體制和政治文化的機會。而袁世凱稱帝時顯現的民心向背恰恰昭顯了當時中國人民已經意識到了這樣一個機會，不允許任何人將歷史的進程往回溯源，開歷史的倒車。於是新文化運動的職責由此突顯。雖然新文化運動中的思潮紛繁複雜，諸如胡適之自由主義，陳獨秀之啟蒙主義，魯迅之個人主義，但終其根本乃是改良主義立場，這也是新文化運動的要義。它的目的並非類似於傳統王朝變更的宣傳策略所的那樣，只是用暴力推翻一個舊政權，建立一個新政權。而是以文化為手段，以啟蒙為指引，向民眾灌輸諸如天賦人權、自由民主之類的普世價值，引導民眾走向良性的變革，告別永無休止因循式的王朝變更，以及永無停息的兵刃相向與烽煙四起。

　　五四運動當然與新文化運動背道而馳，甚至可以嚴重的估計五四運動對新文化運動的傷害。新文化運動諸君的弟子輩——以傅斯年、羅家倫為代表的青年民粹主義者激情昂揚，以浩蕩的遊行隊伍走上北平的街頭，一把火燒了趙家樓，並將當局的官員打成重傷。這種暴力的張揚正與新文化運動的改良主義立場水火不容。朱大可曾經指出，這場取向與新文化運動背道而馳的運動幾乎包含了所有在其後的歷史中反覆出現的政治型元素，血書、聚會、民眾、天安門、遊行、傳單、大字報、抄家、群毆，所有的一切都構成五四複雜的面目，讓後人難以認清。

　　耐人尋味的是，在其後的歷史之中引導民眾將這種政治性元素所包含的破壞力訴諸社會變革的不是別人，正是以對五四的定義作出權威性闡釋的毛澤東。這位來自湖南農村的革命青年，逐漸在歷史的進程從韶山走出，成為晚近中國最具標誌性的人物。是他以革命的名義宣揚「五四」，並將五四的暴力色彩誇張到極致，從而以文革的歷史創傷留下無可饒恕的罪孽。在文革時代，晚近歷史陷入了最為災難深重的時期，其對於之後的中國，依然有著難以去除的隱患性影響。一旦這種隱患積聚噴發，五四的幽靈將會重新出世，上演類似於文革的人間蒼涼。

　　辛亥革命與五四，分別以孫中山與毛澤東作為其不可分割的主角，儘管這種主角的定位不以是否置身其中為標準，而是以對於事情本身的內在性關聯為基準。但無可否認，這兩場極具複雜色彩的事件，將孫中山與毛澤東推向了歷史的前臺。在辛亥革命之後，孫文倡導了革命的主角，其繼位者蔣介石諸人則將這一脈革命匆匆葬送於孤島。而毛澤東則在孫中山之後憑藉歷史的機緣，開創了另一脈晚近歷史，引發了晚近歷史中令人唏噓感慨、悲歡交集的時代。辛亥革命與五四共同標注了歷史的某種開端，也昭顯了歷史必將走向的終結。

二、風雨中的共和

在孫中山從革命的幕後走向前臺的歷史性時刻，共和是與之相生相隨的辭彙。這種不可分割的關係起初是一種極具偶然性的歷史事件所確定下來的。作為那一場革命中名不符實的主角，孫中山無論多麼的無能與軟弱，也無法抹去歷史闡釋賦予他的歷史地位。「國父」這一稱謂的含義不言自明，一語道盡了孫中山之於中華民國意味的深長與悠遠。而共和作為中華民國最具象徵的政體，標注了民國不同於以往朝代的特異之處。幾乎所有的人不約而同地認定，孫中山與共和的關係如同一枚硬幣的兩面，不可分割。

誠然如同人們所認定的那樣，孫中山與共和確實有難以分割的關係，這種關係見諸於孫文在三民主義建國方略等一系列的著述。共和在起初所經歷的風雨，與孫中山有著莫大關聯。換而言之，由於孫中山的某種缺失，共和在盛夏時代遭遇了難以形容的傷害。儘管這種傷害與當時的社會條件也有莫大的關聯，但無可否認的是，孫文對此負有不可推卸的責任。

作為晚清時代無可辯駁的革命領袖，孫文起初之於革命的努力從某種程度上暗示了這種革命的不穩定性及其成果的可疑。其在革命歷程中流露出來的是迷茫與清醒的交織，迷茫是孫中山並不清楚革命的走向，以及這種指向所帶來的結果，更為重要的則是孫文對於身處革命風潮中諸人例如袁世凱之類的無知與偏見。而清醒則意指孫文一次次將革命訴諸商業交換之時的精明，儘管這種精明的背後依然是迷茫乃至糊塗。這種迷茫與清醒之於個人而言，並無可堪指責的內容。問題恰恰在於此，孫中山不僅僅是一個個體，他的出現，他的一舉一動，都關乎革命的歷史性選擇。然而我們不無遺憾

地看到，孫中山在面臨這種選擇時的表現。以及所引發的後果，被後世證明是錯誤乃至昏庸的舉措。

孫中山的失誤歸根結底在於，他無法真正地洞察歷史，以及歷史中若干的典型性人物，以至於這種無知深刻地斷送了若干個頗有希望的開局。拋開他早年的革命生涯不談，在辛亥革命作為一種象徵為中國提供了某種可能的道路時，孫中山卻幾乎無知地無視這種可能性的存在，依舊憑藉他被後世證明漏洞重重的自覺以及他那在道德上毫無瑕疵於革命中則錯漏百出的熱情來從事他所醉心的民族大業。他的急切與熱忱，都與他愛國有著莫大的關聯。然而這種急切與熱忱的感情卻是那樣的盲目，在他需要出現的時候躲在一隅，而不需要他出現的時候卻如同馬後炮一樣多餘地現身。凡此種種都註定了孫中山對於革命的一知半解，而這一知半解也給予革命相生相隨的共和帶來了巨大的傷害。

早在辛亥革命時期，孫中山對於共和的傷害便不知不覺地突顯。作為辛亥革命名義上的領袖，孫中山未能真正地親歷辛亥革命，而這種缺席恰好證明了他對於辛亥革命成果的輕視與淡漠。作為一場歷史偶然性十分強烈的運動，辛亥革命並非全然發端於歷史的機緣巧合，而是自晚清以將政治變革訴求的綜合性爆發，而這一爆發所帶來的成果則是賦予民眾一次選擇的機會。此時，孫中山恰恰需要站出來引領民眾進行選擇，使共和從行文變成制度，由虛幻變成事實。令人遺憾的是孫中山拱手將這次引導的機會讓給了袁世凱，而其後袁世凱一步步踐踏共和直至復辟狠狠地掌摑了孫文的無知。這種冷嘲熱諷的生成固然有袁世凱隱藏太深不易為人察覺的原因在內，但終究與孫文的無知有著莫大的關聯。作為晚近歷史屈指可數的梟雄式人物，袁世凱的面目除卻章太炎等具有先知感應的學人可以依稀辨清，其他人幾乎對其一無所知。這種戲劇性的對比

可以得到證據充足的檢驗。要知道即便是對歷史洞若觀火諸如康梁之輩，雖然在戊戌變法時已受過袁世凱的欺騙，幾近身首異處，但在袁世凱踐踏共和走向龍座的進程中卻依然對袁世凱抱有相當高度的期許。如此觀之，章太炎的直覺是可貴的，他一眼看出了袁世凱的虎狼本性，以及袁世凱對於共和張開的血盆大口，如此他才會如此激烈地以自己的身家性命為賭注，企圖換回那得之不易的共和果實。然而此時的孫中山卻置若罔聞，依舊癡迷於其實業救國的春秋大夢中，在宋教仁三番五次地對孫中山作出勸誡的時候，孫中山居然以笑待之。並且覆信宋教仁試圖勸宋教仁與他一起共謀全國鐵路之建設。最終當袁世凱選擇了向宋教仁開槍之後，孫中山才如夢初醒。其實何止是孫中山，那幾聲槍響幾乎同時震醒了康梁等諸多當初對袁世凱心存希冀的時代性人物。

宋教仁之遇刺象徵了共和最為慘烈的命運，而這種慘烈的命運乃是袁世凱與孫中山共同促成的。假設在袁世凱踐踏共和，宋教仁挽救共和的時期孫中山站在宋教仁這一邊，即便是孫中山不採取任何實質性的行動，袁世凱也會有所忌憚。而歷史恰恰向我們昭示了當時的孫中山是沉默的，而不是採取態度鮮明的行動，只剩下了宋教仁孤軍奮戰。宋教仁如同《山海經》中的刑天，又如魯迅筆下的過客，獨自與袁世凱周旋。他的處境是那樣的惡劣，以至於除了章太炎那樣的狂士以另一種方式反對袁世凱，鮮有與其同道者。

宋教仁之死是對於共和的致命性打擊，如果說孫中山從事革命謀求共和所採取的行動是浮誇的未經深思熟慮的，而宋教仁恰恰與之構成了鮮明的對比。作為一個務實的革命家，宋教仁的特異之處在於，他不僅擁有孫中山的革命激情，更具有指引革命付諸實踐的細緻才幹。且不說他輔佐孫中山歲月裏殫精竭慮為共和之政體勾勒藍圖，在孫中山醉心於鐵路建設無視袁世凱踐踏共和的時刻，宋教

仁依然有條不紊地組織選舉，試圖與袁世凱抗衡。孫中山對於宋教仁的這種努力依然是熟視無睹的，即便在宋教仁組建國民黨這樣的大事上，孫中山也是冷淡而默然的。或許正是這樣的態度，讓袁世凱了然於胸，在走向龍座的道路上，索性結果了宋教仁。

宋教仁的死不僅帶動所謂的國會選舉的迅速崩潰，也促使本來就四分五裂的革命勢力作鳥獸散，自辛亥革命起所帶來的革命共和成果幾乎全部被袁世凱所侵吞。更為重要的是，共和遭遇了滅頂的災難，民眾喪失了選擇的機會，歷史的進程再次倒退。這種惡劣的形勢讓孫中山驀然驚醒，因此便有了歷史上那次匆忙的二次革命以及同樣悲慘的結果。

歷史走到了這一步，如果說共和尚有某種可能的話，孫中山依然是引導民眾的領袖型人物。但歷史恰恰在此刻拐了一個彎。我所言指的是孫中山本人觀念的改變。經歷了早年的奔波與中年的失落，逐步走向晚年的孫中山毅然與蘇俄合作，將暴力革命從俄國舶來中國。這種取向上的抉擇與其說是時勢使然，不妨看作孫中山企圖雪恥的孤注一擲。在此之前，他一直沒有擁有一支真正的軍隊來保障他的革命以及革命中的共和，而這使他一直為軍閥所恥辱乃至侮辱。而他晚年與蘇俄合作舉起暴力的旗幟，則又陷入另一種程度的無知。至使共和再次陷入昏暗的世界。

耐人尋味的是，在孫中山與蘇俄逐漸過從甚密的時代裏，一個名叫王國維的學人如同當年的章太炎一般洞察出了歷史的真實。他在行文中留下了「先共和，再共產」的讖語。這一極具深意的洞見，無比清晰地道出了孫中山的謬誤以及共和的無望。後來的史實也恰恰證明，與蘇俄合作之後的孫中山逐漸走向混亂的思維之中，他的軍政、訓政、憲政三部曲構想看上去如同唐吉軻德鬥風車一般可笑。更為深刻的悲劇在於，在孫中山作出這種愚蠢的抉擇之後，

歷史學家將其晚年的舉措闡釋為神來之筆，對其大肆褒揚。這充滿荒誕性的評論，為風雨中的共和提供了殘酷而真實的注解。

三、孫中山革命的荒誕悲涼

當晚近中國的歷史從落日時代轉向盛夏時代的時期，孫中山的革命歷程與此難以割離，並深度參與了自辛亥革命之後中國的歷次變革。據此而論，孫中山被革命時代的領袖稱之為革命的先行者，而孫中山的繼承者蔣介石則更加注重其對於民國的首創之功，尊稱孫文為國父。與毛澤東相比，蔣介石似乎更為準確地把握了孫文革命的真實內容，將其對於民國初創的貢獻言簡意賅地道盡。而毛澤東的判斷則是模糊而混沌的，他語焉不詳地將先行者的稱謂送給了孫中山，並在其話語闡釋中將孫文與洪秀全、嚴復並列，稱他們是近代中國尋求救國之道的三個代表。相較於洪秀全的毀譽參半與嚴復的晚年失節，孫中山似乎受盡擁戴，即便是國民黨敗退臺灣之後，他依然享受著承平的香火。然而他曾經的歷史，卻被人逐漸神話成一段傳奇，喪失了原有的真實。

實際上孫中山作為一個革命家的身份出現在晚近中國的歷史之中，乃是如同慈禧一般象徵了歷史的命運。孫文革命歷程的荒誕悲涼，恰恰是晚近中國極具象徵性的縮影。讀懂了孫中山的革命歷程，晚清時代與盛夏時代之交的若干歷史性問題便可以順利地得到闡明，人們便可以知曉為何日落時代雖然落後卻有中興之局面，而號稱共和的民國卻陷入四分五裂久久不能獲得治平之世。更為重要的是，讀懂孫中山的革命歷程，便可以瞭解為什麼在孫中山故去之後，歷史幾經輾轉，最後陷入了毛澤東主宰的時代。

　　作為曾經是滿清的通緝犯，孫文在滿清垮臺之際，順利地成為了民心所向的臨時大總統。然而孫中山不知道，中國民眾也不知道，孫中山就任民國大總統之間，包含著一個極其重要的內容，這個重要的內容對於讀懂孫中山革命歷程中的若干次轉向，有著不可替代的地位。

　　早在孫文以一個革命者身份投身革命之前，他的姿態乃至情緒遠非組建同盟會那樣慷慨激昂，而是如同韓愈那樣為臣的姿態溫柔敦厚，遇事不溫不火。如果說晚年孫中山抑或是中年孫中山代表了那個時代革命家的風範，那麼早年孫中山無疑是中國傳統士子的絕佳楷模。雖然他自幼學在西洋，蒙受的是西方教化，但仍然抱有諸如康梁之類人的報國熱情，無論從行為方式抑或是話語表達上都與康梁有著驚人的雷同。他曾經試圖拜謁李鴻章便是一個絕佳的例證。在維新變法失敗之後，幾乎人人談法而色變，彷彿六君子血濺菜市口的慘劇隨時會降臨到自己頭上。而李鴻章在變法中雖然態度不甚明朗，但他在關鍵時刻於西太后前的一番慷慨陳辭，或多或少地彰顯了這位洋務先鋒老驥伏櫪志在千里的激昂壯烈。孫中山斯時的拜謁之情恰恰出於這樣心有戚戚的相惜。他所撰寫的《上李中堂書》，事無鉅細、林林總總地羅列了自甲午海戰、戊戌變法以來社會的諸多弊病，而這似乎也打動了本想以洋務救國卻在晚年功虧一簣的李鴻章，兩人的會晤似乎一拍即合，然而躲在暗處的西太后卻以一紙通緝令將孫中山逼到了海外，使孫李二人的會晤變得遙不可期。其後孫中山逐漸被清廷視作眼中釘，即便在大赦天下的時候也特別注明孫文除外。或許正是這樣毫無餘地的態度激怒了孫中山，於是便有了光復會、興中會的那次結盟，同盟會由此誕生，標注了孫中山新的歷史起點。

　　耐人尋味的是，雖然同盟會號稱開明進步的革命黨人，但他們革命的具體內容卻是接連不斷的暗殺以及永無休止的暴動。拋開這些革命志士的俠義之風不談，這種不論是非未經深思熟慮的暗殺與暴動潛藏著巨大的危機，也標記了孫中山從書生走向流氓的歷史轉向。如同當年的曾國藩一樣，孫文起初的報國方式是廟堂式的，希冀通過遇上開明的君主或是能臣來實現自己的政治抱負，將自己的政治建設構想付諸實踐。然而清廷的一張通緝令，讓孫文所有的構想付諸東流。可想而知，當年孫文被迫流亡海外時內心是如何的沮喪與不甘。而由這種沮喪與不甘所激發出來的憤怒，包含著更為複雜的歷史內容，使孫文果斷地拋棄了曾國藩廟堂式的報國之路，選擇了洪秀全江湖式的反叛之路。這種由廟堂式走向江湖的抉擇被歷史證明為一種荒謬，明顯地由良性的社會變革轉變為惡性的起義造反。歷史幾近陷入新一輪的循環往復之中。

　　具有戲劇性的是，在孫文領導了大大小小數十次起義失敗之後，清廷在一次極具偶然性的事變中土崩瓦解。孫文輕而易舉地成為了這次事變的領袖，被推上臨時大總統的神壇。民國初創的喜悅讓孫文幾近欣喜若狂，他幾乎忘記了他所接手的是一個國家。而這種輕而易舉到手的革命成果孫中山卻沒有好好珍惜，不久之後便慷慨地拱手讓給了袁世凱，自己專注於鐵路建設。孫中山恰恰忘記，袁世凱乃是經歷過風雨磨礪的虎狼之輩，且不說他治理北洋的手段毒辣恩威並用，在維新變法面臨生死存亡關頭出賣康梁帝黨，也足以使他被釘上歷史的恥辱柱。然而孫中山卻無法洞見所隱含的寓意，把他僅僅視作袁世凱善於權術的某種表現，而這更堅定了孫中山向袁世凱讓位的決心。

　　實際上孫中山的大錯不在於他多麼的昏庸無知，將自武昌起義伊始的革命成果轉贈給了袁世凱，而是他在辭去大總統職務後一無

所有的前提下從來沒想過建立一支自己的軍隊。這支軍隊的歷史使命並非如同那群軍閥的隊伍一般乃是維護自己的地盤,在變幻的時局中擴張領土攫取更大的利益。它的責任在於維護得之不易的共和成果。然而斯時並未醒悟的孫中山依舊徘徊他的實業救國的黃粱夢中,直到宋教仁倒在南下的火車旁,孫中山才如夢初醒,此時他所仰仗的乃是與他素無瓜葛的地方勢力,而這些心機城府都極為高深的軍閥又都有著自己不可告人的秘密,終究使得袁世凱故去後的民國成為軍閥混戰的慘烈圖景。而隨後與孫文出生入死的黃興逝世,具有歷史對稱性的是作為孫中山的左膀右臂,一者死在袁世凱帝制將成之前,一者死在袁世凱帝制破滅之後。正是這種絕妙的死亡對稱,提示著孫中山孤立無援的政治處境。

在這樣的歷史條件下,孫中山與蘇聯不期而遇。將蘇聯暴力革命的刺刀從西伯利亞帶到廣州。作為曾經學醫的孫文,他原先救中國的理想乃是如同外科醫生一樣,用手術刀割去中國內部的毒瘤。然而歷經歲月磨洗,手術刀變成了刺刀。刺刀象徵著暴力,象徵著惡性的造反,而不是良性的社會變革。宋教仁與黃興在世時致力於良性的社會變革時,孫中山是沉默的。而當宋教仁與黃興遠去的時候,孫中山卻祭起了替天行道的大旗,開始做起了一統天下的美夢。只是這個夢還沒開始,他便死於肝癌,應了「出師未捷身先死」的古話,他的死如同他在辛亥革命中的出場,充滿了荒誕悲涼的戲劇性色彩。

實際上孫中山在他故去之後的尊崇,已經足以掩蓋乃至安慰他生前的種種辛酸。作為蘇俄在中國最為直接的合作者,孫中山在晚年犯下了最不可饒恕的錯誤。事實上無論是孫中山也好,蘇俄也好,都無法真正理解蘇俄的暴力革命理論進入中國的真實含義。它的真相在於,經由晚清時代一盛夏時代無數志士仁人所開創的良性

社會變革軌道，被農民革命式的造反道路所覆蓋。讀懂這一層的含義，人們就會懂得為什麼孫中山故去之後，歷史的操縱杆幾經周折，最後落到了毛澤東的手裏。更為重要的是，讀懂孫中山的晚年，讀懂蘇俄暴力革命理論進入中國的真諦，才會知道革命話語體系中所宣揚的所謂「十月革命一聲炮響」，除了馬克思主義，還有其他意味深長的內容。

第七章　文化保守主義者的質疑

一、作為逆流姿態出現的保守派

　　在胡適作為盛夏時代新式人物的代表在晚近歷史嶄露頭角的時刻，與之相生的無疑就是那場深刻地改變了中國人話語方式的白話文運動。作為白話文運動反對派的林紓，其姿態無疑有著逆歷史潮流而動的嫌疑。但是歷史的荒誕之處在於，林紓不獲解於當時，在其後依然未能獲得人們的認可。人們只是有限度地承認，林紓於翻譯方面的造詣確實不容小覷。林紓的這種悲劇，為盛夏時代知識份子的眾生相，提供了一份極其具有典型意味的樣板。

　　與林紓命運相似的則是辜鴻銘。這位同樣在翻譯方面頗有建樹的大儒，終身保留著那根腦後的辮子以示對於清季的感念。這種張揚姿態在人人標榜進步的時代顯得格格不入。更為人所費解的是，在盛夏時代新派知識份子高呼「打倒孔家店」將傳統文化一擊於地的同時，辜鴻銘潛心經史，寫出了對傳統文化極具褒揚意味的《春秋大義》，這一著述與他曾經過從甚密的洋務精英張之洞所提出的「中學為體，西學為用」截然不同，更與盛夏時代的知識份子所倡言的全盤西化論頗為迥異。這種與時代相違的著述取向，同樣別有深意。

　　事實上無論辜鴻銘抑或是林紓，他們本身對於時代的某種拒絕及反感都是發乎於心，不摻有任何功利性的色彩。頗有意思的是，他們對於時代潮流的拒斥，具體而微到行為方面是十分具有孩子氣

的，一如章太炎之身所體現出的狂士傳統。林紓在表達他對於胡適
之所倡導的白話文運動的反感時，居然採用了令人啼笑皆非的影射
手法，完全失卻了他在翻譯外國小說時文筆所深含的古雅意蘊。而
辜鴻銘在表達他對於時代風俗的不認可時，居然以固守綱常名教的
姿態對清季風俗予以踐行，諸如一夫多妻，喜歡纏足女人，留辮子
之類，不一而足。

這些至今看上去令人匪夷所思的舉動，恰恰可以對他們之於時
代的逆流姿態作出注解。盛夏時代舊派知識份子，可以分為三類，
一類以章太炎為代表的狂士。一類是以林琴南、辜鴻銘所代表的文
化保守主義者。一類是以王國維、陳寅恪為標注的文化遺民。林
琴南和辜鴻銘的不同在於，他們以極為鮮明的姿態，拒絕與時代風
潮為伍。章太炎終極一生無所謂進步落後，與時代潮流相順或是相
斥。他乃是時代之外的獨行者，依據自己的好惡作出抉擇。而王國
維與陳寅恪對於時代則以保持沉默顯示出了對於時代空前的蔑視。

林紓與辜鴻銘的堅定態度，雖然較之章太炎、王國維、陳寅恪
諸人有所不同。但是此三類人卻都有著對於時代驚人的洞見。這種
洞見具體到他們所身處的時代，則呈現出他們對於歷史本身的洞若
觀火。當章太炎用佛法之理說出他對於進化論的質疑時，他預見了
歷史其後的災難。當王國維說出：「先共和，後共產」的不經意之
語時，他道破了歷史的走向。同樣當陳寅恪晚年以盲翁臏足的境遇
燃脂十年著述《柳如是別傳》時，他也同樣昭示了時代文化淪亡的
歷史循環。而林紓的功績在於，對於白話文的抵抗、對於古文的捍
衛指出了其後白話文淪陷的命運。辜鴻銘則以他的著述點出了未來
中國文化之於西方文化的救贖，雖然此二人於當時之世都被視作冥
頑不靈的守舊派，未曾獲得理解，但這絲毫無礙於他們本身之於歷
史的意味深長。

　　然而林紓當年拍案而起，確實讓人瞠目結舌。且不說他在〈致蔡鶴卿書〉中一片坦蕩地慷慨相陳自身對於白話文的傾心以及對於白話文日漸普及的憂慮之心。那些諸如〈荊生〉、〈妖夢〉之類帶有話語暴力色彩的文字更像是一個孩童任意而吐露的張狂之言。毋庸置疑林紓對於語言的感知是敏銳的，這一點即便是首倡白話文的胡適之都難以望其項背。雖然胡適本人煞有介事地在〈文學改良芻議〉中條分縷析將古文之弊病一一列舉，但是這絲毫不能掩飾他對於古文本身的隔膜與疏遠，更何況他對於白話文本身的認識也是不甚了了的。只是他在寫下〈文學改良芻議〉之時，很明顯的受到了陳獨秀的鼓動，有不可避免的倉促為文之嫌。同時胡適對於古文的態度也並非如人們想像的那樣激烈，充滿了你死我活兵戈相向的火藥意味。而整個白話文運動雖然由胡適首倡，但其推動乃至其間所彰顯的革命意味，則全然歸於陳獨秀的努力。林紓的憂心出於他對於古文源自生命與靈魂內部的認同，而對於白話文即將壓倒古文的現實，林紓痛陳：若盡廢古書，行用土語為文字，則都當下引車賣漿之徒，所操之語按之皆有文法。這句傳為一時的名言當然遭到了笑柄般的命運。然而歷史的發展證明，林紓的擔憂成為了令人心痛的事實。歷史證明了林紓擔憂的不無道理，然而林紓當時卻幾近陷入了過街老鼠人人喊打的命運。

　　在那紙使林紓幾近身敗名裂的〈致蔡鶴卿書〉中，林紓的坦蕩一覽無餘。他在文中所表現出來的矢志不移追隨清室的執著與其說是政治上的表態，不妨看作文化上的眷戀。然而林紓這樣固守倫常傳統在大變局的時代背景下，顯得與時代有著不可逾越的鴻溝。在所謂開眼看世界的社會風潮中，更加顯得異類。在一個處處講求變革的歷史時期，固守傳統當然被視作逆歷史潮流而動，人們當然不會以此為意，引發深層次的反思。然而當歷史演進到求新變革毀滅

文化的時候，人們或許才能體會到林紓當年呼喊的真切，但可怕的是經歷政治意識形態的包裝，整個社會已經全然形成了一個觀點：創新固然是對的，守舊必然是錯的。這一充滿歷史悖論的觀點，為林紓的悲劇提供了詳盡的注解。

與林紓的悲劇具有相似意味的辜鴻銘，則有著更為深刻的歷史淵源，辜鴻銘曾任張之洞的幕僚。卻明顯於歷史的識見高於張之洞。張之洞的所謂「中學為體，西學為用」的白話闡釋，對於他的前輩曾國藩所引領的洋務運動，不亞於一次拙劣的貶低，這種虛灼浮誇的文化本位論是膚淺而做作的，不妨視為張之洞於政治文化之間的一次作秀。他的幕僚辜鴻銘則從自身對於傳統文化的深刻洞察，寫出了諸如《春秋大義》、《中國的牛津運動》之類張揚東方文化普世價值的著作。

辜鴻銘身處的時代乃是幾代知識精英前赴後繼學習西方的歷史時期，其間充溢著進化論之類爭先恐後的競爭姿態。彷彿誰學習西方更多，誰更佔據了知識的高峰，擁有了改造國家社會的能力。這種無視文化交流間的體認而盲目陷入知識堆砌或是器物修習的狀態是極其淺陋的。辜鴻銘的意味便在此突顯。他以罕見的高度，強調了東方文明本身所擁有的價值。他以理想主義的熱情宣稱中國文化才是拯救世界的靈丹。辜鴻銘也正是由於對於傳統文明中普世價值的深刻洞察。於國外贏得了巨大的轟動，然而辜鴻銘的不幸之處便是雖然他強調中國文化之優，但斯時中國現實卻給予了辜鴻銘不小的失落。他生活在一個不幸的年代，面對這種文化與現實的落差，他的著述如同煙塵一樣湮滅。然而歷經時光淘洗，人們經過二十世紀的百感交集，終於覺察了當年辜鴻銘關於以東方文明救世所蘊含的如同真理的恆久價值。或許這種歷史因循的戲劇性轉變，便是對於那個時代諸如林紓辜鴻銘這樣的保守派學人最為精準的安慰。

二、章太炎及其狂士傳統

　　在晚近歷史無數的脈絡之中，章太炎都是無法回避的人物。且不說他兼有革命家、思想家、學者諸多身份於一身，即便他從事一個角色，也足以流芳後世。這種超出群賢的卓絕乃是一種歷史的象徵意味。正如慈禧是晚清時代氣數已盡的象徵，曾國藩是廟堂崛起的化身，孫文是晚清時代的終結者一樣。事實上章太炎的這種歷史象徵意味，還有另一層的時代性的含義。這種時代性的含義包含著兩個層面：一個層面意指章太炎標注了晚近歷史由晚清時代轉向盛夏時代知識份子社會地位的蛻變式提升。在中國歷史上從來沒有一個時代如此的富有洞見，將知識份子作為社會的頭腦主宰社會乃至歷史的走向。另外一個層面意指章太炎代表了那個時代社會頭腦的某種分化。這種分化雖然複雜，簡而言之便是知識份子身處那個時代大致有兩種類型，一類是以胡適之陳獨秀為代表的西化知識份子，或曰新派。一類是以章太炎、林琴南、王國維諸人為代表的沉醉於中國傳統的學人，或曰舊派。雖然新派與舊派常常在思想觀念乃至治學為人方面有著相似之處，並且二者並無嚴格意義上的區分與界限。這也正是章太炎如此複雜的原因。

　　然而讀懂章太炎是困難的。這不僅僅因為他具有多重的身份而難以識別，更為重要的歷史事實則在於，章太炎在所謂晚近歷史上的激進與保守，或是頑固派與保守派的對壘中，幾乎都是置身事外的。即便是章太炎曾經寫下《駁康有為論革命書》並被視作革命派對於保皇派的撲殺，也無礙於章太炎的這種獨立地位。事實上章太炎的這種獨立地位並未受到注意，反而他本人被看作深度參與時代變革的所謂社會活動家。例如魯迅在《關於章太炎先生二三事》中便隨波逐流地將他的老師比喻成革命的車伕，前半生往前拉，後半

生往後拉。魯迅的這個不恰當的比喻，恰恰昭顯了絕大多數人對於章太炎的印象。這種無知的感覺除去意識形態的塗抹之外，很大程度上是因為章太炎自身的駁雜。這種駁雜不僅僅指的是身份，更多的是反映在思想行為等諸多方面。為了理清這其間的關係，不妨就我在開頭所提到的章太炎時代性含義的兩個層面，作些詳細的闡述。

所謂知識份子社會地位的蛻變式提升，乃是晚近歷史一個意味深長的轉向。在晚清時代之前，歷史的主宰在於君主，所謂秦始皇、漢武帝、唐太宗、宋太祖，便是這種主宰的符號性稱呼。然而晚清時代所謂「三千年未有之大變局」一個重要的特徵，便是君主這種主導地位的淪陷。雖然慈禧仍扮演著君王的角色，並以她的權術摧折了一代又一代的政治文化精英，但毋庸諱言的史實在於，晚清時代的主旋律正是由一代代被慈禧所摧折的政治文化精英所引領，諸如曾國藩、李鴻章之洋務運動，康有為、梁啟超之維新，乃至晚清覆滅的盛夏時代，政治文化精英更是引領社會風潮，呼風喚雨。諸如蔡元培之北大，王國維之清華。知識份子成為社會最為核心的頭腦，知識份子所意指的方向極其深刻地影響著社會與歷史的進程。

所謂社會頭腦的某種分化，意指盛夏時代知識份子之於文化上的抉擇與皈依。頗有意味的是，北大與清華恰恰可以作出兩種分化簡要的概述。北大之中群星璀璨之新派人物，極力引薦西方思潮，諸如胡適之自由主義、陳獨秀之啟蒙主義、周作人之人性主義、李大釗之馬克思主義等等。而清華則逆其道而行之，王國維以《宋元戲曲史》、《人間詞話》提取出了中國傳統之精要。陳寅恪修習多國文化，以博雅之心態俯視千年國史，以《隋唐制度淵源略論稿》等著作對歷史作出細密的注解。此二人不僅於學術層面功勳卓著，更為可貴之處在於，二者人格之獨立更是世間罕有，在充斥著暴力與血腥的革命時代，此二人以自沉與著述向時代作出沉默的回應，

是以為革命時代的末亡人。與此二人迥異的則是諸如林琴南、辜鴻銘之類對五四新文化運動心存芥蒂的文化保守主義者，他們的意義則在於另一種形式的堅守，通常人們稱他們為保守派，或曰冥頑不靈的守舊派。當然這種極其侮辱性的指稱值得商榷。

我將章太炎視作與林辜或是王陳迥異的舊派人物。雖然在歷史上章太炎亦被視作激進的革命家，但這並不能抹煞章太炎固有的文化意味。事實上無論章太炎作為一個革命家，抑或是作為一個學人，章太炎承接了中國傳統中極其微弱的狂士傳統。這種傳統見諸於漢末黨錮知識份子處境的慘烈，也見諸魏晉士人的鋒錚風骨。

毫無疑問章太炎首先是以一個革命家的身份出現在歷史之中。這種歷史的定位純然是由於戊戌變法後章太炎走上排滿反清的道路而形成。然而章太炎首要之義並不在於革命，而是在於文化。但即便是身為章太炎弟子的魯迅，也不能正確地道出乃師革命的次要地位，因此在《關於章太炎先生二三事》中很不確切地認為章太炎在革命史上的成績，實在比在學術史上還要大。魯迅的錯誤在於，他至死都沒明白章太炎的革命成績乃是基於內心的隨心所欲，並非帶著鮮明目的性的革命套路，這一點與孫中山謀求大一統的革命指向截然不同，也與宋教仁謀求共和憲政的理想頗為迥異。章太炎的革命從來不是由別人所引路，由自我內心的抉擇所決定，因而雖然當初孫中山邀請章太炎出任《民報》主筆，章太炎慷慨允諾，並使《民報》成為革命風雲的陣地，但當孫中山野心大起，謀求非常大總統時，章太炎毫不猶豫地拂袖而去。雖然袁世凱稱帝時章太炎破口大罵，但袁世凱逝世之後章太炎是頗為傷感的，並在文中不吝贊詞稱袁世凱為「梟鷙」。

章太炎這種對革命活動的隨心所欲，注解了其對於革命本身的不以為意。而魯迅對於章太炎那番在日後被奉為經典的評說，在今

天看來無疑是魯迅本身對於章太炎的膈膜與陌生。事實上章太炎對於魯迅也有著驚人的疏遠，在《太炎先生自定年譜》中章太炎毫無保留地坦誠：「弟子成就者，蘄春黃侃季剛、歸安錢夏季中、海鹽朱希祖狄先。季剛季中皆明小學，季剛尤善音韻文辭；狄先博覽，能知條理。其他修士甚眾，不備書也。」也就是說，章太炎在談論自己得意的弟子列舉了黃侃、錢玄同、朱希祖之後，忘記了給周氏兄弟留下座位，似乎是為了報復，魯迅極少提到曾經師從章太炎，並且在他瀕死之前所作的《關於章太炎先生二三事》中以一句「先生的音容笑容，還在目前，而所講的《說文解字》，卻一句也不記得了。」以示對於章太炎不露聲色的耿耿於懷。

章太炎的報人身份，更能體現其所傳承的狂士傳統。在章太炎名震天下的三次入獄之中，便有兩次是因報案牽連。雖然章太炎以言犯上，直呼皇上名諱，並斥其為小丑，但章太炎於本心而言，對於江山政權沒有絲毫的野心，他的以言犯上被讀解為哀其不幸怒其不爭的意氣之語。章太炎也因狂士的坦蕩而得以全身而退。他的張狂激昂以及個性卓然的氣質，正應了與他心心相知的趙氏老翁的贈詩：「君豈真瘋我豈病，補天浴日此心同。」

或許正是這樣的原因，章太炎在政治中歷經浮沉，最終抽身而出。曾經有人指出：孫文先後與四個親密戰友決裂，也標誌著他與四種憲政轉型道路決裂。其一與反對一黨專制的章太炎決裂，其二與主張議會主義道路的宋教仁決裂，其三與主張法治主義道路的黃興決裂，其四與主張聯邦主義道路的陳炯明決裂。最終開創出一國一黨一主義的現代意識形態專制模式及國民黨80餘年的黨國傳統。這種說法究竟有多少人贊同，可以商榷，但是孫中山率先與章太炎決裂，最終漸行漸遠，卻是不爭的事實。

三、革命時代的未亡人

　　王國維與陳寅恪乃是晚近歷史中不可逾越的山峰。在革命時代的開始與終結之處遙相呼應。王國維於北伐宣揚暴力革命的時刻斷然自沉於昆明湖，以「經此事變，義無在辱」的遺言宣告了自己的抗議。而陳寅恪則在晚近歷史中最為滅絕人性的文革時代帶著一腔悲憤離開人世，他所留下的煌煌巨著《柳如是別傳》，不吝於對於時代最為深刻的嘲諷。雖然斯人已去，但是此二位先生之於後世的燭照，恰恰可以用陳寅恪先生於王國維先生自沉後的追悼之語加以概括：歷萬世而同壞，共三光而永光。由於這種存留於革命年代極力稀少的人文傳承，王國維與陳寅恪由此獲得了極為超然的境界，我將此二位先生稱作「革命時代的未亡人」。

　　既有「未亡」之說，便自然存在「亡」之對應。事實上王國維——陳寅恪的文化傳承之「未亡」太過抽象，難以言說。其實是指可以體現於人品、經歷、著述等諸多方面。雖不敢稱完美無缺，卻足以為後世典範。而令人心痛的史實則在於，與王國維——陳寅恪之傳承形成了強烈反差的，則是諸如郭沫若——茅盾乃至眾多經歷五四時代卻又將文學或是學術訴諸所謂左翼、革命、歷史唯物主義之類無稽之談的諸多知識份子。這種令人瞠目結舌的轉變乃至墮落出於他們本身價值觀念的迷失，深刻地背叛了他們早年間所信仰的五四新文化運動時代中所包蘊的諸如啟蒙主義、自由主義之類洋溢著人性光輝的學說。或許這種極為悲劇性的知識份子轉向，是晚近歷史若干殘酷場景中最令人沮喪的一幕。而王國維——陳寅恪的文化傳承之意味由此吐露——即在晚近歷史知識份子集體淪陷的境遇下保留文化尚存的自尊與自重。

　　當然這種高潔的品行用語言來描繪是頗為困難的，即便是博覽群書學問絕倫的陳寅恪，當年對於王國維的追悼也是含混其辭稍失洞見。直至他晚年著述《柳如是別傳》時，方才大徹大悟，覺察了曾經的王國維之死對於他的提示之用。因此解讀王國維——陳寅恪的歷史傳承恰恰要從解讀王國維之死入手。只有讀懂王國維之死，王國維——陳寅恪的觀照才能得到順理成章的注解。王國維身前的著述諸如《紅樓夢評論》、《人間詞話》、《宋元戲曲史》的真實含義才能得到理解。因此人們才會懂得陳寅恪在人生的最後二十年間選擇忍辱負重所昭顯的價值與內涵。

　　當然，王國維之死對於陳寅恪而言，領悟乃是一個漸進的過程。在《王觀堂先生輓詞並序》中，雖然陳寅恪精準地道出了王國維之不得不死的原因，但是在《輓王靜安先生》一詩中，陳寅恪於結尾處卻將王國維之死誤讀。這種戲劇性的對比頗有深義，它至少說明了王國維之死所顯示的複雜與多義，解讀陳寅恪對於王國維之死的理解，是極為重要的。由此引出對於王國維之死的細密考察，也具備了相應的基礎。

　　在《王觀堂先生輓詞並序》中陳寅恪無比沉痛地寫道：「凡一種文化值衰落之時，為此文化所化之人，必感苦痛，其表現此文化之程量愈宏，則其所受之苦痛亦愈甚……蓋今日之赤縣神州值數千年未有之鉅劫其變；劫盡變窮，則以文化精神所凝聚之人，安得不與之共命同盡，此觀堂先生所以不得不死，遂為天下後世所極哀而深惜者也。至於流俗榮辱委瑣齷齪之說，皆不足置辯，故亦云不之及云。」陳寅恪一語道破了王國維之死對於文化的意味深長。陳寅恪想要表達他對於王國維之死的理解：以清季淪亡為標誌，清季所代表的傳統文化一併淪亡，王國維身為傳統文化所化，必然以自沉之形式與其共赴黃泉。然而在《輓王靜安先生》一詩的末尾，陳寅

恪卻寫下了「贏得大清乾淨水，年年嗚咽說靈均」的句子，在此陳寅恪無疑將王國維之死比擬作屈原之自沉汨羅，這顯然與其在《王觀堂先生輓詞並序》中的解讀大為迥異。屈原之死乃是基於報國無門的一腔悲憤，於文化而言並無更多的深意。其所體現的慷慨悲歌，也不外乎後世文人的渲染。因此陳寅恪於此有誤讀之嫌疑。

事實上即便是陳寅恪都在某種程度都無法理解王國維自沉，更遑論諸多本來就將王國維視作封建遺老的學人。即便是在王國維被推上神壇的九十年代，人們在談論王國維時依然顯得捉襟見肘，體現出驚人的疏離與隔閡。這些評論都隱藏著對於王國維的諸多誤會，換而言之，他們無法達到王國維那樣高遠的境界，因而也就無從談起對於王國維的理解。

王國維早在《紅樓夢評論》中，幾乎就已經透露出對於人生的看破。眾所周知的是，《紅樓夢評論》乃是現在紅學的開山之作。後世學人往往從《紅樓夢評論》之中尋根索據，指出《紅樓夢評論》中叔本華哲學思想之影子。言下之意彷彿王國維寫下《紅樓夢評論》意在闡述叔本華悲觀主義哲學。事實上，王國維寫下《紅樓夢評論》，意在提取出《紅樓夢》之特質，王國維謂之「大背於吾國吾民之精神」，便是《紅樓夢》本身所要表達的生命經驗。王國維通過《紅樓夢評論》告訴世人，《紅樓夢》之精神，便在於那塊頑石之特性——無用。無論賈寶玉也好，林黛玉也罷。乃至大觀園中的悲歡離合，其間的兒女情長，都可以用這一精準的描繪加以概括。

然而歷史的荒誕在於，經歷了約半個世紀之後，中國所興起的批判《紅樓夢》的浪潮，幾乎不約而同地將矛頭指向了將《紅樓夢》視作「無用」的觀點。雖然俞平伯師承胡適，但其研究《紅樓夢》之秉賦乃至生命體驗，都與王國維有著驚人的雷同。那些舉起大批判論調的所謂鬥士，無端地運用所謂階級分析法，將《紅樓

夢》視作所謂階級鬥爭的事物，視作所謂現實主義的力作，其意味在於反抗所謂封建禮教的禁錮。這些革命年代的話語深刻地傷害了自王國維開端的現代紅學研究，這些無異於對王國維最為深刻的傷害與嘲弄。

革命年代的話語王國維當然沒有親身經歷，因為他在革命年代到來之際便以斷然自沉了卻了以為繼的人生，革命年代切膚之痛的災難，則由陳寅恪所經歷。而陳寅恪於這一歷程的著述，乃是凝著屈辱如同杜鵑啼血似的悲鳴。他於《陳寅恪詩存》中所留下的斑斑心跡，正是他經歷革命年代內心深處的創痛與哀傷。即便是王國維之死中「文化神州喪一身」的唏噓感慨，也無法一語道盡他歷經世事的蒼涼。早年的陳寅恪或許還沒有真切地領會到王國維之死，因為他僅僅出於私誼打量王國維之死之於文化的意味。更為重要的是，他尚未覺察到革命時代來臨對於文化滅頂般的災難，等到這一時代被陳寅恪所真正體會時，他方才大徹大悟，以著述與《紅樓夢評論》遙相輝映的《柳如是別傳》了卻餘生。

陳寅恪之著述《柳如是別傳》，對那一段歷史乃至時代中的贏家與輸家，都表示了空前的輕蔑。這其中的春秋筆法，有心者自能知之。讀懂陳寅恪這一層面的意味，便會理解他於一九四九年的抉擇，既不去北京與眾多無恥文人為伍，也不願與國民黨同去臺灣以守孤島。而是選擇了偏遠的廣東豹隱，以著書立說承接王國維的文化傳承，陳寅恪這一歷史性抉擇不喻自明。如果說早年陳寅恪尚不能全然領會王國維，那麼及至他晚年，便已全部了然於心。有道是「我今負得盲翁鼓，說盡人間未了情。」陳寅恪晚年終於了然他的職責不在於如同其祖先陳寶箴一樣，以經世之才扶國之將傾，而是與王國維形成觀照，這一革命時代未亡人的歷史性角色的認領，便是王國維——陳寅恪文化歷史傳承所形成的時代精神圖景的終結。

第八章　五四諸子的風貌

一、胡適及其自由主義悲涼命運

　　以胡適為代表的盛夏時代知識份子群的集體出現，對於晚近歷史而言，如同酷熱之時的一場暴雨，天地由此變得澄明淨澈。不復自晚清以降的沉悶與渾濁。胡適那一輩的知識份子以他們的演說，構成了前無古人的中國啟蒙運動。這場運動的思潮紛繁複雜，諸如胡適之自由主義、陳獨秀之啟蒙主義、周氏兄弟之人道主義、李大釗之布爾什維主義，共同構成了啟蒙運動的全貌。這場運動承接了曾國藩之於將中國由傳統家國轉變為現代文明社會的努力，為其後的中國提供了諸多充滿希望的可能性。

　　然而一個世紀過去，轉眼胡適諸君叱吒風雲的時代業已成為百年之前的遙遠故事，如今人們談論起胡適諸君及其時代，已經顯示出驚人的疏離與陌生。即便是那個時代中與人們日常生活聯繫最為緊密的白話文運動，人們也悉數忘卻了其所聯繫的種種曾經。這不得不為胡適的命運增加了更為沉重的歷史因果。革命時代對於盛夏時代的摧折，由此可見一斑。

　　胡適本人可能最為痛心之處在於，他從西方引入中國的自由主義普世價值，雖然他本人對此忠貞不渝，並且越老越顯示出其信仰的堅忍不拔，但於革命時代到來之時，毀於一旦。打著革命旗號的專制集權，將自由主義所構建的秩序、價值、信念統統訴諸毫無理性毫無邏輯的批判。加以無端的誅伐與斥責，從而使其陷入歷史的

深淵。這一局面的出現不外乎千年專制集權社會所投下的歷史陰影。故而李慎之先生曾有激憤之語：中國的傳統文化就是專制文化。

為專制文化所不容的自由主義，於晚近歷史而言，其所傳承的星星之火，慘澹異常。恰如石縫中之小草，成長舉步維艱。胡適將自由主義作為一種理念推行開去，也同樣經歷了諸多苦難。事實上自由主義之於中國的成長乃是一個日漸興隆而又日漸式微的過程。早在世紀之初，曾因編著《天演論》名動天下的嚴復將英國思想家穆勒的《論自由》翻譯成中文，其中「以自由為體，以民主為用」之語，可謂開啟中國自由主義之先河。踵起者晚清輿論鉅子梁啟超，以一支健筆著《新民說》，將自由之精神傳佈於下一代學人。使之成為追求民主革命青年的共識。然而嚴復與梁啟超之深刻悲劇在於，兩人都是受環境影響極為深遠之人，雖然年輕之時尚能憑藉自身一腔熱血作出呼喚自由民主的姿態，但是他們本人對於自由與民主的理解可以說相當的模糊與局限，更遑論將自由主義作為一種學說完整而清晰地闡述。另外一個極為重要的史實則在於，嚴復、梁啟超那一代學人所體現出來的矛盾與複雜乃是一種幾乎無從避免的通病。這種矛盾與複雜具體而言，則是其自身立場的界線不清晰，缺少對照的尺度。具體到諸如嚴復、梁啟超之個人而論，則是其早年提倡新知，暮年卻日趨保守。用魯迅評價章太炎並不恰當的指稱叫作「漸入頹唐」。

胡適當然與嚴復和梁啟超有著本質上的不同。胡適其出身於徽州的商家，這種有著商業傳統浸潤的環境與胡適其後之於主義的信仰當然有著莫大的關聯。因為自由主義所誕生的環境乃是資本主義作為一種生產關係獲得承認的歷史時期。資本主義作為商業文明的基礎，對於自由主義的產生有著深遠的影響。自由主義所要求之自由平等等諸多帶有普世價值意味的信念，正是商業文明高度發達的

社會所必備的原則與規矩。因而自由主義的產生與商業文明有著密不可分的聯繫。在其後的歷史中，由經濟而政治進而文化，自由主義由物質層面上升為精神層面，成為一種極富感召力的學說。胡適在美國期間，他本身所秉持的徽州商業傳統與美國高度發達的商業文明一拍即合。這種緣於內在秉賦般的契合可想而知，胡適對於自由主義之認領之感悟可謂意領神會。更為重要的是，胡適身逢大時代，有幸將其所領受之學予以普世。他不僅介紹了一整套自由主義思想，而且身體力行，以自由主義知識份子的獨立人格自持，批判社會政治，成為一個從早期到晚期、從思想到實踐一以貫之的自由主義者。

　　然而世界之自由主義門類千差萬別，胡適之自由主義於中國而言，歷史證明仍有借鑒之處。胡適曾將自由主義如此解釋：自由主義的第一個意義是自由，第二個意義是民主，第三個意義是容忍——容忍反對黨，第四個意義是和平的漸進的改革。第一層含義意在說明個人之身心解放，第二層含義在於社會之運轉，第三層含義在於政治之操作，第四層含義在於國家之未來。由個人到國家，自由主義由小而大。充分顯示出其所付諸實踐所應有的合理性。

　　然而歷史恰恰嘲弄了胡適，他將自由主義付諸實踐的理想也最終成為鏡花水月，胡適僅僅以其自身的百般磨礪，成為了千山獨行的自由主義老人。這一深刻悲劇的歷史原因當然有著複雜的情況，例如蔣氏政權之專制，紅色中國之興起，大陸風起雲湧的政治批判乃至文革之類政治歷史的荒誕。這諸多的情況構成了自由主義舉步維艱的生存困境。然而這一切都僅僅只是外在的原因。自由主義的悲涼命運從深層次而言，則要追溯到那次扭轉晚近歷史走向的北伐。

　　北伐可以視作晚近歷史暴力記憶的復活，其本身所具備的破壞力自然不可估計，因為基於暴力傳統的因循，北伐或可視作中國歷

史上農民起義的翻版。然而這一農民起義的歷史重演卻被冠上了主義的頭銜，有了至高無上乃至不可侵犯的神聖地位，其另一層的悲劇意味在於，孫中山所欽定之北伐指向的不是共和民主的政體，而是大一統的地域取向。因此北伐不亞於洪秀全十九世紀的那場身體叛亂給中國帶來的傷害。洪秀全之農民起義雖然有其盲動之成份，但其表達的乃是諸多百姓之抗議。北伐之意味則在某種程度上取自於孫中山一時的雪恥衝動。

王國維於北伐之時的斷然自盡，那一句「先共和後共產」的警句則是對於北伐的擔憂以及對於歷史走向的洞見。王國維此類的先知學者雖然無法準確描繪出北伐之具體破壞，但他卻憑藉過人之敏銳預知了北伐所造成的災難。這種災難具體而言，便是斷送了胡適諸君所開創的啟蒙時代之改良主義立場。這種改良主義立場以曾國藩之洋務運動為引領，三十年殫精竭慮，方才將中國由傳統家國改造成初具雛形的現代文明社會。後由嚴復梁啟超於清末的吶喊言說，改良主義才由曾國藩的事功轉變成為幼稚的變革宣言。胡適的歷史責任在於，只要他將已經框架初現的改良主義話語向成熟再推進一步，如同他所倡導的白話文一樣深入人心，歷史絕對會呈現出另一番燦爛的圖景。

然而歷史不容假設，胡適如同忽視了他所倡導的白話文運動一樣忽視了現代改良主義話語的構建。雖然現代改良主義之源流乃是出於曾國藩在洋務運動中所秉持的諸多對於經國之策的理解與實踐。但曾國藩本人事功至偉，其言說卻黯然失色。其後嚴復梁啟超諸人對然憑藉滔滔不絕之言說，在中國宣告了改良主義之登上歷史舞臺，但卻仍然沒有將現代改良主義話語打造成一個完整成熟的話語系統。胡適的錯誤在於，他的言說雖然也不失周詳，但卻流於瑣碎，缺乏應有的體系。他於自由主義的闡述，也太多見諸於零散之

講演或是文章。他於自由主義多見諸於實踐，從而忽視了本該固有的宣傳與闡釋。而恰恰在此時，以毛澤東為代表的革命話語體系將胡適的碎片似的闡述覆蓋，活生生地將現代改良主義話語逼入冷宮。毛澤東話語體系雖有所為革命道德激情的支撐，但其內核，乃是封建專制話語的巧妙包裝。這一歷史局面與其說是歷史走向之轉變，不如看作歷史走向之承接，因為毛澤東話語之真切含義並非所謂救國救民的普遍真理，而是現代化社會從傳統順延而來的封建主義殘渣。

由此而言，胡適及其自由主義於革命年代的悲涼命運可想而知。他於盛夏時代而言，有關自由主義的言說已在北伐之後顯得多餘。而在革命時代到來之時，自由主義已經全然被政治歷史的塵埃所覆蓋。幸運的是，自由主義並未消失，而是於孤島存亡續絕。經由雷震殷海光《自由中國》之傳承，即便胡適已然作古，其於自由主義之貢獻，依舊會存留於歷史的暗角，有著成為某種經典的可能。

二、陳獨秀的孤絕意義

陳獨秀是晚近歷史盛夏時代無可替代的人物。陳獨秀的象徵意義在於，他的影響足以概括那一代知識份子的努力——啟蒙。這種指向不僅覆蓋了整個時代，而且對於其後的歷史依然有著深遠的影響。陳獨秀於盛夏時代之於啟蒙的努力，對於民智的開啟，是同輩人諸如胡適、蔡元培無法望其項背的。而他在致力於啟蒙運動之後，又以創立中國共產黨開啟了其在政治的事功。而在隨後的歲月裏，陳獨秀為政治所拋棄，客居江津，貧病交加。在這樣艱難的人生境遇下，陳獨秀依然以知識份子的立場，對於民主與獨裁，史達林專制等等思想性極高的問題作出了堅定的反思與批判。假設拂去歷史至政治所

強加給陳獨秀的種種污蔑與罪名，便可以知曉，陳獨秀的一生對於
晚近歷史的知識份子而言，無愧於一個絕佳的榜樣。

　　然而這一切也不僅僅是假設，歷史與政治之於陳獨秀的構陷與
塵封，已經讓這位曾經的啟蒙運動鉅子在後人的記憶中變得模糊。
在眾多歷史的書寫中，陳獨秀已經被逐漸淡化為一個符號。在談及
他在那個時代的貢獻時，也僅僅以創辦《新青年》一筆帶過。至於
談到他對於共產黨的影響，也同樣的吝惜筆墨。這種情況的出現並
非陳獨秀本身太過簡單。而是陳獨秀太過複雜，即便是簡略地介紹
他的生平，也顯得冗長而且吃力。因此讀懂陳獨秀是困難的，一如
讀懂他一生的種種轉變。

　　然而儘管陳獨秀的一生充滿了複雜，卻可以用一條極為簡明的
線索予以概括。這種概括簡而言之便是一個遊走於政治與文化之間
的知識份子。這一界定的含義有著多層的意味：其一，陳獨秀終其
一生，都堅持著自己的知識份子立場。其二，陳獨秀的影響不僅僅
於文化方面影響深遠，其於政治方面同樣不可忽視。其三，陳獨秀
雖然於文化之中崛起，卻因政治而突顯其孤絕之意義，其最終毀於
政治，更為這種的意義蒙上了一層悲劇性的色彩。

　　陳獨秀或許從來都不是一個合格的政治家。他那激昂的個性，
寧折不彎的氣節，都註定了他政治上的挫折，事實上他與政治的關
係也並非如他所願，他之投身政治乃是抱定了其早年間所秉持的救
國民於水火的巨大熱忱。早年間的陳獨秀以文章覺世，其文振聾
發聵，影響至深。且不說他孤身一人創辦《安徽俗話報》的苦心孤
詣，篳路藍縷，即便是在眾星雲集的北大，《新青年》的巨大影響
也有著陳獨秀不可缺少的貢獻。陳獨秀的這種極為突出的能力，於
其在北大文科學長的位上顯露無疑。他不僅以文章宣揚新思想，主
張反封建，從西方引來民主與科學的理念。雖然他對於民主與科學

的認識並非十分的精準與深刻，但是他的姿態，無疑是先行者的姿態，歷經一個世紀的沖洗，陳獨秀當年所倡導的民主與科學，依然是時代最為深刻和前沿的命題。

陳獨秀於新文化運動中的諸多努力，實際上遠不止此。更多的貢獻則散佈於歷史的角落中享受著靜默的命運。然而陳獨秀雖然在歷史上成為了盛夏時代最為燦爛的標誌，但是他的雙腳已經跨出了學界。這一轉向的意味深長在於，陳獨秀於此之後的身份將不僅僅是新文化運動時代的鉅子，而是具有知識份子背景的政黨領袖。陳獨秀的這一抉擇，被後來的歷史證明為十足的悲劇。

事實上陳獨秀的這次轉向，於新文化運動的後期已然出現令人覺察的端倪，雖然在新文化運動的大部分時間裏，陳獨秀的言說只是限於文化，其間儘管涉及政治，也無不出於文化的角度加以詮釋。例如〈文學革命論〉中之倡言革命，也僅僅是從文學變革的角度論說文學革命之於政治革命的影響。但在新文化運動後期，所謂十月革命一聲炮響，給中國送來了馬列主義。在這一風潮激蕩的歷史條件下，很少有知識份子能夠不為所動。而李大釗更是以一系列文字宣告了馬列主義在中國安家落戶。李大釗的錯誤在於他從未真正地理解馬克思主義所代表的人性立場，從而將蘇俄的列寧暴力革命理論誤讀為馬克思主義的全部。陳獨秀雖然在骨子裏對於暴力革命甚為反感，但他於俄國的十月革命中看到了民眾的力量，從而將其視為民智已開的歷史象徵。基於這樣的認知，陳獨秀開始接受和宣傳馬克思主義，於是中國共產黨由此衍生。

然而歷史具有諷刺意味的是，當列寧暴力革命的理論進入中國之後，列寧的蘇俄也隨之來到中國。這是晚近歷史中極具標誌性意味的事件。這一歷史事件的含義不喻自明，民眾的立場由此發生了極其深刻的轉向。改良主義道路由此被打入冷宮，倡導漸進變革的

新文化運動由此終結。而陳獨秀在這樣的歷史時刻，選擇了放棄新文化運動，轉向馬克思主義，無疑埋藏著同樣的歷史缺憾，但歷史也在此處埋下了一個伏筆。

陳獨秀之投向馬克思主義，以及其後致力於政治，並不能說明他對於新文化運動時代的背叛。事實上就新文化運動本質而言，雖然主義千差萬別，但幾乎所有的主義都在倡導漸進變革的價值取向。雖然晚近歷史激進主義的緣起在於五四新文化運動時代的反傳統風潮，但這種激進更多的體現為文化思想領域的激烈姿態，與政治並無太過直接的關聯。陳獨秀之於新文化運動的疏離乃是他於歷史階段所採取的策略，在新文化運動時代他身後站立的是政治。雖然陳獨秀在不同的歷史階段身後站立著不同的內容，但陳獨秀的取向卻始終如一，乃是民智的開啟與國家的振興。

雖然陳獨秀如此的用心良苦，以拋棄一個時代為賭注來希冀一個遙不可及的未來。但歷史卻戲弄了他，陳獨秀由文化而政治，當然命途多舛。蘇俄的目的在孫中山那裏可以不費吹灰之力地實現，但是在陳獨秀那裏，卻遭到了意想不到的阻隔。因為陳獨秀雖然由文化而政治，但他的頭腦仍在，他能清晰地洞見蘇俄的指示包容著怎樣的政治野心，遺憾的是，由於陳獨秀缺少與頭腦相當的權謀，雖然對蘇俄抱持了相當高度的警惕，但始終沒能將共產黨建立獨立於共產國際與蘇俄之外的政治勢力。即便是陳獨秀晚年客死江津，蘇俄的陰影仍然或多或少的覆蓋著中國。

陳獨秀這種頭腦的獨立性，註定了他被政治開除的命運。可想而知，在一九二七年之後，目睹了種種黑暗的陳獨秀會是怎樣的失望。他於晚年客居江津，如同失明後的陳寅恪發憤著述，對蘇俄乃至史達林專制的歷史給予了毫不留情的憤怒批判。這一批判不僅早於俄羅斯流亡作家群對於史達林專制的聲討，更是其後的中國思

想界無法望其項背。透過歷史的迷霧我們可以看到，當陳獨秀拋棄了五四新文化運動時代轉向政治而隨後被拋棄的歷史當口，陳獨秀最終回到了其早年間所秉持的五四新文化運動立場，對於代表專制集權的史達林體系表示了空前的輕蔑。這一抉擇的含義不言而喻，陳獨秀魂歸五四，也因這一抉擇，陳獨秀成就了其無法複製孤絕意味，留在了晚近歷史之中，免去了被歷史所活埋的命運。

三、作為百年爭議的周氏兄弟

在盛夏時代群星璀璨的歷史圖景中，周氏兄弟乃是其間最為複雜的人物，且不說兩人於身後存留在世間的諸多爭議，而兩人相互之間的關係，也讓後世之人充滿了複雜的好奇。頗有趣味的是，這兩個同出一家的兄弟，雖然讀書經歷之類大致相同，然而個性卻截然相反。然而無論是魯迅抑或是周作人，其於後世的毀譽無疑都是具有悲劇性質的。這種悲劇性質的深刻性在於，悲劇形成的原因不是文化本身，而是與文化截然相對的政治。

魯迅之深刻悲劇在於，雖然於盛夏時代而言，他僅僅是一個優秀的作家抑或是思想家，於同時代的賢才諸如胡適、陳獨秀相比較而言，魯迅的影響顯得捉襟見肘。這種相形見絀的境遇不僅體現在魯迅對於社會事件本身的參與，更見諸於魯迅本人言說的含混與模糊不清。與同時代的諸位賢才言說截然不同的是，魯迅並沒有清楚地表達出他要宣揚怎樣的理念或是思想，當歷史退潮之後，留在歷史陳跡中的有諸如胡適之自由主義，陳獨秀之啟蒙主義，李大釗之平民主義，魯迅的名下幾乎一片空白。後世學人絞盡腦汁，從魯迅有限的文字中提取出「個人主義」這個看上去相當可疑的辭彙，殊不知這一辭彙已然被胡適所言說的「自由主義」覆蓋。在魯迅故去

的革命年代,曾經因革命之緣由寫下諸多意義匱乏的雜文的魯迅因雜文被奉為神明,其本人也被塑造成一尊金剛怒目的雕像,應了他那個「樹人」的原名。

周作人的悲劇則呈現出另一種形式的殘酷。在那場影響深遠的新文化運動中,人們僅僅將目光投向了胡適的〈文學改良芻議〉,或是陳獨秀之〈文學革命論〉,及至周作人如同出土文物一般被挖掘出來的八十年代,人們才恍然大悟於周作人之於那一場文學革命的靈魂作用。周作人洞見了新文學運動與明末文學運動的內在關聯,從而完成了對於新文學運動內在秉賦的概括。如果說這種被忽視的作用尚不能構成周作人悲劇的全部,那從周作人於抗日戰爭中之表現以及時人後人對於他的誤解,足以令他抱憾終生。周作人這段撲朔迷離為人所誤解的歷史,恰恰預示了他那個「豈明」的別稱。

然而無論是魯迅抑或是周作人,儘管悲劇在其身後無法避免地上演,卻無法抹去他們之於歷史的貢獻。在那場文學革命之中,周氏兄弟以兩種迥異的表現形式,成就了晚近歷史新文學的人性立場。更為重要的是,在北伐作為一種暴力敘事完成對於新文化運動改良主義的歷史反動之後,周作人依然堅持自己的人文立場,以《中國新文學的源流》系列演講完成了對於新文學運動的歷史總結。此時的周作人之意味深長在於,不是在時代之中隨波逐流高呼打倒建設,而是在時代退潮以後孤身一人,在時代的沉寂裏完成傳承與觀照。

即便是周氏兄弟於晚近歷史而言如此的富有深意,然而兩人最終的下場,都是被政治所謀害。認清這種謀殺的本質是困難的,如同認清周氏兄弟失和的真正原因,都顯得那樣的無案可稽。這種困難的造成是多方面的,但周氏兄弟本人對此的態度卻至關重要。魯迅以糊塗的姿態予以認同,而周作人卻以超然的淡定對此不以為意。這種截然相反的態度,更為這層悲劇的表面覆上了一層使人疑惑的面紗。

　　曾經有人在闡述魯迅生命性格的形成時，以《狂人日記》作範本，指出魯迅內心的極度焦躁與不安，並將這種焦躁不安指認為魯迅童年時家族破敗的心理陰影。更有甚者牽強附會地聲稱魯迅這種性格的陰鬱乃是革命失敗的個人失落，起因乃是魯迅本身對於革命所抱持的巨大熱忱。然而殊不知魯迅在其兄弟失和的前後，性格已然發生了巨大的改變，早在留學日本期間，魯迅寫下了極具浪漫激揚氣質的《摩羅詩力說》，絲毫不見所謂童年時的心理陰影。而在兄弟失和之後，寫下了諸如《傷逝》、《別諸弟》之類浸透著無限悲傷與悔恨的文字，散文詩集《野草》，便是魯迅在殘酷的心理自搏中負傷的證明。

　　按理說這種深入骨髓的心靈創傷。即便是不讓人瘋狂，至少也能讓人陷入無法自拔的憂鬱之中。然而歷史的荒誕在於，命運賜予魯迅一個許廣平的同時，同時又將左聯和他聯繫起來。儘管魯迅一生對革命心存敬畏，但是讓魯迅親身投入革命，卻似乎不大可能。因此晚年的魯迅躲入法租界是有著歷史原因的，這或多或少昭顯了魯迅本人內心深處的怯懦。似乎是為了掩蓋這種怯弱，同時也是為了發洩心中多年鬱積的怨氣，魯迅與左聯一拍即合，左聯成功地利用了魯迅，使其成為革命的代言人。而魯迅則借用革命的名義，在上海灘大開殺戒，今天罵這個「笨伯」，明天稱呼那個「資本家的乏走狗」，彷彿天下之人入其眼中，統統變得形跡可疑。即便是他瀕死之時，對他的老師章太炎也不放過，直言不諱地斥責他「漸入頹唐」，魯迅在其遺書中稱這種姿態為「一個也不放過」，以示其內心雖九死其尤未悔的決絕。

　　晚年魯迅這種心理上的迷狂，見諸於文字，便是那一堆被後世奉作經典的雜文。事實上魯迅這些雜文上雖然思想上不無深刻，但於心態方面，已然與前期發生了巨大而微妙的轉變。換而言之，

魯迅前期的雜文如果僅僅是從他反傳統的立場上而言，無疑有著超越同時代人的特殊見地。然而魯迅後期的雜文，雖然見地依舊，卻已然為主義所苦。即便是魯迅本人已然秉持著自身自由主義的立場，在其他人眼中，魯迅已經是不折不扣的革命作家。可想而知，當年太陽社的一批後起之秀攻擊魯迅時，魯迅會是怎樣的惱怒。而歷史的荒誕在於，其後的革命年代，魯迅的這些帶著失常心態的文章，被稱作投向敵人的匕首，魯迅本人也被看做五四以來最偉大的作家，被排上了革命時代文學界的頭把交椅。這一局面對於魯迅而言，與其說是讚譽，不妨讀解作污辱。

在魯迅被推上神壇的歷史時期，周作人卻逐漸下到了地獄。應了他那個關於「老僧」的自許，應了佛家那句「我不如地獄，誰入地獄」的箴言。如果就早年周作人所秉持的立場而言，並無如何的特異之處。其在新文化運動中的表現幾近有些平庸乃至隨波逐流。他在那一時期所提出的反傳統主張，與胡適諸人的理念並無二異。然而當歷史的輪迴將北伐作為一種暴力話語復活之後，文壇上崛起了諸如蔣光慈這樣以語言為武器的革命小生，就連溫文爾雅如胡適者，在論政時也偶爾顯露一絲話語的殺氣騰騰。此時的周作人卻不為所動，以《中國新文學的源流》系列演講向新文化運動作出了回歸。假如拋棄諸如歷史、時代之類的所謂進步落後意義不談，當曾經的五四新文化運動諸君知曉新文化運動已然終結並開始背叛五四新文化運動立場時，周作人恰恰以自己的言行，重申了自己對於五四立場的堅定信念。

當然周作人的這種堅定的立場長久為人們所忽略，其於人生乃至品行的另一層堅守則為人們所誤讀。在世人看來，周作人之出任偽職是不可原諒的，漢奸的罪名難以洗脫。殊不知周作人這一抉擇的背後包藏著捨身飼虎式的悲憫情懷。周作人這一抉擇的時代含

義雖然使其背負了終生難以洗脫的漢奸罪名，然而周作人本人對此卻是不以為意。在一張流傳甚廣的照片上周作人即將出席指控他漢奸罪的法庭，相片裏的周作人衣冠整潔，落落大方，面帶微笑，絲毫沒有落難時的狼狽與惶恐。事實上周作人的這種淡定，乃是一種看破人世的超然。在他出任偽職之前，他也不是沒有考慮此事所必須承擔的歷史罵名，然而為了他曾經向北大校長作出的留守燕園的承諾，周作人毅然選擇了履約。周作人的這一抉擇無疑是痛苦的，因為他的抉擇註定無人理解，也註定為人所詬病。更令他心痛的是，即便是他認為能夠理解他並且能夠為他辯護的胡適，居然也在遙遠的英倫寫信給他催促他離開北京，迅速南下。周作人對此是耿耿於懷的，但他依然保持了老僧式的寬容，他在給胡適的信中如是寫道：「老僧依舊是老僧，希望將來見得居士的面。」周作人的這種容忍無疑有著常人難以道盡的苦衷，所以在數年之後胡適約見出獄後的周作人時，周作人予以斷然拒絕，因為他認為胡適違背了自己當初對他許下的諾言：「周作人為北京大學犧牲，我胡適也要留下北平為北大努力。」周作人的內心是不無遺憾的，他對於胡適的微辭便出於這種遺憾。周作人的微辭與其說是抱怨，不妨讀解作失落。因為在周作人選擇了捨身飼虎並希望胡適能夠與他成為同道中人的當口，胡適選擇了背叛。

周作人這種孤單的處境，一直延續到他終止人世的歷程。這種悲涼的結局已然顯得令人唏噓。然而周作人在身陷革命時代的滾滾洪流之中，依然保持著老僧的淡定。在魯迅以一個戰士的形象以五十五歲的年齡成為永遠定格的歷史之後，周作人身負恥辱與悲涼，以玄奘負笈西行求法才有的堅忍，頑強地活到瞭望九之年。直到文革伊始，周作人才猝然作別。周作人之死與其兄魯迅的死共同構成了晚近歷史最為深刻的歷史風景。魯迅以死標注了革命時代之

於他的傷害，而周作人則以死注釋了這種傷害的漫長。或許作為百年
爭議的周氏兄弟，恰恰是對於革命年代戕害人性最為合適的證明。

四、李大釗與中國激進主義的緣起

李大釗對於盛夏時代的知識份子群而言，無疑是一個異數。若
論其在文化領域的標高，是與胡適諸人無法相比的。即便是其在後
世的影響，也無法望及魯迅諸人的項背。這一邊緣性的角色與李大
釗本人於盛夏時代所開創的歷史局面極不相稱。按照新文化運動歷
程的歷史風景所展示的曾經，李大釗於早期的表現雖然不算傑出，
至少也是不俗。及至他在新文化運動後期從蘇俄舶來馬克思主義，
成為思想史上的盜火者，已全然扭轉了五四新文化運動的歷史走
向。然而李大釗最後死於絞架之下，為新文化運動的歷史終結提供
了一份個人性的歷史記錄。

雖然李大釗在後世也被稱作中國早期傑出的馬克思主義者，但
這一身份的界定明顯帶有主流意識形態話語的定論嫌疑。更為確切
的歷史真實則在於，當李大釗走上絞刑架用生命和鮮血兌現了自己
對於信仰的承諾之後，他如同諸多枉死的革命青年獲得了無可辯駁
的道德高度。這一道德高度不容置疑，然而它卻悄然抹去了歷史關
於這些人物缺失的記憶。李大釗便是極為典型的個案。他於新文化
運動時代關於所謂馬克思主義的言說，乃至他對於晚近歷史上激進主
義的緣起的難辭其咎，都足以對李大釗本人形成證據充足的質疑。

然而要說清李大釗與中國激進主義的緣起是困難的。這種困難
的造成主要原因是中國激進主義的緣起因素太過複雜。既有中國本
土知識份子的歷史抉擇，也有外部歷史事件的刺激效應，其間還有
諸多偶然性的因素。然而這林林總總的若干，李大釗都有過或多或

少的親歷。只有弄清這諸多的歷史條件，李大釗與中國激進主義的緣起才能獲得真正意義上的解釋。

就中國本土知識份子的歷史抉擇而言，所意指的乃是五四新文化運動時代激烈的反傳統主義。這一抉擇的歷史成因乃是晚近歷史自洋務運動以來政治改良主義為政治保守主義所殺戮的命運。以曾李諸人所倡導的洋務運動，雖然成就了中興局面，但最後卻斷送於甲午海戰的一縷硝煙。維新諸子可謂影響深廣，其言說激蕩世間風潮，成就一時之局面。然而政治保守主義者卻以吹灰之力，斷送六君子之性命於菜市口。及至民國初創，復辟與反覆辟拉鋸戰式的反覆無常，更使得盛夏時代的知識份子作出誤判——改良主義道路在中國缺乏應有的基礎，因此改良主義道路沒有出路。然而他們選擇文化激進主義，只不過是發洩其對於國家衰敗的失望，並無選擇政治激進主義的意圖。然而歷史的荒誕將蘇俄的暴力革命理論輸入中國，在知識份子已經完成文化激進主義的言說之後，暴力革命理論以黃埔軍校的建立與北伐的開展為其提供了政治上的呼應。

所謂外部歷史事件的刺激效應，便是蘇俄暴命理論輸入中國的導火索——十月革命。事實上十月革命作為二十世紀初一個重要的歷史事件，其絕非影響中國如此的簡單，它所蘊含的真實歷史含義在於上承法國革命之先河，下啟中國現代史的政治激進主義的歷程。十月革命雖然被簡單化為一個階級推翻另一個階級的革命運動，但它潛藏於後的，乃是自法國革命以來民眾所積聚的反叛意識與暴動熱忱。這種極具誘惑力與煽動性的傳統貫穿法國革命始終，並以極為隱蔽的方式流布於西方世界。歷經十九世紀資本主義國家超出歷史週期率的噴發型發展，民眾之間潛藏的反叛意識與暴動熱忱不僅沒有減弱，反而因為資本家與工人之間的利益衝突而逐漸變得強大。這種反叛意識與暴動熱忱訴諸主義，產生了馬克思主義，

訴諸運動，產生了歐洲三大工人運動。但歐洲三大工人運動以及馬克思主義的產生並非標誌性的事件，直至《共產黨宣言》橫空出世，方才宣告這種反叛意識與暴動熱忱以一種毫無遮掩的言說見諸於歷史。

然而馬克思寫作《共產黨宣言》時或許也僅僅是一種由革命熱情所激發的理想主義情懷，並未精確地預見這種反叛與暴動下一次訴諸實踐的準確時間。巴黎公社的運動是出人意料的，它以在法國發生宣告了這一歷史傳統的復生。其後的十月革命不過是巴黎公社在半個世紀後的翻版，唯一不同的是，十月革命極具偶然性地取得了成功，而在這一成功的背後，列寧的暴力革命理論由此從幕後走向了台前。

法國革命與俄國革命之歷史承繼，莫說胡適諸人置若罔聞，聞所未聞。即便是對歷史之來由瞭若指掌者如陳寅恪，當時也是不明就裏。唯獨李大釗以《法俄革命之比較觀》等諸多文字，將十月革命、法國革命之歷史關係極富普及性地告予國人。李大釗雖然以法俄革命之比較把握了民眾之於這兩場歷史事件的主角作用，但他於其間所蘊含的反叛意識與暴動熱忱，並沒有作出應有的洞見。他將十月革命之勝利看作必然，高呼「布爾什維主義的勝利」，經由他的鼓吹，十月革命成為了最富參考價值的歷史事件，而這一歷史事件之於中國的含義在於，知識份子苦於改變中國而求存不得之時，遇見了一個極具參考價值的歷史事件，而且這一歷史事件的發生地並非出於遙遠的天國，而是接壤的鄰邦。經由官方意識形態話語的闡述，順理成章地變成為「十月革命一聲炮響，給中國送來了馬列主義」。

事實上經由十月革命傳入中國的馬列主義，已經全然迥異於經典的馬列主義系統。早已失卻了馬克思主義所倡導的人性光輝與自

由品格。全然蛻變為列寧主義關於暴力革命理論的具體言說。李大釗介紹所謂的馬克思主義，已經深刻地忽視了馬克思主義的人道主義色彩，而將其視作迅速改變中國現狀的良方。李大釗於其後所炮製的所謂平民主義，已經將十月革命中的暴力熱忱與反叛意識視作民眾的覺醒。這一誤讀經由歷史的演進，成為毛澤東對於馬列主義理解與總結最具荒誕意味的一句話：「造反有理」。

　　毛澤東對於馬列主義的誤讀，可謂師從李大釗。雖然毛澤東本人對馬列主義未敢自稱精通，但是他於列寧暴力革命理論的領會，則直接促成了他其後的事業。這一極具偶然性的歷史因素，成就了中國激進主義於政治領域的時代圖景。這一圖景的真實在於，李大釗關於法俄革命之歷史傳承的敘述，對於毛澤東而言，無異於一個極為精準的提示。毛澤東的創造性之舉在於，他從李大釗之處承繼了自蘇俄舶來的暴力革命理論，同時他在早年間，已經熟讀了自《水滸》到《三國演義》以及千年國史中關於農民造反的文字，從而提取出了中國古已有之的暴民傳統，他將這一傳統與暴力革命理論相結合，成就了其後的毛澤東時代。毛澤東於其後歷史的作為，李大釗即便能夠未卜先知，也無法準確預料到其後的局面，因為就李大釗本人而言，雖然急切呼籲民眾的力量，但從未想到將這一理論訴諸類似農民起義之類的暴動。毛澤東這一歷史性的抉擇，已然丟棄了他經歷五四新文化運動洗禮所留存於心中的理念。他這一抉擇並非具有開創性質的功業，而是晚近歷史由太平天國至義和團的歷史順延。這一歷史承接的實質在於其復甦了中國古而有之卻一直不能見諸於言說的暴力傳統，於晚近歷史三千年未有之大變局中成為變局中的一局。毛澤東雖然其選擇背離了他早年間的信仰，然而李大釗卻至死抱定了信仰。這其間的卻別在於，毛澤東背叛了五四新文化運動時代，而李大釗則以生命祭奠了那個時代。

　　由李大釗至毛澤東，晚近歷史的走向由此發生了逆轉。中國激進主義由文化而政治完成了不為人所預知的轉變。雖然李大釗對此未能察覺，但毛澤東卻了然於胸。在李大釗完成了對於法俄革命之參悟，及至對於五四新文化運動時代反傳統主義的認領後，運用他的言說，成就了平民主義與馬克思主義的歷史標誌。這一標誌記錄了中國激進主義衍進到成熟的歷史，從而為政治激進主義的實踐提供了先導。北伐、反右乃至文革，便是這一政治激進主義的諸多元素。發端自五四新文化運動的中國激進主義由此在晚近歷史中成為無法抹去的歷史陰影。

　　由盛夏時代諸多知識份子所開創的歷史圖景，因激進主義的緣起成為無法複製的歷史曾經。而李大釗則無意之中因為對於馬克思主義的言說構成了歷史的轉捩點。李大釗之深刻悲劇在於他雖然為主義犧牲，身後的歷史卻沒有按照盛夏時代所設想的步驟完成漸變，而是隨著盛夏時代的消隱以及革命時代的來臨形成了劇變，形成了截然相反的歷史圖景。由此歷史形成了另一番面目。政治上以毛澤東與紅色中國的崛起為標誌，文化上則以左翼文人的成群結隊開始了對於五四新文化運動群賢的歷史清算——具體內容便是左聯的出現以及所謂革命作家進步作家的粉墨登場。李大釗與中國激進主義的歷史淵源，極具荒誕性地構成了晚近歷史由盛夏時代轉向革命時代承前啟後的歷史環節。

第九章　激進與保守之爭

一、北大傳統與晚近中國

　　當人們論述晚近中國思想史脈絡的時候，一個無法回避的事實在於，北大作為一個無法超越的神話，是思想史上恆久彌新的話題。這種地位的造成乃是經由嚴復、蔡元培、蔣夢麟、胡適幾代北大人經過艱苦卓絕的努力換來的。更為重要的內容則在於，北大標注了晚近中國歷史上的一個高度，它以這種高度為契機，深刻地改變了晚近歷史的局面。這一局面毋庸諱言，意指蔡元培主政時期的北大以及那本《新青年》。

　　指出蔡元培的北大以及《新青年》的歷史功績，並由此來概括北大的傳統，顯然有些失當。因為在這樣的言辭中北大傳統的底色是以《新青年》為象徵的激進立場，北大的其他諸如黃季剛之類的保守派是被忽略的。而事實上也的確如此，當人們談論蔡元培的北大時，首先浮現腦海中的肯定不是例如劉師培、林琴南這樣的舊式人物，而是例如胡適陳獨秀之類的新式人物。但是讓他們舉出陳獨秀諸人的歷史性功績，恐怕也顯得相當困難。這種驚人的疏離並非歷史太過遙遠，而是人們太過無知。因為經歷了毛澤東時代的淘洗與浸泡，人們在談論歷史的時候總是大而化之地將歷史舊結為以某某社會向某某社會過渡的時期，從而忽略了個人主義之於歷史的真實含義。因而即便是口若懸河對北大傳統如數家珍的人，也無法準確地說出代表北大這一傳統性的人物。

　　這種悖論固然有眾說紛紜的原因在其中，但卻與北大本身巨大的影響密不可分，作為晚近中國歷史上無出其右的高等學府，北大引領時代之先，諸多西方思潮的大量湧入，或多或少地與北大都有著難以割捨的關係。北大的這種孤高地位與一個人的出現密切相關，這個人毋庸置疑就是蔡元培。

　　蔡元培之於北大校長的深遠意義，已有學人作出深刻而全面的解釋，在此不作贅述。眾所周知的是，蔡元培留給北大的遺產無疑就是「兼容並包」這四個字。但很少有人能明白蔡元培究竟想通過這四個字傳達怎樣的信念。事實上蔡元培對於北大的貢獻在於他將中國的舊式學堂改造成為真正的現代高等學府，由此奠定了中國現代社會的教育基礎。而在此之後，便有了那場新文化運動。

　　從某種程度上而言，新文化運動標注著蔡元培基於教育事業努力的事功展示。這一展示的真實含義便是他將「兼容並包」真正地作為大學精神予以踐行，由此奠定了北大的傳統。這種傳統簡而言之便是胡適之其後奉行的「自由主義」，就蔡元培本人而言，並沒有與其事功遙相呼應的話語闡釋，更何況就為人處世方面而論，蔡元培極其低調，斷然不會自詡為北大傳統的奠基人。但無論蔡元培如何，歷史的真實在於，他的確以自己的努力為北大的蛻變立下了汗馬功勞，並且深刻地改變了北大的內在稟賦。

　　當然蔡元培本人並不如同其事功那樣充滿瑰麗的傳奇色彩。從某種程度而言蔡元培甚至顯得有些平庸。與他的前輩嚴復相比，他缺少豐富的話語資源，從而將自己的思想訴諸《天演論》那樣鏗鏘有力、催人奮進的言辭；與他的同輩陳獨秀、胡適相比，蔡元培顯得才力不逮，缺少過人的天份；甚至是與他的繼任者蔣夢麟相比，蔡元培都缺少細緻入微的操作能力，從而將思想轉化為切實的躬行。然而蔡元培的特質在於其能夠以開明的態度容納一切賢才，不

管就其立場或是取向而言被時人贊之先進或是譏之落後。因而北大除卻擁有陳獨秀、胡適、周氏兄弟等新文化運動的領袖之外，還擁有例如堅決反對白話文運動的林紓、曾經為張之洞幕僚的辜鴻銘，甚至是一度在政治上聲名狼藉的劉師培。蔡元培的這種相容並包的取向，也為北大的自由主義傳統埋下了種子。

當然北大自由主義傳統的形成是一個漸進的過程。蔡元培播下了種子，給予了他合適的土壤與水分，卻沒有看到大樹的長成。雖然蔡元培目睹了新文化運動的巨大成就，但新文化運動最終並沒有完成中國現代改良主義話語的充分言說，從而使得自由主義顯得孤單而脆弱。這種境遇的出現與毛時代的政治高壓有著不可分割的關係。因為在新文化運動推倒了以孔儒為代表的專制話語之後，並沒有迅速完成現代改良主義的話語，此時毛澤東的白話文所構建的語言神話趁虛而入，佔領了專制主義撤退時所留下的空白。毛澤東的語言神話是如此的富有魅惑，即便是曾經沐浴過新文化運動陽光的丁玲等人，也對毛澤東話語神話俯首貼耳。

毛澤東的這種後來居上，無論是蔡元培或是胡適，抑或是陳獨秀都是始料未及的。因而胡適乃至其後幾代自由主義知識份子都註定了慘烈的命運。即便是胡適旅居海外，也未能逃脫，更何況胡適之子胡思杜的率先倒戈，更使得一場批判顯得意味深長。加之經歷傷筋動骨的院系調整，北大的自由主義傳統在一輪又一輪的政治風暴中更加顯得如同驟雨中的花朵漸次凋零。

但是自由主義的悲浮命運並不意味著它將從晚近歷史中消失。事實上它以極其隱秘的形式存亡續絕，在大陸中國被毛時代的陰影所覆蓋的歷史時期，胡適孤身將自由主義帶到了臺灣，經由雷震殷海光以及《自由中國》的代際傳承，自由主義如同孤島星火，照亮了毛時代的中國。這種場景恰如《新青年》時代同樣的黑暗，由

五四新文化時代諸君引來關於自由民主的希望火種。然而無論是
《自由中國》抑或是《新青年》，都註定了與自由主義同樣寂寞的
命運。

這種淒涼的命運的體現，有毛時代知識份子的厄運作出了充分
的詮釋，最為鮮明的事例，當屬反右運動與文革。在反右運動中的
章伯鈞諸人乃至文革中的遇羅克諸人，他們用至真的言說道出了自
身對於自由民主的渴望，然而最終被瘋狂的時代所淹沒。但這並不
等於他們已經全然被遺忘。當毛時代的陰雲褪去之時，他們如同出
土文物一般被挖掘出來。這一歷史性場景的出現，終究給予了自由
主義有限度的安慰。

一生對於自由主義耿耿於懷的毛澤東及其所製造的政治高壓，
終究不能將以北大傳統為源流的自由主義親手送入墳墓。且不說在
延安時期出現的王實味對於延安的質疑，即便是在毛澤東成功地讓
自由民主躲入一隅的歷史時期，依然有知識份子甚至是黨內知識
份子如顧准對於毛時代表示心存疑慮。這樣的歷史，當然不應該
被淡忘。

當然，北大的自由主義傳統乃是從新文化運動中脫穎而出，並
不能概括那個時代的全部思潮，但歷經歲月淘洗，自由主義被證明
是最具有普世價值的學說與理論，深刻地影響了晚近中國。雖然這
一段歷史曾經被政治所覆蓋，但在文革之後，卻迅速地成為一段被
人所關注的過往。具有悲劇性的是，作為晚近中國自由主義的發源
地，北大自身並沒有意識到這一傳統的可貴，戲劇性地將北大傳統
定義為「愛國」、「進步」之類帶有標語口號性質的拙劣條文。這
或許也從側面提示了自由主義之於晚近中國影響的潛移默化乃至於
悄然無聲。

二、作為一段歷史傳奇的清華國學院

作為晚近歷史上與北大遙相輝映形成觀照之勢的清華，長久以來都是在寧靜中度過。這種寧靜是相對於北大的熱鬧而言。的確如人們所知曉的那樣，北大作為晚近中國自由主義的發源地，它的激情四射，它的朝氣蓬勃，都是許多高等學府甚至是清華都無法望其項背的，即使是在毛時代北大陷入紅色革命風暴中難以自拔的時期，北大依然在極其惡劣的環境下誕生了一大批思想最為前沿的思想者。正因為這樣，北大在晚近歷史中乃是一種象徵，它標注了時代所能達到的高度。

然而清華與北大相比較而言，既缺少諸如「新文化運動」那樣燭照後世的業績，也鮮有諸如蔡元培那樣一呼百應的教育家，更惶論它對於晚近歷史最為直接的影響。但這並不意味著清華已經全然失去了存在的必要。事實上清華與北大相比的種種拙劣，恰恰是它的長處所在。這長處在於以靜為主，無關乎社會的風起雲湧或是王朝的更易變遷。如果說北大之於晚近歷史的深長意味，在於它以極為明顯的方式標注了歷史乃至時代的高度，那麼清華之於晚近歷史的悠遠含義在於它以極為隱秘的方式完成了歷史乃至時代的深度。

清華國學院無論之於清華或是之於歷史而言，都是一個無法複製無法超越的傳奇。雖然它僅僅存在了幾年的時間，卻以靜默的生命形態，完成了對於眾多傳統的恪守，雖然沒有人能準確地說出清華國學院究竟在恪守什麼或是捍衛什麼，但許多人已經在朦朧中感受到了清華國學院之於歷史本身的意味深長。且不說諸如梁啟超、王國維、陳寅恪、趙元任這樣的名動公卿的一流學者，即便是其組織者吳宓也有著極為高深的學養。

　　事實上清華國學院在那個時代所享有的尊崇，並不像九十年代乃至新世紀這般獨一無二。即便是清華國學院諸導師在學問上個個達到了大師級的水平，也無法掩飾清華國學院曾經的寂寞。因為在人們習慣性的思考中，尤其是歷經政治意識形態荼毒後的思維裏，創新總是對的，而守舊總是錯的。因而在二、三十年代高呼西化的浪潮下，清華國學院的出現無疑有著逆歷史潮流而動的嫌疑。而北大與清華的迥異之處由此顯現。北大是西方思潮在中國最為前沿的接受者、傳播者。而清華在這樣的潮流面前幾近保持了緘默的態度。它以最為沉靜的方式，於時代的風潮面前歸然不動。

　　這種肅穆的態度，並不意味著清華國學院諸君乃是如同伯夷、叔齊式的因循守舊，不識天下潮流。實際上名聲赫赫的清華四大導師中，也有首屈一指的新派人物，例如因戊戌變法登上歷史舞臺的梁任公，且不說他是在革命失敗流亡海外亦不忘高呼變革之音，更何況他在袁世凱稱帝強勒復辟時的決絕態度，更顯示出了赤誠的激進秉性。同為國學院四大導師之一的趙元任，雖然精通文字訓詁，但卻是不折不扣的洋博士。他對於中西文化極富建設性的洞察，即便是放到西方思潮再次湧入中國的八十年代都顯得前衛而先鋒。

　　最為重要的是，當同時代的北大轟轟烈烈地開展起對幹西方思潮文化的譯介之際，清華國學院完成了對幹中國傳統的體認與總結。王國維遍覽典籍，以《紅樓夢評論》、《人間詞話》提取了中國文化的內心傳統，而與他形成輝映的陳寅恪以對世界各國語言文化的習得，深刻洞察了中國傳統家國的本質，從而以《隋唐制度淵源略論稿》、《唐代政治史述論稿》等著述完成了對於中國歷史的重新闡釋，以王國維——陳寅恪為標誌的歷史對稱，支撐起了清華國學院歷史地位的終極傳承。

　　然而令人費解的是，儘管北大也有諸如辜鴻銘、林琴南這樣堪與王國維、陳寅恪比肩的一流學者，卻始終沒有獲得像清華國學院那樣的歷史地位。另外一個極具深義的曾經在於，蔡元培在掌管北大時曾經邀請過王國維，邀請之心不可謂不誠，卻被王國維婉言謝絕，與此構成觀照意味的史實則在於，當清華國學院的組織者吳宓向舊學泰斗章太炎伸出橄欖枝的時候，章太炎也同樣以推辭的態度應對，這是兩個極具深義的事件。從某種意義上而言，讀懂王國維對於北大的拒絕以及章太炎對於清華的推辭，便可以對清華國學院的歷史定位有了具體而微的認知。

　　章太炎的歷史定位不全然是一個學問家或是一個革命家，而是一個橫跨於學術與革命之間的複雜人物。雖然章太炎行事為人或是治學著述都是仰仗其至真至純的狂士秉性，但其間卻埋藏著極其矛盾的兩面。且不說他早年如何的激進，高呼革命之音並在革命浪潮中身先士卒。而晚年卻潛心書齋，著書授業了卻餘生。即便是他所培養的那幾位聲名顯赫的弟子，在治學或是為人上都是大相徑庭。章太炎的狂傲不羈於其弟子黃侃之身顯露無餘。而其沉鬱靜默的學養卻由周作人所傳承。章太炎的這種複雜性，使其作為晚近中國歷史中一個極具象徵性的人物顯得如此的突兀與孤絕。

　　章太炎的這種突兀與孤絕，恰恰與其對於清華國學院的拒絕形成映照。事實上就本質而言，章太炎所秉持的處世原則，乃是與一切既成之規矩有著天生的衝突。或曰章太炎之人生概括乃是天生的叛逆者。這種叛逆的基因投射到治學方面，便形成了疑古的學風，或曰對於傳統的質疑。雖然就治學的境界而言，章太炎尚未達到王國維或是陳寅恪那樣高遠，但卻卓然自成一家，並且在他的引領下其弟子黃季剛寫出了傳世千古的《廣韻校錄》。章太炎的這種反叛就其所從事的革命而言，無疑是他流亡日本那樣激烈的排滿言論以

及面對歷史事件的挺身而出。遺憾的是，他於革命的激情與踐行卻
沒能在他的學生中得到傳承。甚至他的學生在面對章太炎革命時抱
持了相當程度的懷疑。例如魯迅臨終前寫下的《關於章太炎先生
二三事》就對章太炎的革命歷程中態度的前後不一表示遺憾和不以
為然，雖然這其間包含著魯迅對於章太炎某種複雜的嫉妒，但卻從
某種程度上可以管窺章太炎革命的後繼無人。

　　章太炎的這種革命為魯迅所仰慕，恰恰是其對於清華國學院
的最佳詮釋。因為魯迅詬病章太炎之所指的無非是指摘其於學術之
外的諸多活動，影響了章太炎成為類似於孔丘那樣的傳世大儒。而
章太炎對於清華國學院的拒絕恰恰說明章太炎有自知之明，他知道
自己的職責所在並非如同清華國學院諸師那樣在激進的年代恪守傳
統，完成對於傳統文化的追悼與挽留。而是在激情高漲的時代裏衝
鋒陷陣，將舊時代推入萬丈深淵。雖然章太炎在晚年選擇蘇州授業
著述以盡餘生，其間包含了諸如退出江湖金盆洗手的複雜心境，但
縱觀章太炎極具傳奇的一生便會知曉，他的一生與其說是學人的複
雜，不妨讀解為革命者的佯狂。

　　讀懂這層面的含義，清華國學院的意旨以及王國維對於北大的
拒絕便可了然於胸。作為晚近中國激進主義的緣起，北大雖然在某
種程度上實現了蔡元培所傾心的那樣相容並包，但相較而言，北大
之內的新式人物無疑更具顯赫之聲名。因而北大在某種程度上可以
視作標新立異的楷模。王國維對於北大的拒絕恰恰源於他對於北大
此種方向定位與生俱來的反感。雖然王國維拒絕北大之時北大尚沒
有其後那樣燭照千秋的歷史性定位，也沒有海納百川的胸襟氣度，
但王國維如同先知般的預感到了北大與自身追求的格格不入。與王
國維的拒絕形成觀照的歷史真實在於，他對於清華國學院的態度是

歡迎的，彷彿他預知了清華國學院註定要成為一段傳奇，而王國維則以他的加入書寫了這一段傳奇。

值得注意的是，雖然王國維在溥儀的面諭下就任國學院導師，但對於清華大學教授一職，他向來推謝不就。王國維的這一舉動極具深義，可作為他之後自沉昆明湖的註解。因為王國維雖然學問貫通中西，但於政治倫理道德操守而言，依然恪守傳統。所謂「贏得大清乾淨水，年年嗚咽說靈均」，便是對於他自沉的悲愴描述。因此王國維對於清華國學院而言，其意義並非在於培養了多少名動公卿的學者，或是寫下了幾本流芳千古的專著，而在於他為清華奠定了恪守傳統的基調。更為重要的是，他如同先知般預言了中國乃至清華國學院日漸式微的命運。王國維自沉之後陳寅恪與其的呼應，更映襯了這種命運的蒼涼。因此作為一段歷史傳奇的清華國學院，註定是無法複製的曾經。

三、晚近思想史上的激進與保守

當我們談論晚近中國思想史的時候，一個悖論總會恆久的出現，那就是個人對於歷史本身的作用微乎其微，但個人所代表的整體卻幾乎能左右歷史的去向，悖論的產生在於個人與歷史的關係所所呈現的微妙與不可言說，以及個人與歷史之間種種錯綜複雜的社會歷史條件。但毋庸諱言，作為一段完整的歷史，必然是由人所構成，由人群所左右，它產生於形形色色思潮之於社會的實踐，以及在實踐中因為爭論而發生的轉向與偏移。例如晚近歷史中激進與保守的爭執，便是歷史極為鮮明的案例。通過對激進保守關係的識讀，對於進入歷史的內部世界，如同一把不可複製的鑰匙，地位是如此的獨一無二與不可或缺。

誠如一位歷史學者所指出的那樣,晚近歷史中激進與保守的爭執,情況極為複雜,稍有不慎便會在出現誤差。這種情況的出現很大程度上在於個人思想脈絡的複雜性。諸如在晚清震撼學界的嚴復,便是極具典型的個案。他雖然在維新諸子名聲鵲起之時推出極具激進意味的《天演論》,但於維新變法折戟沉沙之後的種種消沉,卻深刻背叛了其早期的激進主義立場。

實際上這恰恰彰顯了晚近歷史中激進與保守之爭中一個極為隱蔽的誤區。以對嚴復的分析為例,嚴復其所體現的激進,大抵在於思想文化層面,至於政治層面較之於康梁,少而又少。而嚴復所謂的保守,也不外乎袁世凱稱帝時他所採取的曖昧態度,至於嚴復後來在北大的作為,也或多或少的呈現出激進與保守並存的情況,當然這些也僅僅局限在思想文化領域,不能在政治層面上作出太多的延伸。

嚴復的這種典型意味,提示了我們梳理激進與保守時必須注意的問題。事實上這也正是晚近中國思想史上必須重視的層面。晚近歷史上,諸多典型人物的激進與保守,共同構成了思想史的全貌。這一歷程雖然複雜,但細究起來仍然可以歸結為兩條脈絡,即政治激進主義的愈演愈烈以及文化保守主義的日漸式微,至於其夾縫中的自由主義,則如同石縫中的小草,極其悲涼地在孤島上存亡續絕。

政治激進主義的緣起,歷來都有爭議,有好事者無端的將戊戌變法中譚嗣同的捨生取義指責為以血腥的方式開啟了晚近歷史激進主義的先聲。這種讀解的荒謬在於,其無視譚嗣同犧牲背後蘊藏的中國儒家捨生取義的道德傳統,從而用極為苛刻的評介眼光對譚嗣同進行批駁,事實上政治激進主義於晚近歷史而言是一個循序漸進的過程。首先它以天地會白蓮教的民間宗教形式向清廷提出了挑戰,這一脈歷史於太平天國之際達到了頂峰,雖然自天地會至太平

天國雖無主義之類的包裝，但卻有著極為深遠的歷史傳統。它標注了自階級社會以來農民起義的間歇性傳承。雖然以太平天國為標誌的農民起義在晚近歷史上為以曾國藩為引領的洋務精英所摧折，但卻自始至終幽靈不滅，終究在清季即將終結的前夕以義和團的面目再現於人世。義和團的橫空出世是一個極其顯著的標誌，一方面它復活了中國傳統中由來已久的暴民傳統，一方面它以戰勝的姿態宣告了戊戌變法所代表的改良主義的淪陷。

值得注意的是，雖然義和團為歷史所湮滅，但是義和團於世紀初的先導，極其隱喻地呼應了其後孫文的崛起。雖然孫文究其一生而言，言暴力時較少，言改革者尤多，但他於義和團失敗之際幡然醒悟，公然在海外祭起暴力的血旗，這一舉動雖然有三民主義之類義正言辭的話語表層，但其實質，依舊是自古而始的農民暴動的現代翻版。即使是如秋瑾、徐錫麟這樣如同譚嗣同一般血染法場，以生命兌現了自己的革命信仰，並由此贏得了不容置疑的道德激情，卻依然無法抹去孫文將暴力承繼拉入晚近歷史的既成事實。

在激進的革命與暴力來勢洶洶之時，以林琴南辜鴻銘為代表的文化保守主義者敏感地意識到了這股潮流所隱藏的巨大破壞性，雖然林琴南所反對的乃是以胡適陳獨秀所倡的新文化運動中的白話文運動，但他的舉動所傳達的含義乃是對於革命與暴力潮流於文化上的反映所做出的本能的拒絕，雖然在致蔡元培的信中林紓一再表明自己的遺民身份，並以此為傲。這一舉動被世人譏之為因循守舊的樣板。但今天看來，林的舉動已經超越了是非對錯的界限，依然值得我們深思。因為作為文化保守主義者而言，其抱持的觀念影響再大，終究不如政治來的殘酷和無情。由是觀之，當初的林紓頗為可敬。他極其深刻而又充滿傳統氣質的迂頑地指出了盡廢古書的禍害千古，事實證明，林紓的直覺是敏銳的，他幾乎預言了其後毛時代

焚書坑儒的災難性場景。這一災難的歷史對稱，便是新文化運動中
將傳統一擊於地的蠻橫態度以及林紓那為時人所詬病的抱殘守缺。

　　與林紓的抱殘守缺對應的，乃是辜鴻銘對於中國傳統的洞察，
雖然辜鴻銘在世人眼中乃是與林紓同流合污的頑固派，但誰也無法
否認的事實在於，辜鴻銘對於中學西學的融會貫通，是新文化運動
領袖諸如胡適、陳獨秀都望塵莫及的。辜鴻銘以他博學的眼光，捕
捉到了歷史演進中國人的性格缺陷，從而以此為依據，終身不以革
命共和為然。這其間所包蘊的內容雖然有辜鴻銘自身所秉持的傳統
士子精英主義立場以及對於暴民本能的反感，但他的言說無疑深刻
地洞察了隱藏在革命共和之下的野蠻力量對於文化乃至歷史瘋狂而
隱性的破壞。辜鴻銘的可貴之處在於，他不是完全以一個守舊者的
立場來指責以革命共和為包裝的政治激進主義的災難性後果，而是
以一種目光窮盡世界的天賦來駁斥所謂革命共和的暴民本質。雖然
孫中山本人糊塗而盲動，並不能如同文化保守主義者從直覺上把握
革命共和其後的真正含義，但他出於熱烈的道德激情，一次又一次
的將理想斥著於一次又一次的武裝暴動。最後這股風氣與十月革命
的歷史幽靈不期而遇，成就了蘇俄進入中國的時代性歷史圖景。

　　蘇俄進入中國，將暴力革命理論推散開去，與中國歷史的暴
民傳統相結合，形成了晚近歷史其後災難性的後果。雖然孫中山成
為了開山之人，卻沒有走完其後的路途，匆匆撒手人寰。其後其衣
缽為毛澤東所繼承。雖然毛澤東早年曾醉心於無政府主義聯省自治
之類與革命共和理想相去甚遠的理論，但他最終選擇了早在他少年
時代便以熟稔的歷史演義小說中的人物路數，此時他已距離真正的
革命共和相去甚遠，而墮落成為諸如《水滸》中農民暴動式的草莽
英雄，雄踞一方並在其後發展壯大，開啟了晚近歷史中的毛澤東時
代。毛時代的本質在於，它以極其迷惑性的言說，隱藏了其舉事本

身所隱藏的暴民傳統，由這一傳統所主導的國家不言而喻，陷入毛澤東時代無法逃遁的深淵。

　　值得慶幸的是，無論毛時代的陰影如何擴散如何的烏雲密佈，無論政治激進主義的喧囂如何地揮之不去，始終有文化保守主義者對其冷眼旁觀，不置一詞。晚近中國最為深刻的歷史悲劇在於，不僅政治激進主義的對立面文化保守主義陷入荒涼的死寂，即使是持中立態度的自由主義者也難逃革命的清算，淪為政治激進主義微不足道的炮灰。所幸這一脈歷史並非傳之無後，抱憾而終，而是以極其頑強的韌性，存活於海外孤島。當然這一場面的出現更為悲劇，它標誌了晚近思想史上激進與保守同樣陷入了極為尷尬的境地。

第十章　革命之再起

一、承接孫文遺志的歷史性分裂

當孫中山作為一個象徵退出晚近中國歷史的時候，他的影響實際上卻並未消失。雖然他離開後的國民黨與他生前的國民黨已大不相同，並且就其指向而言亦是分道揚鑣，但孫中山的訓誡依然是國民黨身上無法撕去的標籤。諸如三民主義之闡釋，軍政訓政憲政三部曲的構想，依然是其後的國民黨至少需要用作招牌的理論。然而孫中山對於國民黨真正的影響已經微乎其微，尤其是他的遺孀宋慶齡之後在政治上的轉向，從另一層面舉證了這一充滿殘酷的歷史事實。

然而這一充滿矛盾的歷史事實，並不意味著孫中山的遺志已經被忘卻。至少可以肯定的是，作為孫中山晚年深為倚重的蔣介石和汪精衛，從人格乃至精神上深刻繼承了孫中山生前的秉性。孫中山的強橫為蔣介石所傳承，孫中山的軟弱則被汪精衛所繼續。

然而無論是蔣介石抑或是汪精衛，其最終都未能成為歷史的主宰者，引領晚近中國的風潮。而這一歷史性使命幾經輾轉，落入毛澤東的手中。孫中山晚年與蘇俄的合作，暴力革命的理論，毛澤東都是最直接的目睹者。然而孫中山對於毛澤東的冷落卻使這位胸懷大志的青年頗不得志，因而他在漫長的時間裏一直處於漂泊與游離的狀態。直到北伐開始，他回到自己的故鄉看到了農民運動時，才準確地找到了自己的歷史定位。他敏銳地把握了中國社會的暴力傳統，對此加以頗有煽動性的利用，又憑藉自己嫻熟的語言功夫，對

孫中山舶來的蘇俄暴力革命理論作了最為通俗易懂的介紹性闡釋，最終贏得了歷史。

毛澤東的這種選擇，並不能單純地視作順理成章的抉擇。事實上可以看作對孫中山最為直接的繼承。因為毛澤東所引領的所謂革命，就其底色而言，依然難逃舊式農民起義的窠臼。毛澤東的過人之處在於，他將舊式的農民起義作了主義的包裝，訴諸理想式的烏托邦的華美言說。更為重要的個人條件則在於，毛澤東雖然精於軍事，但他的出身卻是如假包換的書生。

書生的出身並非人生道路的決定性因素，相反幾乎會使其走上完全相反的道路。早年間的毛澤東與革命後的毛澤東可謂天壤之別。早年間的毛澤東一如中國的傳統仕子，腹有詩書萬卷，胸懷濟世之才，以至於這種感情是那樣的強烈，毛澤東對曾國藩抱持的高度熱情便是絕佳明證，「獨服曾文正公」一語道出毛澤東的早年志向。然而毛澤東未曾想到，他所從事的事業乃是當年曾國藩最為痛恨的洪秀全式的農民起義。這種農民起義的實質乃是經由造反完成的王朝更迭的黑暗的歷史輪迴，最終只會將中國拖入封建王朝的因循更替中。曾國藩的歷史功績在於，他以引領風氣之先的努力，將歷史的進程開上了另一條軌道，經由他的繼承者李鴻章乃至五四前後的幾代知識份子的努力，中國由傳統的家國演變成為初具現代意味的社會型國家。更為重要的歷史事實則是，中國的改良時代由此開始了一種嶄新的歷程。然而，時隔不久，便被孫中山的北伐所阻斷。

孫中山可謂將晚近中國歷史由改良主義興起的時代扭轉為暴力革命主宰的時代的罪魁禍首。儘管這種歷史性角色的形成並非出自他的本意，但卻與他有著難以斬斷的聯繫。孫中山的可悲之處在於，他對祖國的赤誠過度，沖昏了他的頭腦，深刻地影響了他晚年所作出的抉擇。早期的孫中山和早年的毛澤東一樣，滿腔的熱血沸

騰。孫中山懷抱著他的共和理想，毛澤東一度沉浸於聯省自治無政府主義的言說之中。然而時過境遷，當年對於曾國藩式道路的寄情逐漸演變為對於洪秀全式道路的踐行。歷史在孫中山與毛澤東的轉身中完成了不動聲色的扭轉，並且在孫中山與毛澤東之間作出了不留痕跡的承接。

雖然據實而言孫中山的轉身帶有濃厚的悲劇色彩，並且其間夾雜著諸多難以忽視的歷史內容並不能對於其具有深遠意義的改變作出毫無同情的責備。並且我在〈黃埔與北伐的幽靈重生〉中已提到，孫中山北上時真摯的告白，一度使歷史擁有重新走上曾國藩所開創的改良時代的可能。然而無論如何，孫中山在彌留之際的那一番叮囑，卻成為他人生中最為遺憾的敗筆。雖然孫中山這種立場的變更並非經過深思熟慮的考量，而是出於急不可耐的衝動，並且他自身也並非真正意義上意識到了這一轉向的歷史的後果，但是具有宿命意味的是，毛澤東知曉這一轉向的真實含義。換而言之，即便毛澤東沒有知曉這一轉向的內涵，但其後他所從事的所謂革命不折不扣地成為了對於孫中山彌留之際的歷史呼應。

毛澤東於孫中山故去後的歷史努力，艱難地將孫中山所製造的局面推向了極致。歷史上出現了孫中山開啟先河的北伐，以及在北伐背景下出現的湖南農民運動。毛澤東躲在歷史的暗處，躲在自己的故鄉湖南，洞見了這一局面的歷史寓意。蔣介石於一九二七年的「反蘇清共」，恰恰給予了毛澤東一展拳腳的時機。那時的毛澤東毫不猶豫地選擇了井岡山，選擇了到農村點燃所謂革命的燎原之勢。

也就是在這一火種落入荒原的瞬間，中國晚近歷史完成了由孫中山向毛澤東的過渡。歷史在這裏完成了真正意義上的轉向。以北伐以及毛澤東所引領的農民起義為具體的歷史內容，在紛紜複雜的時代中實現了孫中山與毛澤東的交接。極富戲劇性與荒誕性的歷史

事實在於，又過了二十二年，毛澤東才真正實現了扭轉。這種局面的出現乃是一種漸變式的過程。值得注意的是，在這歷史過程中歷史出現了若干次的轉機，幾近影響到了毛澤東之於孫中山的歷史傳承。

蔣介石於這二十二年間的努力，實際上乃是對於孫中山早年抱負的一種歷史性回應。雖然在「反蘇清共」的問題上，蔣介石永遠擦不掉手上的血跡，但他之於孫中山早年式革命道路傾注的心血，卻是有目共睹的。從本質上而言，無論蔣介石行事為人多麼的具有他的名字「中正」所彰顯的那樣透出濃郁的儒家色彩，但從本質上來看卻難逃流氓底色，難逃上海青紅幫會出身的斑斑劣跡。然而在孫中山故去之後，北伐一統中國之際，蔣介石卻試圖實現由流氓向書生的轉變。這種由洪秀全向曾國藩的轉變是意味深長的。遺憾而令人欣慰的是，當蔣介石作為一個重要的歷史人物退出歷史舞臺的時候，其子蔣經國困於孤島上的努力極具隱喻地傳承了其父憾而未成的事業。這一傳承的歷史背景在於，它的身後是行將終結的毛澤東時代。蔣經國的傳承如同一種寓言，對應曾經的歷史。

汪精衛的結局最為悲慘，他於後世的評價是諸如秦檜之類的漢奸罪名。然而汪精衛的悲劇代表著中國式的一種宿命，這種宿命於晚近歷史而言有著斷斷續續的傳承，折射出中國暴民所派生出來的反和情結。在這一情結的指引下，中國歷史上諸多慷慨激昂缺少頭腦的起起武夫，搖身一變成為了民族英雄，諸如林則徐，諸如馮玉祥。而例如秦檜、汪精衛，則被釘上了歷史的恥辱柱，被冠之以漢奸的罪名。實際上汪精衛的這種和談抉擇，乃是他於孫文的另一種傳承。孫文與蘇俄的一拍即合，某種程度上便可以昭顯這種已有的曾經。雖然就意指內涵而言，汪精衛對日本的妥協帶有更深刻的悲劇性質，更有深層次的獻身情結於其間，但就其動機而論，起始而論，孫中山的影響難逃干係。但歷史的無情與荒誕在於，孫中山選

擇了蘇俄，於其聲名並無大礙，汪精衛選擇了日本，卻於歷史乃至人心中身敗名裂。更為人唏噓的歷史事實則在於，即便是汪精衛挺身而出，也無法扭轉由孫中山——毛澤東所傳承的歷史走向，晚近中國由此陷入了紅色中國興起與毛澤東時代的歷史時期。

二、黃埔與北伐的幽靈復生

在孫中山晚年選擇了蘇俄的暴力革命理論，將「聯俄聯共，扶助農工」寫入新三民主義的時候，連孫中山自己都無法理解這一舉動所隱藏的歷史意味。後世的人們大可以根據黃埔軍校的建立與北伐的興起來論證蘇俄對於中國革命的所謂幫助，卻無法指出這一歷史性事件所具有的標誌性含義。我指的是，借十月革命興起傳入中國的所謂馬克思主義，實際上乃是列寧所創立的暴力革命理論的巧妙包裝。這種理論借助新文化運動的餘緒進入中國，在孫中山與蘇俄合作的時候開始真正的付諸實踐，列寧的暴力革命理論由此在晚近中國生根發葉開花結果，深刻影響並扭轉了歷史的進程。當然，這一歷史進程的扭轉具有深刻的悲劇性質。

實際上孫中山與蘇俄的合作，與其說是時勢使然，不妨讀解作孫中山自身的慌不擇路，經歷過民國初創的喜悅不久，袁世凱稱帝已經使孫中山身心俱疲，更何況其後中國社會陷入軍閥割據的局面，更顯示出孫中山束手無策的境遇。在這樣的歷史條件下，孫中山顯然意識到了自己陷入了令人掩面而笑的可悲局面。因此，他需要新的力量來支撐他的革命事業。順便提一句，他之前的兩名最得力的戰友已經相繼故去，這一戰友的角色落到了蘇俄的肩上。

正如同李鴻章引狼入室將列強引來中國一樣，孫中山與蘇俄的合作同樣繼續著歷史昨天的悲劇。儘管在蘇俄的支持下，孫中山

在廣州建立了革命根據地，並將革命的聲勢演繹得浩浩蕩蕩，並旗幟鮮明地提出了北伐的口號。但是這無疑是在倒行逆施。我並非指責孫中山基於革命立場的這種努力，而是指責他的這種努力所帶來的後果。自晚清以降歷代志士仁人所開創的社會改良路線由此走上了末路，取而代之的則是暴力革命，這種暴力革命的實質與中國歷代農民起義改朝換代並無二致，可怕的是，在暴力革命的實質下卻披上了主義的外衣，訴諸烏托邦式的華美言說，在這一言說的指引下，底層民眾被激發出驚人的破壞力，如後來毛澤東在〈湖南農民運動考察報告〉中所渲染的激烈風潮，如同狂飆般席捲了全國。

實際上暴力革命的理論言說與歷史上農民起義的標語口號，幾乎如出一轍，只不過多了若干學理的色彩，又加上以通俗的演繹發揮，使之成為簡單易懂的理想社會藍圖，引領民眾走上暴力革命以實現這一藍圖的路途，毋庸置疑的是，作為曾經的大一統國家，中國長久以來有著普天之下莫非王土的歷史傳統，然而民國初創後的軍閥割據，很大程度上使得大一統的曾經蛻變為曾經的歷史。這時中國完全有可能走上聯省自治的邦聯制道路。然而孫中山在晚年的北伐宣言卻將這一可能無聲無息地粉碎。這一歷史局面的造成，與其說是孫中山不明就裏，不妨看作孫中山領袖夢的重新燃燒。

革命領袖的領袖欲，實際上包藏著孫中山巨大的心理創傷，僅就在辛亥革命之中讓出大總統的位置而言，孫中山雖然有著將輕而易舉到手的獵物慷慨轉贈他人的歷史嫌疑，但歸根到底還在於他與袁世凱實力的懸殊，因此他當初的退讓幾近可以視作難以為繼的退守。這一退守沒有絲毫中國古代堯舜之間的禪讓意味，也沒有絲毫美國首任總統華盛頓的民主建制意味，全然是實力較量上的敗北。孫中山的這種心理創作是不易覺察的，如同當年毛澤東在北大所遭到的冷遇給他心靈蒙上的一層不為人所知的陰影。之後孫中山於數

年間的碌碌無為，進一步加重了他的這種心理創作所帶來的恥辱感，因而在遇到蘇俄之後，孫中山如同一個賭徒一般，將賭注押在了黃埔軍校上，希冀借黃埔軍校催生出一支征伐有術戰無不勝的軍隊，一洗他之前的種種恥辱，完成他內心對於領袖乃至大一統的真切渴望。他是如此地急不可待，在黃埔軍校尚未形成氣候之時，他匆匆完成了那紙在政治上相當可疑的《北伐宣言》，以宣告他日益高漲的領袖慾望與激情。

雖然《北伐宣言》有其可堪質疑的硬傷，但是與之息息相關的黃埔軍校，卻是晚近中國不容質疑的象徵性事物。如同《新青年》喚醒了國人點燃了文藝復興的燎原之火，黃埔軍校的出現，以踐行重演並且復活了中國民眾關於農民起義以暴力摧枯拉朽的歷史記憶。中國歷史上有許多次北伐，例如諸葛亮之北伐、朱元璋之北伐、太平天國之北伐……每次北伐雖然時空迥異，但就指向而言，無一例外地指向了一統江山的政治構想。這種北伐於盛夏時代重演時乃是一個象徵性的隱喻，它注解了晚近歷史的一個轉折，即由良性的社會改良轉向惡性的暴力革命。這一轉折的悲劇意義在於，中國出世未久的改良主義尚未成熟便已匆匆夭折，在其後的歷史中幾近陷入暗無天日的境遇，更為慘烈的是，暴力革命雖然在某種程度上可以推動社會的巨變，但對於社會本身的長遠發展，則有著難以預計的破壞性。毛時代的種種歷史性事件，如反右、文革，正是這種暴力革命的衍變與復生，而其後的歷史，仍然潛伏著諸多無法預知的惡性因循。

事實上，這種暴力革命的產生，與其說是由蘇俄舶來中國，不妨看作中國本身已經具備這樣的暴力傳統。這種暴力傳統與蘇俄暴力革命理論的不期而遇一拍即合，即構成了歷史由改良走向革命的路途。在中國晚近歷史作為一幅紛繁複雜的圖卷出現之前，國的歷

史是一種直線發展的歷史，暴力傳統的作用在於王朝變更時的歷史性重演，以及在治平之世的維護。這種暴力傳統對於中國人而言雖然沒有具體的言說與之相對應，但在中國漫長的歷史之中最以最直觀的姿式呈現的。基於這樣的歷史曾經，蘇俄的暴力理論與中國暴力傳統的結合，不亞於一次巨大的歷史變遷。

　　當然，身居其中的孫中山是令人歎息的，他雖然將蘇俄引入中國，促進了中國暴力傳統與蘇俄暴力理論的結合，但是他本人對此卻是沒有知覺的，且不說他在感應上對這一歷史性事件的遲鈍，即便是同時代如火如荼聲勢浩大的文化啟蒙運動，孫中山也有著令人驚異的陌生。然而我並不想否認孫中山這種努力背後對於國家的赤誠之情。事實上他在生命垂危之時的北上，極其扣人心弦地昭顯了他對於國家的赤誠以及他一生堅持的共和理想，幾近扭轉那一次連他都沒有覺察的轉折。

　　孫中山在北上的路途之中曾無數次表明心跡，一旦中國走上民主邦聯政體，他將功成身退，次不久滯。這一表述並非無恥政客玩弄的政治欺騙，而是一個革命家最為真摯的內心獨白。事實上幾乎所有人都為他的這種真摯而打動，包括那位曾經對孫中山嗤之以鼻保持相當警惕的張作霖。然而不幸的是，孫中山瀕死的狀態使他再一次陷入無知的處境，從而在彌留之際將革命再度指向了為莫斯科所喜聞樂見的方向，他曾經的共和理想，民主政體的理念，統統成了新三民主義中嶄新的闡述，並以「革命尚未成功，同志仍需努力」的激勵性言說，推動中國歷史走向莫斯科所指引的方向。

　　幸運而又不幸的是，孫中山的這一遺囑在國民黨那裏成了一紙空文。作為孫中山的兩位繼承者，蔣介石與汪精衛雖然繼承了孫中山早年的人格遺產，卻對他彌留之際的叮囑不甚了了，從而避免了中國迅速被蘇俄掌控並玩弄於股掌之間的命運。而頗具戲劇性的

是，曾經躋身國民黨宣傳部長的毛澤東聽懂並領會了孫中山彌留時的告誡，以他特有的方式將孫中山留下的暴力革命遺產無聲無息的承繼到了自己的身上。這一充滿隱喻的舉止，開創了之後令人唏噓的毛澤東時代。也是由於這樣的歷史機緣，毛澤東精準地描述了孫中山對於自己的意義，稱呼孫中山為「革命的先行者」，這便是他與蔣介石稱孫中山「國父」有著截然不同含義歷史由來。

三、紅色中國的崛起

在晚近歷史由孫中山走向毛澤東的過程中，一個重要的史實在於，雖然都被稱作革命者，但孫中山的革命歷程如同一個改良主義者的革命化路途，在迷離之際以對革命的信仰終了餘生。而毛澤東一開始從事的便是不折不扣的革命，這種革命的歷程是如此的迷亂，以至於發展到最好竟演變成一場深刻影響中國的內亂。這一歷史時期被人稱作毛澤東時代。

毛澤東時代當然不是一個一以貫之的歷史時期。就其分期而言，大致以一九四九年作為分界線。而分界線前後的兩個時期又可以細化成為四個時期。建國前的毛時代以抗日戰爭為轉折，建國後的毛時代以文革為轉向。透過毛時代的歷史時期，晚近歷史的走向可以看作以毛時代為引領的社會對於以曾國藩為引領的社會的歷史反叛，這種局面的出現值得人們進行歷史性的思考。讀懂這一歷史反動的轉折含義，晚近歷史的脈絡幾近可以一目了然。

饒有趣味的是，當時代由孫中山走向毛澤東的時期，一些富有探險家情結的西方記者曾經以職業性的敏感作出了具有時代感的描述。在他們的筆下，毛時代初期的政權無疑是神秘而令人嚮往的。至於毛時代初期的若干歷史人物與活動，也引起他們極大的興趣。

諸如長征、蘇維埃政權、朱毛等人，於是他們寫下了例如《紅星照耀中國》、《紅色中國的挑戰》之類的作品。

這類作品有一個共同的特徵便是，在他們的眼中，毛時代有一種特殊的顏色——紅。這種顏色的具體命名似乎並非毛時代的原創，而是來自於蘇聯，當然這並不重要。起初這種紅色的賦予只是對軍隊的稱呼，其後演變為對於政權的冠名。及至到了整個中國，成為一個興起的政治勢力的定位——紅色蘇維埃。當然有些西方記者乾脆斷言毛澤東掌握了歷史的未來，稱紅色蘇維埃為崛起的紅色中國。

紅色中國的興起當然有著諸多的歷史成因。然而無論這些因素如何重要，都無法最終決定紅色中國乃至毛時代的興起。關鍵在於，任何一個個體的因素都會影響到最終的結果，但並不會直接乃至間接決定最後的結果。諸多個體的因素必須經過一個巨大的契機才能孕育出最終的結果。例如由種子到大樹的演變，必須有合適的土壤水分和光照。

紅色中國興起的巨大契機乃是那場至今被許多人諱莫如深的抗日戰爭。這種契機的形成，如同甲午戰爭事隔半個世紀後的重演。比較一下抗日戰爭和甲午戰爭便可知曉，中國晚近歷史上兩次具有重大轉折意味的轉向，都與這兩場戰爭有關。甲午海戰一役斷送了自曾國藩起始的洋務運動一代精英，而抗日戰爭則促進了毛時代的興起，從而斷送了以胡適、陳獨秀為代表的五四精英。中國其後陷入了前所未有的混亂。雖然這一時代有著無可比擬的道德激情，乃至令人驚歎的建設成就，但無可否認，這時代在中國留下的傷痕，依然陣陣作癢。從某種意義上而言，讀懂那一段歷史，便會懂得承接孫文衣鉢的蔣介石在擁有優於毛澤東數倍的軍事力量的情況下，最後依然敗走麥城，命懸於孤島。人們也可以認識到汪精衛在抗日戰爭中選擇妥協的真正含義。

蔣介石、汪精衛、毛澤東，分別代表了抗日戰爭中的三股勢力。蔣介石如同其名字中顯示出的耿介剛直，始終抗戰到底。即便中途因為黨爭之原因對中共不予合作，或是企圖和日本和談，但畢竟最後選擇了抵抗。而汪精衛則由於書生本性，在關鍵時候軟弱地選擇了與日和談，輸掉了身家性命與一世清名。用周作人的話叫做「捨身飼虎」。而毛澤東則不聲不響地完成了一系列的準備工作，從而為毛澤東時代的實質性到來，奠定了令人歎為觀止的基礎。

實際上蔣介石於抗戰中的表現從某種程度而言扮演了曾國藩的角色。所謂孫中山傳人的頭銜，也僅僅是出於政治需要的稱呼而已。雖然從本質上來說，蔣介石是地道的流氓出身，但與毛澤東的書生流氓相比，終究顯得力不從心。蔣介石的錯誤在於，自己雖然難以擺脫流氓的積習，但於自身願望而言，無疑希冀自己由流氓向書生的轉變。因此他在不知不覺中將案頭的《國父全集》換成了曾文正公的著述，這其間雖然有蔣介石妄圖借曾國藩的幽靈剷除象徵洪秀全的毛澤東的歷史情結，但蔣介石於其後的事功，毫無愧色地承接了曾國藩的傳統，於孤島上完成了早年未成的業績。

與蔣介石相比，汪精衛要悲慘的多。雖然就當時的形勢而言，汪精衛完全可以向毛澤東那樣事不關己地唱抗日的調子，做一回名正言順的書生和話語英雄。但問題在於，汪精衛是一個真正意義上的書生。雖然蔣介石與毛澤東相比，在流氓本性上乃是小巫見大巫，但蔣介石與汪精衛相比，依然顯得厚黑有術。汪精衛錯誤在於他和瞿秋白一樣都是意氣書生，並無政治家的氣質秉賦。他早年從事的刺殺乃至入獄後的激昂慷慨，甚至那一首「引刀成一快，不負少年頭」的胸懷袒露，不斷地提醒著人們他的書生本色。於是在全民陷入暗無天日毫無希望的年代，汪精衛應了他名字中的「精衛」所體現出的捨身精神，孤身走向淪陷區和談的談判桌。這一選擇的

含義不言自明，汪精衛扮演著類似於秦檜的歷史角色。而歷史便這樣形成了輪迴，汪精衛重蹈了秦檜的悲劇。之後周作人曾經在一篇文章中不無指引地談到了秦檜的悲劇色彩，知堂老人所指與其說是自己的辯白，不妨看作他為落難者對於汪精衛給予的同情。

與蔣介石和汪精衛的悲劇相比，毛澤東則顯得從容。紅色中國的興起由此顯得意味深長，迥異於以往中國任何一種政治勢力的興起。毛澤東的高明之處在於，他的言說華麗而富有迷惑力，將毫無浪漫意味的武裝暴動美化成為無產階級的覺醒，從而深刻地背叛了他早年間曾經醉心並且為之嚮往的五四文化立場。

基於這樣的歷史原因，紅色中國的崛起如同毛澤東在〈湖南農民運動考察報告〉中所描繪的那樣顯得富有生機，朝氣蓬勃。當然這只是毛澤東本人的歷史描述，絲毫無礙於真實的內容。紅色中國崛起的真正意義在於晚近中國歷史歷經波折走到了五四新文化運動的時代，旋即毀於蘇俄十月革命舶來的暴力革命理論。北伐的含義不語自明，它昭顯了五四新文化運動所倡導的改良主義話語徹底陷入暗無天日的境地。然而歷史的深刻悲劇並不在此，而是北伐過後中國尚有走上改良主義道路的可能，但很快被紅色中國乃至毛時代的陰影所覆蓋。

紅色中國的最終成因在於，毛澤東借用蘇聯暴力革命理論，運用自己出神入化的白話文對其作了華麗的包裝，最終演變成為紅色中國的崛起。毛澤東的高明也正在於此處。因為每種社會變革的出現首先不是從實踐開始，而是由言說引領。任何社會變革無論進步與否，首先必須形成系統的話語資源，而毛澤東恰恰深諳此道。反觀自曾國藩至胡適的改良主義幾代精英，雖然留下了漫長的著述與行文，但是終究沒有形成系統的變革話語。這種遺憾的真實含義在於它註定了毛時代與紅色中國的崛起。從而為晚近中國另一段歷史的展開，留下了令人唏噓的敗筆。

第十一章　從左聯到延安

一、大時代的消隱

當北伐作為政治標記從實質上宣告了盛夏時代的終結之後，隨之而來的則是盛夏時代人物四分五裂的局面。且不說陳獨秀由文化而政治，投身到黨派之中，胡適則由激進走向保守，險些為時代所忽略。周氏兄弟一人南下，以決絕的姿態宣告了對於當局的不滿，一人留居苦雨齋，以老僧入定的抉擇言說了對於世事的洞穿……但是這種種也只是時代背景下諸多個人性意味的取向，不再有五四新文化運動時期呼風喚雨的歷史效應，種種的一切都成為盛夏時代逐漸消隱的證明。

與盛夏時代的消隱相對應的則是革命時代的來臨。當然這一過程乃是漸進式的，其間包含著諸多的歷史成因。就政治而言，蔣介石於孫中山逝世之後立場的改變直接導致了他在一九二七年選擇了殺戮，從而把共產黨推向了危險的懸崖邊。這一歷史事件不僅就政治的方面而言有諸如造成人心渙散的巨大影響，更為深層次的影響在於它促使了自五四新文化運動時代投身於文學的熱血青年由文化而政治，從而逐漸疏離了曾經的五四新文化運動時代，形成了意味深長的個人轉型。這種個人轉型具有隱秘的普遍性含義，其影響同時聯繫著其後湧起的所謂革命作家進步作家，從而由個人而群體，最終以左聯的形成被訴諸現實的集結。

這一歷史轉型的始作俑者，是從五四新文化運動時代走出來的新詩人郭沫若。這位以《女神》等諸多詩篇引人矚目的五四時代

文學新星，身上包含著諸多複雜的歷史資訊。其初登文壇便有著令人質疑的成份。與周作人「人的文學」所要倡導的抒情傳統截然相反的是，郭沫若所寫下的詩行，宣揚了一個文化英雄的野心。這一野心於群星璀璨的歷史時代，當然得不到應有的伸張與滿足。因此當北伐作為一種與五四新文化運動時代截然相反的社會運動見諸歷史的時候，郭沫若毫不猶豫選擇了置身其中，完成了由文化而政治的個人轉型。郭沫若曾言：「寫完《女神》，我已不再是個詩人了。」只是他頗有自知之明的同時表達起來卻帶著少有的含蓄，悄然抹去了北伐於其中的轉折性作用。

郭沫若於北伐當然不僅僅是意指於政治上的參與，更為重要的是，乃是其於北伐之中習得了暴力與話語的隱秘聯繫，從而將其日後的文學活動訴諸暴力的話語。這種習得的具體體現最為鮮明的例證，便是其對於郁達夫的鞭笞。作為一個從五四新文化運動時代走出來的知識份子，郁達夫雖然人跨出了五四新文化運動時代，但他的立場、言辭仍然鮮明地體現出那個時代的深刻印跡。因此他對於政府中派系分立的批評雖然有偏激的成份，但卻極為精準地道出了政治叢生的黑暗與骯髒，不失五四精英的光明磊落。然而後起的郭沫若卻以革命的進步者自居，這一身份的指認本身並無所謂革命的進步與落後之分，全然是郭沫若本人使用話語暴力對於郁達夫的征伐。

與郭沫若的話語暴力相對應的，則是馮乃超對於郁達夫的指責。雖然馮乃超的指責相當淺薄，甚至有失水準，但他對於郁達夫乃至魯迅、葉聖陶諸人的攻擊，不亞於對五四新文化運動時代深刻的羞辱。馮乃超戲劇性地將五四新文化運動中崛起的魯迅諸人稱作落後的古董，必須予以堅決的清算。言下之意即是他本人革命立場乃至革命態度遠遠勝於五四諸君，五四諸君已然不合時宜，必須立

即退出歷史舞臺。馮乃超這種充滿了暴發戶感覺的革命感膨脹，顯得極度的淺陋與無知。一如同時代的國民黨少壯派出對革命老前輩章太炎的通緝令。馮氏的淺薄在於他只是一個時代具有時代性意味的一個極其渺小的標記，其言辭無異於沙灘上的泡沫，經不起歷史本真的風雨吹打。這一淺薄的內在根源便是於革命時代崛起的所謂進步作家對於盛夏時代驚人的疏離與陌生，他們雖然經歷過五四新文化運動時代，但還沒領略其內在的意旨與精神。所以當革命時代作為一種迥異於盛夏時代的資源顯現於歷史之中的時候，於五四時代未能發出自己聲音的諸多後輩當然要爭先恐後地跳將出來，以示引領時代之風騷，而且這一舉動已然冠上了於當時而言代表先進的「革命」二字。

當然，馮乃超作為曾經的創造社成員，其於五四時代並非全然沒有留下他的痕跡，只是較諸魯迅等五四精英而言，聲音太過細小與微弱。因此他在革命時代伊始時的所謂立場性言說充斥著得志倡狂的虛妄。即便是馮乃超這樣親歷過五四新文化運動洗禮的所謂進步青年尚且如此，更遑論那些對於五四新文化運動時代一無所知的類似於半個世紀後的紅衛兵的所謂革命青年。那時談論革命已全然迥異於孫中山於清末將其付諸實踐時民眾所抱持的恐懼心理，而是成為一種風行社會的時尚，無論是街頭的報童，抑或是辦公室的白領，乃至養在閨閣中的小姐，人人以談革命為意，彷彿誰一天不談革命，立即便被時代甩在身後。

蔣光慈的出現之於革命時代初期革命文學的作用，怎麼評價都不過分。這位以《短褲黨》暴得大名的革命作家，一如《短褲黨》裏的主人公一樣，帶有赤裸裸的階級仇恨。這種心態見諸政治，便是「農村包圍城市」的現實操作。當然他的錯誤在於，雖然他以種種行為表示了對於革命的親近，但最終卻沒有親身參與到革命之

中。因此他所開創的革命＋戀愛模式的小說形式顯得學生腔十足，充滿了對於革命本身的怯弱。如果蔣光慈一如他小說中所展現的真實內心乃是軟弱與可憐，那麼他安心地從事文學創作也就罷了，但他偏偏將革命時代的暴力輸入文字，以虛張聲勢的誇張表現以示自己對於時代潮流的引領，從而成為與郭沫若諸人同樣虛灼浮誇的革命暴發戶。要不是蔣光慈過早去世，否則以他的表現，於革命時代，與郭沫若並驅齊驅，似乎也並非什麼難事。

如果說蔣光慈之類的革命作家在革命的表述上尚存有一絲不太堅定的猶豫，以至於在書寫革命的同時將戀愛參雜其中。在蔣光慈之後蜚聲文壇的丁玲，則以最為激進的革命立場宣告了自身對於蔣光慈的超越。雖然丁玲作為一介女性，被茅盾稱為五四以來最具個人主義意味的女作家，但丁玲身上所表現出的對於革命的堅定立場卻大多出於道德激情的支撐，並無五四遺風之類的歷史傳承。歷史的機緣巧合在於，丁玲雖然沒有從五四時代承接了由冰心等前輩女作家所在小說中表現的個性解放之母題，但丁玲本人的個性秉賦，卻有著與五四時代極為相似的地方，諸如追求自由，呼籲解放等等。因此若干年之後某位級別極高的領導人，一語道盡了丁玲此類知識份子嚮往革命的動因，從而形成了極具典型性的概括：追求個性自由，擺脫婚姻包辦枷鎖而從事革命事業。丁玲於追求個性解放之時對於革命的言說，可謂革命到底，不僅剔除了蔣光慈小說中的戀愛成份，而且自我標榜以示與革命天然的親近。可想而知，當丁玲日後到延安寫下質疑革命的《三八節有感》時心裏隱藏了多少鬱結的道德疑問，她長年來對於革命的道德熱情到延安之後迅速被現實所粉碎。然而遺憾的是，丁玲至死都為她對延安的質疑而感到內疚。從而在寫完《三八節有感》的若干年以後，由毛澤東的暗示轉身寫下了歌頌土改的《太陽照在桑乾河上》，獲得

了政治標準裏思想進步的褒揚與讚許，成為思想改造下「改過自新」的進步典型。

　　由郭沫若至丁玲，盛夏時代的消隱便以這樣的方式逐漸為革命時代所取代，然而這層含義尚不能構成盛夏時代退出時代潮流的歷史全部。以左聯的崛起為最終標誌的文壇拉幫結派迅速將革命時代的政治鬥爭首先以文化的方式予以預演。諸如創造社、太陽社對於諸多五四作家的責難與清算，左聯之中派系的內鬥，以及左聯盟主魯迅對於他眼中所謂資產階級反動派的圍剿，都成為革命時代難以抹去的歷史痕跡。這一歷史痕跡背後埋藏著更為人揪心的歷史事實——以魯迅、茅盾為代表的五四作家於革命時代的價值迷失、精神蛻變。這一轉向與時代逆轉的背景之下完成。當紛繁複雜的攻訐與對峙隨著抗日戰爭成為過去的時候，於革命時代伊始大哄大叫的諸多人物紛紛偃旗息鼓，又開始了對於所謂漢奸、賣國賊的話語剷除。整個革命時代的早期以盛夏時代的消隱為背景，呈現出喧囂而空洞的歷史特徵。無可否認的是，這一歷史圖景的呈現不是值得慶幸的場面，而是徹頭徹尾的悲劇。

二、左聯崛起的歷史隱喻

　　如果說盛夏時代的出現是以蔡元培執掌北大作為歷史標記的話，那麼革命時代的來臨，則以左聯的崛起作為時代的先聲。革命時代的特質在於革命作為一種歷史文化政治資源，廣泛而深刻地滲入到了社會的方方面面。其最先呈現於世人的，乃是文化上的初露鋒刃。與此相對應的，則是政治上或明或暗的黨爭。左聯崛起的歷史性意味在於，它以與所謂資產階級文藝反動派的論爭，與同時代的黨爭形成文化與政治的呼應。其所包含的歷史隱喻，於其後的革命時代一一得到驗證。

　　在此必須要作出補充的是，革命時代之左聯，與盛夏時代之
北大乃至《新青年》雜誌社，已經呈現出截然不同的歷史風貌。如
果說蔡元培執掌北大及至把《新青年》請到北大時只是以「相容並
包」的定義於《新青年》完成了內在秉賦的影響，並無借力對《新
青年》作出所謂路線方針之類的硬性規定，但革命時代之左聯，已
全然成為政治的代言。這一策略如果單單是政治操作，與文化無
礙，尚且無可厚非。但最為嚴重的是左聯的歷程乃是政治與文化的
交織，不僅政治上沒留下多高的評價，於文化的傷害卻依然歷歷在
目。以《新青年》為標記的盛夏時代雖經歷世紀風雨，依然光芒奪
目。而此時的人們對於左聯，只是當成一個時代性的符號而已。

　　然而這並不意味著左聯已然全無意義。事實上左聯尚未形成
前的種種跡象，已經為左聯的末路埋下了伏筆。按照通行的說法，
自一九二八年至一九二九年的革命文學論爭，乃是左聯成立的先
決條件。然而人們往往忽視了這一論爭的先決條件，乃是蔣介石
一九二七年所發動的對於共產黨的殺戮，蔣介石之錯誤在於他將國
民黨與共產黨看作了古代朝廷與流寇的關係，必須除之而後快。作
為上海灘青紅幫出身的蔣介石，全然無從領會斯時國民黨與共產黨
乃是現代社會兩個各自獨立的政黨而已，雖然政見不一，信仰不
一。蔣介石於一九二七年的屠殺於他而言乃是歷史上朝廷鎮壓草寇
的歷史重演，並無其他的深意，然而他沒曾料想到共產黨領袖陳獨
秀的雙重身份，這一雙重身份乃是解讀這一次屠殺的一條極為重要
的線索。

　　歷史選擇了五四新文化運動的領袖陳獨秀作為共產黨的領袖，
陳獨秀開始以另一種身份登上歷史舞臺。蔣介石之糊塗在於他發動
對中國共產黨的清剿時全然無從領會這一殺戮的雙重含義，從表面
上看，蔣介石這一舉動乃是黨爭引發的殺戮。實質上卻是對以陳

獨秀為代表的五四新文化運動宣戰。從五四時代走來的諸多知識份子，雖然其後的道路抉擇與五四時代截然相反，但於蔣介石之於共產黨的屠戮，都表現出了本能的反感。可想而知，當他們頗為反感的那段歷史，尤其是這段歷史充滿了血跡時，更顯得記憶本身的難以忘卻。

當然蔣介石發動對共產黨的清剿只是一方面的原因。更為深刻的歷史成因則在於，當蔣介石以北伐和清共終止了盛夏時代的餘音時，新崛起的文化英雄迫不及待地要佔領由五四精英撤退時所留下的文化空白。因此所謂創造社、太陽社對於魯迅葉聖陶郁達夫的清算，統統難逃這一定論的歷史概括。對魯迅諸人發難的所謂革命青年並非不知魯迅於五四時代的巨大影響，也並非不知道魯迅本人絕非落後的反動作家。然而出於極其卑鄙的個人目的，一幫革命青年蜂擁而上，利用魯迅在由盛夏時代轉向革命時代難以適從的當口，對魯迅拳打腳踢。其情形一如憑藉蠻力擠上公車的年輕人向著因年老體弱未擠上公車的老年人投去鄙夷的目光，這輛公車象徵著人人自我標榜的革命，而這群年輕人所能依持的惟有年輕二字。以至於為了掩飾這種因年輕而顯得稚氣十足的面孔，革命的青年在他們的言說中極其誇張之能事，以對革命的前輩的討伐昭顯自身「革命」「進步」之徹底。

革命青年這種不擇手段的攻訐，如果沒有其後共產黨的制止，很難預料將會持續多久的時間。就這一層面而言，共產黨起到了和解的作用。然而這一和解之後，曾經的革命青年與魯迅居然戲劇性地聚首成立了左聯，於同一條戰線上向著他們眼中所謂資產階級反動文學發起了新一輪的清剿。這兩場清剿雖然目的不同，然而卻同有將對方置於死地的氣概。左聯的這種氣概之中包含著革命青年與魯迅的聯手。革命青年已於之前對魯迅的責難中完成了話語操練，

故而重施故技時顯得駕輕就熟遊刃有餘。然而魯迅卻逐漸在話語中迷失，最終逐漸走向瘋狂，乃至於他瀕死之時仍然高呼「一個都不放過」。

魯迅這種心態上的失衡，與他本人內心的失落有著莫大的關聯。如果按照時代背景來看，魯迅極有可能像王國維那樣選擇自沉，以昭顯對於文化淪亡的痛心，應了陳寅恪那句「為此文化所化之人，安能不與之共命盡」的深刻洞察。然而魯迅與王國維的本質區別在於，魯迅信仰的是尼采的超人哲學，處處顯示強悍，而王國維信仰的是叔本華的悲觀哲學，因而處處透露出軟弱。王國維於時代逆轉之時選擇了自沉，而魯迅則以苟延殘喘又在人世上延續了十年的性命，這十年對於魯迅而言。是一步步走向價值迷失的十年，如同一個迷路人，陷入「夢醒了無路可走」的彷徨之中。

魯迅的這種彷徨，緣於他一九二七年之後內心狀態上的巨大分裂，事實上這牽涉到魯迅本人與革命關係的複雜命題。如同魯迅在《關於太炎先生二三事》所描繪的對於章太炎革命歷程的讚譽，魯迅本人對於革命的嚮往可謂由來已久。且不說他留學日本時的激進姿態，回國後於歷次政治事件後的拍案而起，都可以作為魯迅傾向於革命的作證。但是魯迅這些姿態也僅僅局限於姿態，未曾有過實質性的革命活動。因此當左聯作為革命的象徵力邀魯迅加盟之時，魯迅當然欣然前往。與其說魯迅與左聯一見如故，不妨看作左聯成功地利用了魯迅對於革命的神往，以致眾多的作家在他眼中成為了假想敵。提倡讀經，要被他批判；提倡閒適，也難逃他的指責。可想而知，此時的魯迅內心是如何的陰暗，充滿了復仇的殺氣。雖然這種殺氣被後世證明為極具荒誕性的無謂的戾氣。

然而無論魯迅如何的迷失，最終的底線卻沒有越過，他於五四新文化運動立場的堅定雖然曾經動搖，但最後卻屹立不倒。關於兩

個口號的所謂論爭，便是魯迅對於左聯產生懷疑的開始與終結。雖然左聯對魯迅的影響甚大。與此構成巨大反差的則是茅盾，如果說茅盾在此之前寫出《幻滅》時尚有五四時代所殘留的人道主義精神的話，那麼在此之後所寫的《動搖》、《追求》已全然為主義所影響，為階級所左右。這種蛻變即便是在左聯內部都顯得驚人。更令人痛心的則是，此後茅盾的文字愈加蒼白，〈白楊禮讚〉之類的文字，便是最為典型的例證。

　　由魯迅至茅盾的個人悲劇，乃是左聯歷史隱喻的先聲，一大批作家在此之後相繼為主義所俘虜，為革命所沉醉。成就了三十年代至四十年代革命文學的歷史圖景。這一局面預示著政治與文化開始開始以極為明顯的方式結合。文化開始為政治所左右，為政治所服務，更為深刻的歷史悲劇在於，從左聯走出來的諸如周揚等人，於其後相繼走上了文化領導崗位，將左聯多固有的批判熱忱帶到了政治的高度，由此成為若干年之後一連串文化政治悲劇的重要成因。雖然周揚在文革之後幡然醒悟，並試圖以對人道主義的回歸來重回五四時代的立場，但時代與歷史卻懲罰性地將他的話語上實現了活埋。

　　周揚的悲劇恰恰照映了左聯崛起的歷史性罪過。當他相繼完成對魯迅、茅盾乃至一大幫革命青年的同化後，依然有一批與左聯不相往來的知識份子如同周作人堅持自己的五四立場，遲遲不為所動。但這並不意味著周作人諸人能夠逃過一劫。在左聯作為一個歷史開端的標誌崛起的時候，它所傳達的正是其後中國歷次政治批判運動的先聲，在第一次政治批判中，周作人諸人倖免於難，卻旋即於抗戰中身敗名裂。而於抗戰中躲過一劫的胡適諸人則又在建國之後被釘上時代的恥辱柱。這一代代相繼環環相扣的歷史承襲，但是左聯崛起真正的意味所在。

三、革命時代的戰鬥話語

當左聯作為革命時代前後相繼的政治文化批判運動的序幕崛起之時，隨之而來的則是一群革命青年以文化的名義開展的對於盛夏時代知識份子的連續性清算。這一清算的過程是以漸進的方式進行的，其聲勢愈演愈烈，直到歷史步入文革，曾經的革命青年為更加激烈的紅衛兵所清算，方才將持續半個多世紀的政治文化批判運動劃上意味深長的句號。與之相生相隨的革命時代歷次重大事件，共同構成了知識份子漸次凋零的命運。左聯標注了魯迅的淪亡，抗戰標注了周作人的淪亡，建國標注了胡適的淪亡。由《武訓傳》討論至文革，眾多知識份子幾乎無一倖免，形成了二十世紀最為慘烈的精神圖景。

在此之間，要數周氏兄弟的悲劇最為人所矚目，與此相聯的歷史事件，例如所謂「兩個口號的論爭」、「營救周作人」行動，更因為歷史的漫長而顯得荒誕不已。揭開歷史諸多的面紗，便會驚人地發現，以左聯崛起為標誌極其悲劇性的晚近歷史，謀殺了諸多時代的標誌性人物。這種謀殺不見鮮血，不見人頭落地，而是以話語的方式完成對於被謀殺者人格的羞辱，精神的摧殘。被謀者最終的結局只有兩種：死亡抑或是瘋狂。

從這個意義上而言，周氏兄弟的結局恰恰完整地概括了被謀殺者的結局。然而頗令人玩味的是，魯迅雖然走向迷失的瘋狂，於革命年代卻被奉為偶像，享有無尚的尊崇。而周作人雖然至死都在以沉默自持，並在這沉默中表現出了驚人的清醒，卻難逃被歷史扔入泥潭的命運。要洞穿這其間的秘密是困難的，一如考證周氏兄弟失和的真正原因。但這並不意味著洞穿這種秘密已經全然無望，事實上歷史上依舊留下了諸多線索。

　　迄今為止對魯迅最為廣泛的評價，來源於毛澤東對於魯迅毫不吝嗇的讚揚。其中最為關鍵之處在於對魯迅所謂「戰鬥性」的讚譽。後世的學人以此為依據，將魯迅後期為主義階級所擾的雜文闡述為投向反動派的匕首投槍，擁有了無可比擬的殺傷力。彷彿魯迅當年所從事的事業不是寫下諸多的文章，而是鍛造一件件的武器。這種帶著濃重的意識形態色彩的論斷悄然抹去了左聯之於魯迅的誤導乃至傷害。如果說魯迅在之前尚能寫出《朝花夕拾》裏那樣溫馨動人的文字，流露出對於人情的留戀與懷想，乃至他晚年已經全然為階級論所困擾，為進步所焦慮，為戰鬥所掙扎。事實上沒人要對魯迅施加傷害，魯迅也純然不需要動輒以刑天的姿態現於世人。反倒是那些居心叵測的青年不懷好意地來到魯迅身邊，告訴魯迅應當如何如何。魯迅對青年是沒有防備之心的，即便是太陽社、創造社裏那些毫無水準的革命青年，魯迅輕信了青年的話將文字付諸有關於階級、主義的論爭，等他回過神來發現青年的話中摻雜了謊言與心機的時候，他已經全然處於瘋狂的狀態無以自拔。

　　然而這並不意味著魯迅完全喪失了自己的頭腦，他在內心深處依然保持了某種程度的清醒，當周揚提出國防文學的口號時魯迅的憤怒恰恰出於這種清醒。雖然魯迅認同文學的戰鬥性，但他並不認為戰鬥性乃是文學的全部，因此他所闡述的「民族革命戰爭的大眾文學」乃是出於清醒的思考，雖然這其間也有主義所影響的痕跡，但依然能夠體現經歷過五四時代所殘留的理性光芒。然而魯迅的清醒尚未被充分認識，旋即又被戰鬥的浪潮所覆蓋，以至於他在臨死之前，依然沒能認清他所迷戀的主義與階級的實質。然而這並不妨礙他成為人們所尊崇的戰士。因為在後人的眼中，魯迅之所以為偉人，乃是其身上所體現的對於反動派不屈不撓的戰鬥，這種戰鬥性乃是魯迅最為寶貴的品格，諸如此類，不一而足。

　　魯迅走上神壇，恰恰可以知曉周作人淪陷地獄的真實原因——其文章太過平淡悠雅，缺少所謂的「戰鬥性」。在此之前，有必要對「左聯五烈士」作一番短暫的回顧。只有讀懂了「左聯五烈士」的真切含義，周作人被語言所謀殺的真相才能得到合理的解讀。這樣人們才會知曉，所謂「左聯五烈士」，全然是另一種意味的悲劇，而周作人的悲劇，也有著截然相反的含義。

　　長久以來「左聯五烈士」被視作為革命而犧牲的青年。即便是魯迅也在文章中不勝哀歎，將矛頭指向了他眼中的反動派。魯迅的這一指責恰恰代表了絕大多數人的態度，也昭顯了絕大多數人的無知。雖然左聯五烈士以犧牲的名義從容就義，與其說死得其所，不妨說死得不明不白，因為五人死於黨爭而非革命。更為人所哀歎的是，左聯五烈士只不過是黨爭之中偶然撞入的無辜者，完全是毫不相關的枉死。然而具有荒誕意味的是，五烈士中諸如殷夫、柔石，早在枉死之前就在文字中昭顯出了死不足懼的慷慨豪情，後世的人們巧妙地將這二者結合，書寫出了左聯五烈士的悲劇。這一悲劇傳達出的歷史資訊乃是五烈士以文學言說了他們之於犧牲的無畏，繼而以鮮血兌現了他之前的言說。這一論證無疑有著粉飾的嫌疑。因為言說本身並無所謂代表立場與否，更何況左聯五烈士的死並沒有類似於譚嗣同之類赴死的自願成份，其最終丟掉性命更像是一場荒誕劇而不是悲劇。

　　然而後世的歷史就如此地書寫，將左聯五烈士當做無從質疑的道德偶像加以膜拜。這一舉動的真實含義與抗戰時期大批文人躲在大後方寫所謂的抗戰文學內在秉賦驚人的相似。在歷史陷入革命時代的當口，文人自身的革命行動已經變得無關緊要，文人自己對於革命戰鬥的言說乃是最主要的。左聯五烈士的特質在於他們不僅表述了自己對於革命、戰鬥的巨大熱情，更加因為某種機緣巧合以生

命踐行了自己的表述，儘管這種踐行乃是被迫的而不是自願的，但畢竟被歷史的書寫闡釋為因革命而犧牲。歷史正以這樣的方式將左聯五烈士奉為烈士的同時將周作人奉為漢奸，其羅織的罪名，乃是周作人之於言說戰鬥的沉默乃至自身的抉擇。

　　時局艱難國家將亡，在抗戰之際周作人的文字中找不到哪怕一絲半點的痕跡。因為在周作人的心裏文學雖有感情但無目的，這種極為深刻的洞見使周作人一眼看穿了中國新文學運動與明末文學運動的歷史傳承，從而以《中國新文學的源流》系列演講對那個時代的文學運動作出了極為精準的系統性概括。然而周作人身處時代之中，獨立的姿態卻使他備受攻擊。如果周作人僅限於此，歷史尚不會將他打入地獄，只是他以身事敵則讓人斷難接受。且不說郭沫若幸災樂禍地寫下了《困難聲中懷知堂》那樣的刻薄文字，並假惺惺地表示「知堂如真的可以飛到南邊來，比如就像我這樣的人，為了換掉他，就死上幾千百個都是不算一回事的」。即便是曾經與周作人心心相知的胡適都倍感痛心，更何況茅盾馮乃超等一大批文人立刻以《給周作人的一封公開信》來表明自己的立場，公開信中留下諸如「先生……敢冒此天下之大不韙，貽文化界以叛國媚敵之羞，我們之雖欲格外愛護。其如大義所在，終不能因愛護而即昧卻天良」之類看上去痛心疾首的文字。

　　這些充滿著批判意味的言辭，幾乎無一例外地昭顯了他們與周作人之間的疏離與陌生。這些文章的寫作者們幾乎沒有一個擁有周作人那樣艱難的處境，從而都以隔岸觀火的姿態，以高高在上的道德優勢，給予周作人以道德上的鞭笞。當時的局勢正好構成了這樣戲劇性的場面。文人不能上前線以身殉國，只能隨同政府如同難民一般躲在大後方吵吵嚷嚷，唱著大而無當的愛國高調。這種話語不以內心的真實為依據，而以時局為尺規，以道德為準繩，不僅見諸

對於周作人的批判，也見諸號召人們慷慨赴死為國捐軀的所謂鼓動性文字。只是這種文字與話語的真相在於，它只對別人形成影響，於自己的生存絲毫無礙。

　　弄清這一層道理，周作人之於所謂戰鬥話語的沉默正好對應了他的抉擇。他沒有以誇張的姿態同流合污，而是以捨身飼虎的決絕，走上了不為人所理解的道路。雖然周作人的抉擇於民族情感而言有著難以回避的瑕疵，但相較於那些虛偽做作操著戰鬥話語躲在後方的抗日作家，更顯出敢於逆天下潮流而動的難能可貴。再者而言，所謂抗日作家的戰鬥話語，說到底只是以極其無恥的言辭，讓別人擋在自己的前面，用別人的生命換取自身的安全。從這一層面上來說，周作人淪陷地獄的命運恰好對歷史本身作出了驚人的反諷，極其深刻地洞穿了自左聯以來革命年代戰鬥話語最為可恥的面容。

四、作為轉折標記的延安

　　當左聯隨著歷史的演進作為革命時代伊始的象徵符號而或為過去的時候，延安作為抗戰時期最為核心的區域，理所當然地標注了另一脈歷史。與之相對應的，則是南遷至昆明的西南聯大。如果說延安標誌著革命時代的全面來臨，西南聯大則標注了盛夏時代的迴光返照。延安以毛澤東的《講話》為轉折，開始了革命時代截然不同於之前的時代景觀。在此之後近四十年，文化在一輪又一輪的政治浪潮中被抉裹著上演了一幕幕悲劇。而知識份子也在這些政治浪潮裏斯文掃地，喪失了起碼的人格尊嚴。這一切的不幸幾乎都可以上溯到作為轉折標記的延安。西南聯大更為深刻的不幸在於，它在目睹這種不幸的同時，自身便早早地宣告了終結。

　　毋庸置疑的是，當時諸多拋下家庭、財產奔赴延安的革命青年，與其說是革命理想的激勵。不妨讀解作追求個性解放的具體體現。雖然延安的物質條件極度惡劣，在革命青年的心目中，象徵著溫暖光明，充滿了烏托邦式的燦爛，成為理想中的棲息地。尤其是諸如《紅星照耀中國》、《紅色中國的挑戰》之類帶有冒險氣質的作品，更為延安增添了奇異的色彩，可想而知，當年從四面八方奔赴延安的青年抱持著多大的憧憬與希冀。他們試圖在延安找到一種與顯示生活極不相同的別樣風情，以滿足他們源自內心的對於自由的嚮往。

　　這種對於自由的嚮往，歸根到底源於五四時代所倡導的人性解放思潮。作為那場文藝復興運動中極為核心的理念，個性解放在五四時代諸多知識份子那裏都有過或明或暗的論述。胡適以自由主義的先驅姿態高呼個人的身心自由；陳獨秀則以科學與民主為自由確立了牢不可摧的壁壘；周氏兄弟以文學上的人道主義對人性解放作出了最為精妙的論述；即便是將列寧暴力理念輸入中國的李大釗，也處處留下諸如個性解放之類的言辭。這些思潮風雲激蕩的社會效應，便是一代青年的覺醒。一代青年對於人性解放的嚮往難以附加，當國民政府作為現實中的政治勢力試圖對這一思潮的社會實踐予以撲殺之時，理想主義青年自然感到由衷的失望與痛恨。當延安作為一種反叛的勢力崛起的時候，青年從四方群聚而來自然是順理成章的事。

　　毫無疑問的是，懷揣著巨大熱情奔赴延安的青年，對延安所有的印象，幾乎都是模糊不清的。他們所獲得的認知來源極為含糊，延安對他們來說更多的乃是一種精神的象徵，一種精神的寄託。尤其是紅軍以創世紀般的艱苦卓絕完成了那次漫長的流亡之後，這種精神的寄託更加染上了傳奇性的史詩色彩。最為典型的乃是曾經在

文壇上以《莎菲女士的日記》、《夢珂》聲名鵲起的丁玲，這位素來以反叛舊思想為世人所稱道的女作家，率先跨入延安為其後的青年起到了引領的作用。

然而必須清醒地注意，丁玲當年無比激動地奔赴延安時曾經受到過潘漢年的勸阻。這位中共黨內極為出色的臥底專家，在得知她嚮往延安並且與延安近在咫尺之時居然勸丁玲不要去延安。潘漢年並非預知了其後延安令人痛心的林林總總，而是出於利益的權衡。要知道丁玲當年被國民黨逮捕關押之時曾經引起巨大的轟動，造成了極為寶貴的國際影響。潘漢年從這種影響考慮，極力勸丁玲去往國外宣傳中國革命。潘漢年這一勸說無疑帶有功利性的色彩。但這卻從側面提示了我們一個極為隱秘的資訊，假如丁玲聽從潘漢年的勸告前往國外，勢必會對革命有著巨大的幫助。假如千千萬萬個丁玲都能夠如此，其後的局面可想而知。這種假設的事實真相在於，奔赴延安的青年的熱情被利用作革命的動力，從而成為另一種形式的投身革命。當然這些青年本身並非都是因為嚮往革命而奔赴延安，換句話說，這些青年嚮往延安的真實含義乃是嚮往他們求而不得的自由。

然而丁玲對於潘漢年的拒絕是以極其富有革命意味的語言來表述的：「我現在只有一個心願，我要到我最親的人那裏去，我要母親，我要投到母親的懷抱，那就是黨中央，只有黨中央，才能慰藉我這顆受過嚴重摧殘的心，這是我三年來朝思暮想的。」丁玲數年後在記述潘漢年的文中裏寫下了上面的話。這顯然經過細緻的加工與包裝。要知道丁玲在五四時代所寫下的作品，完全是另一種腔調的語言，絲毫沒有意識形態的浸染。讀懂丁玲的這一轉折是重要的，讀懂了這一轉折背後的歷史真實，作為轉折標記的延安幾近一目了然。

丁玲奔赴延安的具體原因一言以蔽之，乃是她於五四時代所養成的對於自由解放的追求。誘惑她的地方在於，當國民政府在丁玲眼中被定格成惡的時候，反叛國民政府的延安自然便成為丁玲眼中的善。當國民政府成為丁玲眼中自由的威脅之時，威脅國民政府威脅的延安自然在丁玲的眼中成為自由的化身。這種毫無邏輯的推理今天雖然聞之可笑，但在當時，卻是極為普遍的認知。要知道前往延安的革命青年絕大多數都是從五四時代走來，即便未能親歷五四時代，至少也感受過五四餘風的吹拂。他們對於延安的嚮往與其說是政治熱情，不妨看作文化熱情。他們的境遇好比當年毛澤東前往北大，乃是懷著文化朝聖的心理，但不幸的是這些青年也歷經了如同毛澤東在北大時遭受的冷落。

當然丁玲是個特殊的例外。他初到延安受到了規格極高的接待。且不說紅軍內如毛澤東周恩來這樣的首腦人物對他的熱情關懷，即便是在生活上對丁玲也是有求必應。丁玲要求參加紅軍，毛澤東立刻應允；丁玲想將陝北的文藝界人物組織成文藝協會，毛澤東點明要丁玲擔任文藝協會的主任。這種熱情的照料之中包含著其後的悲劇，在開始時，出於對毛澤東的感激，丁玲一度寫下了《彭德懷速寫》、《一顆沒有出膛的子彈》這樣歌功頌德的文字，然而她寫下諸如《在醫院中》、《我在霞村的時候》，事態已經悄然發生了變化。

《在醫院中》、《我在霞村的時候》這兩篇揭露革命根據地內部現實問題的小說，充分顯示了丁玲從五四時代走來所保留的關於文學創作應著眼於人生關懷的基本使命。從文學價值而言，《在醫院中》、《我在霞村的時候》雖然稚嫩，稍顯力度的欠缺，但卻極其敏感深刻地道出了事實的真相——所謂延安在擁有光明的同時，同樣擁有黑暗。在這一思想的指引下，她寫下那篇給自己惹來巨大

麻煩的《三八節有感》，更為重要的是，王安味在這一時期寫下了同樣偏激的《野百合花》。

王安味與丁玲的文章放在五四時代，頂多是立足於現實批判現實的習作。然而放在延安所處的革命時代，卻深深地觸動了延安脆弱的神經，以至於這種觸動是以高層的震怒為起始的。如果說丁玲到達延安在各方面表現尚可，那麼唯一的「不是」則在於，當劉少奇在丁玲所學習工作的馬列學院作了《論共產黨員的修養》這樣要求聽黨的話做黨的馴服工具的報告之後，丁玲依然不以為然。只是這種不以為然並非丁玲下意識的反應，而是無意識的忽略。否則她之後的洗心革面也就無從談起。

與丁玲相映照的王安味，則以下意識的反叛宣告了他對於延安的反感。他在〈政治家、藝術家〉一文中公開表明政治家與藝術家各有自己的優勢與弱點，因而必定會產生矛盾與分歧。他從這種觀點出發希望藝術家與政治家能夠各盡其職，互不干涉，共同完成改造人與社會的使命。王安味的這篇文章其實是含蓄地提醒延安不要過多地以政治干預藝術。只是當延安仍不為所動的時候，他以《野百合花》一反含蓄的曾經，對延安提出激烈的批評。假設事態到此為止，王安味尚且項上人頭無憂，最為要命的是，他所在的中央研究院竟然有百分之九十五的人贊成王安味對於延安的指責，剩下的那百分之五便是受延安方面派遣在中央研究院的黨員。更為嚴重的情況則在於，在毛澤東試圖以發動整風運動來遏止黨內以及黨外知識份子對於延安的質疑之時，王安味依然咄咄逼人，在中央研究院所舉辦的整風動員大會上公開向院領導、中共黨員李維漢發難，而中央研究院的絕大多數人與王安味一樣，對李維漢關於整風運動的發言頗有微辭。之後王安味又寫文章批評李維漢，並將文章貼在研究院辦的壁報上，王安味因此成為延安風雲一時的人物。這種清醒

不禁使人聯想起十五年後的反右運動，歷史總是驚人地相似，毛澤東在經歷過「引蛇出洞」的短暫忍耐後，決定對王安味實施堅決的清洗。

　　如果說毛澤東對於王安味的清洗僅僅是從個人恩怨角度出發，未免失之偏頗。更為關鍵的地方則在於王安味代表著一個群體。這個群體和毛澤東一樣曾經從五四走來。毛澤東與這個群體唯一的區別在於，當這個群體依舊沉迷於五四時代自由解放的傳統中時，毛澤東已經從五四中抽身而出，對代表五四的這一群體給予了毫不留情的批判與打擊。早在王安味初露鋒芒之前，毛澤東的戰友劉少奇就已經以《論共產黨員的修養》對以王安味為代表的這一五四群體給予了旁敲側擊式的警告。在那個日後被奉為經典的講演中，劉少奇要求所有的共產黨員都必須具有高度的黨性修養，包括思想理論修養以及倫理道德的修養，而黨性修養的基礎和核心則是無條件地服從黨的需要。就這一論證的標準而言，已經註定了王安味諸人的命運。當王安味依舊我行我素的時候，毛澤東斷然予以鎮壓。當王安味化為塵埃的時候，丁玲則以「深刻的檢討」逃過一劫，順利地成為毛時代的政治歌手。

　　毛澤東及其身後的延安，對於王安味丁玲諸人的處置，乃至與其相聯的整風運動與《講話》，標注了革命時代漸次展開的步驟，也標注了歷史轉折的標記，但這並不意味著革命時代已經全然將盛夏時代覆蓋，延安的陰影依然有籠罩不到的地方，標誌著盛夏時代餘音的西南聯大，便是極為鮮明的例證。雖然就本質而言，西南聯大的意旨並非北大、清華、南開三所大學內在稟賦的無條件雜糅，其意旨更多體現為其校訓「剛毅堅卓」所透露出的在國難當頭時依然勤奮治學以報家國的赤誠情懷。但是西南聯大紮根的雲南昆明，在聯大安頓的八年中成為後方民主自由的集散地，成為與五四時代

與北京遙相輝映的歷史性地域。雖然聯大諸君的言說甚為有限，其影響也無法與五四先賢相提並論，然而他們在極端艱苦的境遇下用自身行為所標注的對於民主自由的嚮往，是許多在延安歷經殘酷打壓的知識份子想表述卻又限於政治條件無法表述的渴望。這一時代性的補充，構成了昆明與延安的歷史平衡，也為作為轉折標注的延安與西南聯大，言說了極具隱喻性質的時代場景。

第十二章　玄黃未定的年代

一、道與勢的抉擇

　　一九四八年末，素有蔣介石「文膽」之稱的黨國大員陳布雷自殺身亡。其遺書中留下了諸如：「六十老人得此極不榮譽之下場，只有罪愆，別無可說……」「我一生最大的錯誤就是從政而又不懂政治」之類痛心疾首的文字。作為蔣介石最為貼身的國民黨高官，陳布雷遺書中一反其之前為蔣介石代筆捉刀所寫的官樣文章古板呆滯的文風，極盡慷慨與悲痛。言之切切，聞之掩面。由於陳布雷死於民國大廈將傾的前夜，而陳布雷於國民黨更是出淤泥而不染，為官極為清廉，頗有賢相之風。他的死以油盡燈枯的姿態為黨國敲響了喪鐘。

　　值得注意的是，後人議論陳布雷之死的言論千奇百怪，官方稱他「感激輕生，以死報國。」有人言稱他為蔣家政權「殉葬」，有人說他「以死明志」，還有人不無深意地談到了極為微妙的時局……另外一件極為不尋常的事情在陳布雷之死的前夕發生。在淮海戰役失利之後，蔣介石在軍政會上表達了自己與崇禎皇帝相似的意思，言下之意自己高明而屬下腐敗無能。平時對蔣介石恭敬萬分的陳布雷脫口而出：「一派胡言！」蔣介石臉色鐵青半晌不語，很久之後才說出「書生誤國，看錯人了」這樣極其刻薄的話。

　　然而這並不意味著這一事件對陳布雷之死有著決定性的作用。只是這一事件可以看作陳布雷對於蔣介石看法的改觀。如果說早年

的陳布雷以一介書生得蔣介石提攜,他對蔣介石的看法自然因為感恩戴德的緣故而失去了幾分公正,那麼等到他對國民黨以及蔣介石都了然於胸的時候,他卻面臨著失語的痛苦。體現在他的遺書裏,便是那一番迷路的言說。這一對自身的清醒認知,包含著對於蔣介石的失望以及他早年擇人不善的自責。而更為深層的含義在於,他對蔣介石以及自身的失落,深刻地體現了中國傳統中道與勢抉擇的迷茫。

陳布雷遺書中之於「失道」以及對於自己抉擇的懺悔,在他死後成為了難以捉摸的謎團,由此陳布雷之死成為與王國維之死一樣令人費解的難題。只是王國維之死雖然眾說紛紜,然而論述者常常將論述指向文化,點明王國維之死與文化的莫大關聯。最為典型的例證便是陳寅恪在《王觀堂先生輓詞並序》中那句「為此文化所化之人,安能不與之共命盡」的追悼。而後人在論述陳布雷之死時,無一例外地指向了政治,有的指出了蔣介石對於陳布雷的拋棄,有的指出黨國腐敗給予陳布雷的刺激,諸如此類不一而足。然而幾乎沒有人從「文人從政」這一角度來考察陳布雷之死的意味深長。在此我要用另一個事例來論證才陳布雷之死的悲劇意味。這個事例便是郭沫若的荒誕性悲劇。

郭沫若早年與陳布雷一樣,乃是以文人的身份登上歷史舞臺。與陳布雷由記者入同盟會成為政治人物的角色轉變,郭沫若的轉變似乎更為緩慢。他在五四新文化運動時代所寫下的詩行,雖然後世看來流於口號式的喧囂,但畢竟以新詩的形式言說了那個時代的蓬勃活力。當北伐作為晚近歷史的轉向深刻地阻止了五四新文化運動時代的歷史性進程之後,郭沫若不假思索地投筆從戎,一躍而成北伐舞臺上的活躍分子。在北伐進程走完的歷史當口,年輕氣盛的郭沫若以《試看今日之蔣介石》公開表示對於北伐領袖的質疑。只是

郭沫若這種反叛的氣質在大革命失敗前夕便已消耗殆盡。當共產黨人遭受血洗的歷史當口，早已溜之大吉的郭沫若正以一個文化敗類的角色，安心地躲在島國佔領由王國維之死所留下來的甲骨文研究的空白。一恍十年已逝，當島國與彼岸中國勢如水火劍拔弩張的環境下，郭沫若進退兩難。假如不是陳布雷從中說項，郭沫若命喪扶桑也未可知。

當郭沫若從日本歸國以後，旋即投身到文人從政的歷史隊伍中。在這支隊伍裏郭沫若是如此的奪目，他對於毛澤東的刻意逢迎，對於革命赤裸裸的吹捧，都無一例外地體現了他由書生至政客的驚人墮落。在建國之後，這一墮落更加露骨。乃至文革時期，更是以對江青的歌頌達到了無恥的極致。當四人幫作為一股政治勢力被打壓之後，郭沫若旋即寫下了「大快人心事，粉碎四人幫。擁護華主席，擁護黨中央。」這樣明顯帶有標語口號色彩的詩句。只是他在拍馬之餘忘記了他在不久之前還以詩歌讚美文化大革命的旗手江青，更早的時候他曾經窮數年之功創作《武則天》以獻內廷。種種的一切，都顯示了郭沫若由文化至政治人格尊嚴漸次淪喪的悲劇。

然而令人遺憾的是，郭沫若至死都不曾對這種悲劇感到汗顏或是羞愧。當文革過後周揚前去看望病入膏肓的郭沫若並稱其為中國的歌德時，這位曾經以青春熱情翻譯過《浮士德》的文化老人居然露出了欣慰的笑容。郭沫若無法理解周揚稱呼他為中國的歌德所包含的另一層面的譏諷之意。這說明了他將文人從政的典型意味注解為良知與尊嚴的逐漸消亡，因此郭沫若的悲劇乃是以荒誕性的結尾對其人生歷程作出詮釋。

陳布雷的悲劇與郭沫若的悲劇相反，他以極為沉痛的結局注解了悲劇的一生。郭沫若與陳布雷的差異在於，當歷史走向一個十字路口並以文人從政的具體操作現諸社會時，郭沫若出於投機選擇

了勢，最後狂喜般地慶幸押寶成功。陳布雷則從傳統義理出發，選擇了他所傾心的「道」，由此換回了其後油盡燈枯的結局。但值得慶幸的是，陳布雷沒有像郭沫若那樣，徹底喪失了獨立人格與自由思想。

　　陳布雷這種千山獨行的氣質，雖然有時處在政治高壓的態勢下不得已委曲求全，但是陳布雷內心深處，除卻保留對蔣介石起碼的尊重之外，對蔣介石的諸多做法都抱持了相當程度的不認同。雖然這種不認同陳布雷沒有通過細緻的言說予以陳述，但在他不時閃現的鋒芒畢露中顯現無遺。且不說他時時與蔣介石頂撞以示文人氣節之不可辱，他對於子女的教育，也是極力灌輸鄙薄政治的理念，堅決不讓兒女從政。這一耐人尋味的舉動恰恰昭顯了陳布雷對於曾經的自由文人角色的嚮往。他對於蔣介石有限的尊敬在於，既然選擇了道，必定要如同婦女節烈一般，從一而終，無論蔣在他眼中是明主抑或是暴君。在抗戰結束之後，他幡然醒悟，頓時洞察了國民黨喪失民心之由來。眼見曾經的「抗日領袖，民族英雄」成為「眾矢之的」，陳布雷的內心當然包裹著無法言說的矛盾。雖然早在抗戰以前他曾夫子自道般地以「嫁人的女子，難違夫子」自詡，以示對蔣介石的追隨，但當現實將重重的困境壓在他身上時，他感覺到了生命中不可承受之重，斷然自盡以了卻難以為繼的人生，這一如釋重負的選擇，恰恰顯示了道與勢之間的抉擇如同宿命意味般的沉重。

　　與陳布雷的沉重相比，郭沫若由文人而政客的歷程充滿了詼諧式的輕鬆。不僅在創作上如是，於現實生活中與政治人物的亦步亦趨更是無以復加。毛澤東在這一歷程中好比帝王，郭沫若則是類似於司馬相如東方朔之類的文學弄臣。這種境遇郭沫若不僅不覺得羞愧，反而覺得自己尚有不足，否則他也不會寫下「教育及時堪讚賞，豬猶智慧勝愚曹」之類以示必須繼續追隨主席學習的忠

心耿耿。郭沫若這種近乎無恥的做法，被後世長久地恥笑，其身後也留下了諸多罵名。陳布雷雖然與郭沫若一樣亦是悲劇，但於人格而言，不失坦蕩與磊落。陳布雷與郭沫若之間，藏匿著中國古已有之的道勢之衝突。陳布雷以書生的耿介抱定了追隨蔣氏的決心，同時他也以清正廉潔的為官，踐行了為人臣子所必須恪守的道義。就這一方面而言陳布雷做得完美無瑕，成就了人格之完整。這種極為艱難的生存之道，郭沫若卻熟視無睹，反其道而行之，以人格為代價，選擇了與勢為伍。與勢為伍並非可堪指責，畢竟生存乃是天賦人權不可剝奪。但是選擇勢並不意味著可以放棄良知與尊嚴，與無知媾和。從這一層面來說，郭沫若的悲劇更為徹底。只是無論陳布雷抑或是郭沫若，都代表了時代變局下文人從政的哀歌。或許只有陳寅恪那樣不為政治所動的知識份子，才能恪守內心，完成人文傳承，但這在時代變局下又構成了另一種悲劇。這種宿命式的結局為晚近中國歷史中知識份子的命運，埋下深不可測的陷阱。

二、一九四八天地玄黃

「大局玄黃未定⋯⋯一切終得變，從大處看發展，中國行將進入一個嶄新時代，則無可懷疑。」一九四八年沈從文在寫給吉六的心中如此記述。斯時的局面明顯傾向於共產黨，無數知識份子抱定追求求光明，摒棄黑暗的信念，開始與國民黨決裂。尤其是數年前國民黨以政治高壓解散民盟之後，諸多知識份子已經對黨國之黑暗了然於心。可想而知，連沈從文這樣素來與政治絲毫沾不上邊的文人都如此希冀新時代，原來就對政治興趣頗大的知識份子更是歡欣鼓舞，極其渴望一個與以往完全不同的世界呈現於世人面前。

在這樣的大變局之下，李鴻章當年那句感慨時局之三千年未有的讖語最終一一應驗。在國民政府大廈將傾之時，其內憂已然夠多，令其狼狽不堪，其外患更是無暇顧及。外患尚且不論，其內憂已成為紛繁複雜的諸多因素的糾結。這種糾結的背後，潛藏著時代中人物的價值取向，由此構成了歷史發展的態勢。值得注意的是，這種態勢是以盛夏時代的淪亡為標注的，由此宣告了革命時代的來臨。

革命時代的真正來臨除卻毛澤東在天安門城樓上的宣告所標記的政治意味，更為引人矚目的乃是其在文化領域上的直觀反映。這種直觀的反應是由三個代表性人物及其背後的歷史事件所構成，胡適及其背後的學運，蕭軍及其身後的批判，胡風及其身後的爭論以及胡風的妥協。胡適與學運之中包含著學運、國難、社會諸多的歷史交叉點，其間蘊含著極為豐富的歷史資訊。蕭軍及其身後的批判為革命時代政治批判浪潮作出了極為豐富的預演。而胡風所引起的爭論包藏的內容更為複雜，其直接體現了革命時代知識份子心路歷程的不同側面。

胡適、蕭軍、胡風，無論具有怎樣的不同，其所連接的歷史事件的含義如何相去千里，然而他們身上有一個極為重要的特徵，便是盛夏時代的印跡。這種印跡簡而言之，便是五四新文化運動最為直接的影響。雖然五四新文化運動中的思潮紛繁複雜，但總而言之，便是其中所共有的對於自由的渴望，對於解放的嚮往。胡適所追求的自由偏向於政治，具有漸進變革的性質。蕭軍所追求的自由偏向於個人，以個人的創作思想為主要方面。胡風所承接的乃是魯迅充滿戰鬥性的自由風格，以其文藝理論中充滿戰鬥性以及宣揚「主觀作戰性」的言辭最具有代表性。他對於批評的不妥協恰恰映證了他所標記的戰鬥性言辭。可是《時間開始了》卻以極為隱蔽的方式，宣告了胡風本人戰鬥之外的妥協，這種妥協不僅顯得順理成

章，而且其間包含著胡風對於時代的某種曖昧，無疑這一局面的出現是具有悲劇性的。

在黨國即將崩潰，國內反饑餓、反內戰遊行日益高漲的時候，最令人頭疼的是當時的黨國要員，堅守自由主義信念的知識份子於此時開始了革命時代真正的分化。如果說類似於反饑餓、反內戰遊行的愛國運動無可厚非的話，以胡適為代表的自由主義知識份子的矛盾在於，一方面他對學生的悲慘境遇抱持相當程度的同情，一方面他對於學生愛國運動對於現存社會秩序的破壞抱持了本能的反感，要知道自由主義實現的漸進式改革首要的前提便是社會秩序的穩定。自由主義者在中國面臨的最大困境便是社會穩定的闕如。在這種兩難的抉擇下，大多數自由主義知識份子選擇了站在學生一邊，並由此獲得了革命時代的認可。最為典型的事例便是朱自清從自由主義陣營中走出，加入社會洪流的滔滔之中，同時他以決絕的氣概拒絕了領取美國的救濟糧，由此獲得了革命時代的象徵毛澤東極其慷慨的讚許。朱自清的這種轉向，標誌著自由主義者面臨分道揚鑣的境遇。

在朱自清選擇了「由象牙塔走向十字街頭」之後，胡適依然堅守自己關於自由主義的信念。堅持對於社會秩序乃是實現國家振興的首要前提的認知。這種堅持的可貴之處在於，它並非站在官方立場上所作出的帶有附和意味的抉擇，而是胡適自五四新文化運動時代以來對於自由主義不斷深化的認識所表露的一以貫之的態度。雖然在四十年代的反帝愛國學生運動中胡適以自由主義者維護社會秩序的角度對生進行規勸，並極其「不講人情味」地聲稱「從事革命工作的同學應自行負責」，但是他完全是出於對於對學生的愛護才會有此舉動。由此回溯到二十年代，當五四運動如火如荼地進行之時，也是胡適對學生遊行勸而又勸，一再奉請學生以學業為重，與

胡適同道如蔡元培等對學運愛之痛之的人物，甚至以犧牲個人前途為代價換取學生的安全。如蔡元培、胡適等人對學生的愛護者畢竟少數，而如朱光潛對於學運的深刻洞察更是少而又少。朱光潛精準地說出了學運乃至民運的本質：「如今群眾只借怨恨作連接線，大家沉醉在怨恨裏發洩怨恨而禮贊怨恨。這怨恨終於要燒毀社會，也終於要燒毀怨恨者自身。」與胡適相比，朱光潛的言說無疑更為深刻，這種敢於逆社會輿論之走向慷然說出自身認知的勇氣，歸根到底，以胡適朱光潛為代表的自由主義知識份子堅守了對於五四新文化運動立場的捍衛，對於革命時代極具身體叛亂性質的諸多社會歷史事件顯示出了極其敏感的厭惡。

如果說胡適諸人乃是身在革命時代之外對於革命時代作出揚棄，蕭軍則以身在革命時代之中開始了對於革命時代的懷疑。如果說在王實味問題上對於蕭軍的批判只是意氣之爭，那麼一九四八年東北大戰前夕那場對於蕭軍文化上的圍剿，提前以文化的方式預演了其後不久那場改寫歷史走向的戰爭。與那場戰爭具有同樣逆轉性意味的是，對於蕭軍的批判標誌著中國本來就極為狹窄的公共空間再次遭受重創。體制外的言論空間進一步緊縮。直至反右運動之後，中國曾經僅存的公共空間蕩然無存。民間的思想都是以極其隱蔽的方式得以存活，歷經千錘百煉的磨難才得以在革命時代的政治高壓逐漸褪去的情況下得以重見天日，這一慘澹的下場，更使得針對蕭軍的批評帶著預言式的色彩。

事實上蕭軍早在延安時期，已顯露出驚人的叛逆。且不說他對於王實味批判運動的質疑，當丁玲以革命者高高在上的姿態指責蕭軍時，蕭軍當場以極其憤怒的語言表示了對於丁玲之類被高度革命化的知識份子的蔑視。他本人也由於張揚叛逆的性格與革命時代象徵的延安分分合合，直至徹底決裂。蕭軍之後在東北的聲名鵲起，

很大程度上引來了所謂革命者對於他的批判和清剿。這種批判和清剿的實質在於革命時代所確立的話語權威容不得其他爭奪話語權的威脅存在，更為重要的事實則在於，蕭軍抵抗話語權威時所吐露的言辭，帶有極為鮮明的五四新文化色彩。諸如對人的價值的肯定，對於污蔑的反感，對於無條件服從的黨性原則的批判。這些種種都說明了蕭軍本身對於五四時代的念念不忘，也就是說，在革命時代成功地改造了一大批諸如丁玲這樣曾經為五四所召喚的受盛夏時代所影響的知識份子之後，蕭軍依然不為所動，於革命時代之內保存了他對於五四新文化時代極為深刻的敬畏。

與蕭軍相似的是，胡風也曾經在不知不覺中捍衛了五四新文化時代的傳統。他對於路翎的激賞也正源於此。而胡風諸人與以《大眾文藝叢刊》所代表的政治意味濃重的黨內理論家的爭執，更是捍衛五四新文化運動的傳統。且不說那些打著革命旗號四處清剿的文化長官的態度是如何的蠻橫，即便是他們在進行爭論時，也武斷地將政治與文化混為一談，斷然祭出了主義的旗幟。這一絕招讓胡風諸人無可奈何。但就在這無可奈何上胡風敏銳地嗅到了所謂個人無條件服從群體之間所包含的封建專制主義氣息。只是遺憾之處在於，當胡風尚未對這一敏銳的感覺加以系統而清晰地論述時，毛澤東已將時局推上了歷史舞臺，以時局要求知識份子求同，決不能懷有異想。胡風選擇了以《時間開始了》這一熱烈歌頌新時代的長詩開啟了他意味深長的妥協。只是胡風如魯迅先生所斷言的那樣鯁直，在建國後不久即被時代所淹沒。這一歷史悲劇所蘊含的資訊在於胡風即便是妥協，也難逃清算。由時代之外的胡適到時代之內的蕭軍，由一以貫之反叛的蕭軍到曾經妥協的胡風，三個極具象徵意味的人物無一落網，結局最終是悲劇，恰好映證了當年毛澤東清算張東蓀那句「難逃如來佛掌中」的咒語。

三、沉淪的歷程

　　一九四九年對於毛澤東時代來說，無可辯駁地成為極具隱喻性含義的年份。那一年知識份子的抉擇成為了一個分水嶺，鑄就了在此之後悲喜不同人間冷暖。政治立場指引下的知識份子個人抉擇顯現出大規模的同化狀態，更為這種人間冷暖籠上了一層悲劇性的面紗。留在大陸的學人經歷了諸如反右、文革之類的人間慘劇，又成為改革開放新時期的見證。有些人中途辭世，有些人成為道德楷模，更有甚者褪變為老不知恥的冥頑殆靈。與留下大陸的學人慘烈而充滿戲劇性的經歷不同的是，選擇出行的學人，諸如胡適、雷震等，雖然也經歷了臺灣變遷的風風雨雨，但在變遷之中艱難地點亮了思想的星火。這一微弱的光亮與解放後近三十年思想界的沉淪相比，顯得如此的難能可貴。

　　作為毛時代一條重要的線索，建國後知識份子的悲涼命運開始由初期的隱藏狀態逐漸演變成大規模的社會運動。而知識份子的獨立人格與自由精神也在高度集中的體制化進程中逐漸消磨殆盡。僅有幾位學人遠離體制，堅持自己的獨立人格，但他們與時代的宏大敘事所構成的社會風潮相比顯然微不足道。在毛時代遠去的新時期，他們被人從歷史的塵埃中翻撿出來，被塑造成為孤身反抗體制的文化英雄，以安慰那個時代給人們留下的種種傷害，但這一切都無法遮掩那個時代至今令人難以淡忘的劇烈疼痛。

　　作為建國後知識份子悲劇的典型，胡風長時間以來被看作政治意味並不十分強烈的詩人與文藝理論家。在建國之時他寫下了名噪一時的《時間開始了》這一深切貼合現實意識形態的長詩。儘管現在看來這首長詩的藝術價值幾乎為零，但卻從相當程度上反映了當時知識份子對於國家乃至自己前途與命運的美好憧憬。然而胡風沒

有想到，《時間開始了》這一充滿隱喻性含義的短語構成了建國幾十年知識份子悲劇的起始。的確如同這句神來之筆所描繪的那樣，沉淪的歷程就此展開。

關於電影《武訓傳》的討論開啟了毛時代以文化影射政治的先河，這一在文化領域上的反映極其不幸地與政治領域的不成熟相互對照，書寫出時代性的荒謬。而這一文化事件的深刻內涵在於，它以大規模的行政性干預，開啟了名為討論、實為批判的文藝運動鬥爭的先河。更為重要的則是，它以複雜的面目包含了毛時代的兩條線索：一是與知識份子的糾纏，二是與一切使毛澤東產生自卑乃至抵觸情緒的那一股力量的角力。

我之所以對「關於電影《武訓傳》的討論」如此關注，在於其代表了一種起始，標注了文藝鬥爭的序幕拉開。我將其定性為複雜的社會運動，並指出其暗含了毛時代的兩條線索，恰恰在於驗證其具有起始性意味的定義。為了指出其間毛時代的兩條線索的具體體現，不妨對那一段歷史稍作簡單的回顧。

《武訓傳》的本意無非是以古頌今，以高姿態的道德神話建構頌揚新中國的種種令人振奮的時代性變遷。該片導演孫瑜也正要表達這樣的意圖，他在刊登於《光明日報》上的文章裏直言不諱地聲稱《武訓傳》反映了舊社會貧苦農民文化翻身的要求，有利於迎接文化建設的高潮。它歌頌了武訓為勞動人民忘我服務的精神，有利於鼓勵人們學習武訓，發展教育事業。這一段帶有濃厚時代意識形態色彩的言說不僅道出了知識份子的天真，也為其悲涼性的結局埋下了後果。毛澤東在一九五一年五月二十日《人民日報》社論中如此地就《武訓傳》開展了意味深長的影射：

> 像武訓那樣的人，處在清朝末年中國人民反對外國侵略者和反對國內的反動封建統治者的偉大鬥爭的時代，根本不去觸動封建經濟基礎及其上層建築的一根毫毛，反而狂熱地宣傳封建文化，並為取得自己所沒有的宣傳封建文化的地位，就對反動的封建統治者竭盡奴顏婢膝的能事，這種醜惡的行為難道是我們所應當歌頌的嗎？

電影《武訓傳》的出現，特別是對於武訓和電影《武訓傳》的歌頌竟如此之多，說明了中國文化界的思想混亂達到了何等的程度！

> 特別值得注意的是一些共產黨員，他們學得了歷史唯物論，但一遇到具體的歷史事件，就喪失了批判的能力，有些人則竟至向這種反動思想投降。資產階級的反動思想侵入了戰爭的共產黨，這難道不是事實嗎？

我之所以花大篇幅引用毛澤東所寫社論原文，在於揭示一個秘密，眾所周知毛澤東的白話文堪稱一流，連白話文的始祖胡適之都稱羨不已。但毛澤東的白話文隱藏著一個極其難以發現的秘密，看似透徹深入的論說實際上在立論方面往往是不穩的。這一點在解放前如此，在解放後亦如是。諸如〈星星之火，可以燎原〉之類的文章，在紅軍朝不保夕的歲月曾經使那些文化水平極低的大老粗們心悅誠服；又如《論持久戰》曾令毛澤東的對手蔣介石都大為讚賞，印發全軍以鼓舞士氣。毛澤東的這種立論上的強詞奪理，與其說是刻意為之，不妨把它看作一種生命氣象的展開。作為一個心氣極高的青年，毛澤東一生秉持的鬥爭哲學深刻影響了其處世為人的基準。在黨內號稱若干次路線鬥爭中，博古、王明、張國燾等一一敗下陣。即

便是與蘇聯的分分合合，毛澤東也從來未曾以示弱的姿態向對方妥協。這種鬥爭思維的一以貫之訴諸於個人而言僅僅是一種張揚的生活態度，然而訴諸社會，則是災難性的後果，更何況這種鬥爭的思維移入了大量的情緒化因素，更使得災難具有了深刻的悲劇意味。

關於《武訓傳》的討論，引來毛澤東對於所謂封建文化乃至於唯心主義的批判，其中的緣由難以道盡，但可以確立的是，崇尚鬥爭的毛澤東以此開始了對於知識份子的羞辱，包括孫瑜在內的數十人被公開點名批判，而諸多文化界人士也在社會批判前開始違心地說著諸如檢討懺悔的話。原本一個簡單的文藝討論，經由毛澤東的主導，演變成為大規模的社會運動，我想指出毛澤東此舉更為隱藏的起始性含義。

在毛時代的歲月裏，毛澤東的文章以《毛澤東選集》四卷本的行世而成為幾代人揮之不去的紅色記憶。我想說明的是，毛澤東在其主宰的時代裏恰恰以文章來左右社會的風潮。稍有歷史常識的人都會知道，在解放後的近三十年，無論哪次社會運動，毛澤東幾乎都會在《人民日報》發表社論，掀起了風起雲湧。而這種毛時代的政治符號也深深地印在了其後中國的政治歷程之上，我要言說的是，基於毛澤東白話文的嫻熟，基於其白話文立論的一貫強詞奪理、先入為主，其所主導的社會運動，註定要飽受質疑。

毛澤東撰寫批判《武訓傳》討論的社論則鮮明地體現了這一質疑的合理。首先，作為一個文藝界的爭論，並沒有具體的或是映射性的文字對國家或是社會進行惡意的攻擊，因而也沒必要舉行大規模的以社會為背景的爭論與批判。其二，作為文藝界的爭端，政治的介入只能使得局勢變得難以收拾，而毛澤東撰寫社論的危害在於，他以行政領導的方式，以簡單粗暴的態度將純粹學術性的問題當作所謂政治問題進行批駁，引發了一系列災難深重的後果。

作為毛時代一個重要的歷史事件，關於《武訓傳》的討論正恰恰體現了毛澤東時代的轉折。在此之前，毛澤東的言說雖然分量十足，但尚未引發大規模的群眾運動。在此之後，毛澤東被神化，其言說開始成為金科玉律，主導社會的進程。在諸如反右、大躍進、文革之中屢屢得到驗證。在這個轉折的背後，毛時代的兩條線索得到了不露痕跡的延伸，或許是毛澤東刻意為之，或許是一種極為隱蔽的狀態下完成了延伸，其中暗含的政治資訊，為其後諸多政治風潮提供了絕佳的樣板。

批判對於知識份子的傷害在於，它將單純的文藝問題，升格為政治問題，並將矛頭指向了以文藝工作者為代表的知識份子。毛澤東借對《武訓傳》具有階級鬥爭意味的闡釋，將知識份子與所謂的人民對立，並含混不清地將《武訓傳》所宣揚的思想精神置換為唯心主義，經由意識形態的考量，確定其在政治上的所謂階級投降思想。在這樣的雙重威壓下，知識份子承受了難以言說的羞辱。許多與此相關的人士被迫違心地作檢討，寫檢查，更有脆弱的人因此鬱鬱一生。毛澤東的社論就此驗證了他所認為資產階級思想混亂問題的存在，他獲得了成功。

《武訓傳》討論所引起的批判暗含的那兩條線索延伸出之後的歷史事件所證明，毛時代的悲劇繼續上演，成為知識份子沉淪的歷程。由《武訓傳》討論的批判，延伸到關於《紅樓夢》的爭端，又以此延伸至批判胡適的社會浪潮，其後的胡風反革命集團案，反右運動，直至慘絕人寰的文革，一一標注了知識份子乃至社會的歷史性悲劇。而在《武訓傳》批判之後，中蘇關係破裂，冷戰硝煙彌漫，這固然與當時的世界局勢不無聯繫，但是誰能否認毛澤東在其間扮演的令人難以捉摸的角色。這一政治—文化歷史圖景的相繼出現，無論對世界抑或是中國，都是無以復加的災難。

第十三章　彼岸與此際

一、孤島星火照耀中國

　　作為沒有被革命時代所籠罩的地域，香港與臺灣在革命時代的進程中顯得如此的另類，這種另類的直接原因彷彿是政治遺留問題，使得香港臺灣乃至澳門，成為孤懸於大陸之外的島嶼。然而從文化上而言，孤島的這種另類恰好躲過了革命時代政治事件的浩劫，成為了各具特色的文化現象。這一文化現象不僅包含著文化意味，更有極為鮮明的政治意味寓於其中。這對於經歷革命時代後的中國，如同一個極具啟示意味的觀照，使其洞察革命時代為人所不覺的缺失。

　　自一九四九蔣介石敗退臺灣之後，臺灣與大陸幾乎斷絕了一切聯繫，僅有的交流也大多是帶有秘密性質的私下接觸，不帶有任何官方的色彩。尤其是每年定期射向金門的炮彈，更使得這種秘密的接洽顯得搖搖欲墜。然而這在某種程度上使臺灣獲得了空前的自由，為臺灣日後的轉變提供了必不可少的政治文化基礎，更為幸運的是，這種境遇使臺灣成功躲過了席捲大陸的諸多政治浪潮。雖然臺灣同時期有蔣氏父子一張一弛的專制統治，但其最終標注的歷史走向，展現了一種充滿希望的可能。

　　與臺灣島略有不同的香港則有另外一番意味，就政治而言，香港延續了自晚清以來的殖民地身份。然而就文化而言，香港展現出了二戰之後如同復甦的西方世界同樣的活力。商業文明的浪潮是如

此的洶湧澎湃，幾近淹沒這個只有彈丸大小的島嶼。這種浪潮不僅
與世界同步，引領時代的先鋒，而且它以不知不覺的方式，催生了
一種文化現象──即武俠小說的興起。這一文化現象不僅包含著極
其豐富的社會資訊，更為重要的是，它以極為隱秘的方式，傳承了
中華文化的血脈。這對於歷經毛時代政治高壓的文化環境，無疑是
一種令人慶幸的歷史補充。

　　臺灣與香港相比較而言，呈現出截然相反但又高度相仿的局
面。臺灣在文化風貌方面經由蔣介石承接儒家傳統的教化，在專制
政治的局面下極為艱難地呈現出儒家文化復興的奇跡，而且這種復興
系統地滲入臺灣的日常生活，深刻地影響了臺灣人的生活方式。香港
在世界復興的背景下單騎躍起，實現了經濟的領跑，由此催生了城市
市民階層的興起，並在這一基礎上加速了武俠小說的復興。這一局面
與臺灣的風貌相得益彰，成為革命時代之外令人意外的文化現象。

　　此間值得注意的是，在香港由殖民地完成了向特別行政區轉變
的歷史進程中，臺灣轟轟烈烈地實現了由獨裁到民主的艱難蛻變。
這種蛻變是以極為迅猛的方式完成的。但這並不意味著臺灣的轉變
乃是一日之功，如同火山爆發在瞬間改寫局面。需要認清臺灣此
前複雜的社會狀態。如果說香港的轉變乃是中國主權訴諸歷史的兌
現，其間包含著某種必然，臺灣的歷史性轉折則包含著諸多偶然。
這種偶然深刻地傳承了五四新文化時代的星火，從而使得臺灣這座
孤島，在革命時代的黑暗裏艱難地照亮了中國。

　　臺灣的這種轉變，標注了晚近思想史中激進與保守的合流。就
激進方面而言，乃是由胡適自五四時代便力行倡導的自由主義。雖
然自由主義在胡適的言說中並無激進與保守的定位，亦無所謂的左
右之爭。但胡適身陷孤島是將自由主義的衣缽傳給了雷震殷海光，
經由他們極富激情的宣傳，加諸《自由中國》所激蕩的巨大社會影

響，成為了島內呼籲自由民主極為急切熱烈的浪潮。這種浪潮雖然以自由主義的姿態行世，但其姿態已經從胡適所倡導的容忍式的消極保守自由轉變為類似於革命所標注的激進所昭顯的積極自由，這種對於自由民主的激進求索，在蔣氏政權的專職獨裁下，一度引起當局的恐慌，臺灣自由主義的旗幟《自由中國》被查封，便是極為鮮明的例證，同樣令人慷歎的是諸如殷海光雷震李敖之類自由主義者的悲慘遭遇，更使得自由民主的實現顯得遙不可及。臺灣的民主進程一度顯得極為暗淡。

在自由民主的訴求與專制政權發生激烈衝突的當口，文化保守主義的潛滋暗長逐漸成為了另一番意味深長的現象。如果說大陸新儒家的代表人物梁漱溟以他儒生本性所激發的尾生抱柱般的執拗向著專制發出本能的抗拒，身處孤島的儒家傳人則以折中的態度確認了傳統價值於當今政治的意義。雖然梁漱溟從某種程度而言，其所倡導的新村實驗不可避免地帶有烏托邦那樣的理想主義色彩，然而其所表達的卻是對於人性本身的追求與堅守，與政治雖有關聯，卻有著極為明顯的區分。身處孤島的牟宗三、徐復觀等儒家傳人卻以新穎的回顧，陳述了儒家價值體系之道德乃至政治的重要作用。在牟宗三的闡釋中，儒學自孔子伊始，便帶有極富高度意味和建樹意味的政治色彩。例如孔子所倡言的復古，實際上是將民主理想托始於三代，托始於歷史之開端，以此為後世立一政道之圭臬。在牟宗三先生看來，中國千百年政治之發展，「治道」已成，「政道」懸而未決。所謂治道，便是政府職能之運用。所謂政道，乃是政體之原理。牟宗三先生雖然沒有像胡適那樣以身參與政治，但是他的言說，無疑對政治有著精闢的提示。

雖然政治激進主義與文化保守主義在島內花開兩朵，各表一枝，但是對於臺灣政治的具體影響乃至實質性操作，可謂微乎其

微。其姿態乃至陳述無論如何的具有先知性意味，當權者的無動於
衷，終究使得這些努力顯得徒勞。然而歷史的變數則在於，作為蔣家
政權的傳人，曾在巴黎與鄧小平共同學習的蔣經國，在遲暮之際，爆
發了和他同窗一樣的改革熱情，不僅在他即將走完人生歷程的當口率
先開放報禁以實現呼籲多年遲遲不能兌現的言論自由，同時更以決絕
般如同自掘墳墓式的政治勇氣，在臺灣為多黨制的實施邁開了先知性
的一步。蔣經國的這些舉措，為臺灣政治民主化進程，實現了奠基式
的前行，以胡適殷海光為代表的自由主義政治訴求，乃至以牟宗三、
徐復觀為代表的新儒家政治暗示，由此獲得了某種程度的實現。

　　這種實現的具體含義，不僅僅意指其政治上順應世界潮流的
浩浩蕩蕩，沒有陷入持續專制的局面逆世界潮流而動，更為深層的
意味，在於其實現了五四新文化運動時代諸君的文化理想與政治理
想。雖然五四新文化運動作為一種容量極為豐富、內容極為龐雜的
文化資源，表達了群賢各具特色的學理性言說，但其粗略地可劃分
為文化激進主義者與文化保守主義者。文化激進主義者以胡適陳獨
秀為先導，後有雷震殷海光之傳承。文化保守主義者以王國維陳寅
恪熊十力諸人為指引，後有唐君毅、徐復觀、牟宗三之延續。這一
精神譜系的代代相沿，標注了五四新文化運動歷經半個多的世紀的
沉寂，重新成為奪目的瑰寶。而此時在彼岸中國大陸的八十年代社
會思潮從本質上而言，乃是對五四新文化時代遙遠得如同隔世般的
致敬。這種致敬是如此的短暫，以至於短暫得顯示出無以復加的倉
促。但是無論如何，這種致敬本身意味著五四新文化時代的復甦。
革命時代最為嚴重而又具有終極意味的破壞在於，它以高度的政治
標準，對人性作出了過於苛刻的要求，以至於這種標準不僅造成了
個人身心的損傷，更組成了整個民族與國家的創痛記憶。在極為嚴
峻的文革時代，不僅人性被壓抑得苦不堪言，就連極為世俗的市井生

活，也被打上了無可奈何的政治標記。可想而知，文革時代是如何的令人唏噓，不堪回首。

就在文革對於世俗生活造成極其深重的傷害之時，香港卻以極具魅力的世俗生活，為文革對於世俗生活的破壞作出了看似不相關的補充。香港市民階層的形成，以及武俠小說的勃興，都標誌著人性的復甦與回歸。尤其是武俠小說所蘊藏的對於傳統文化的深入體認，對於自由源於內心本真的追求，都暗含著五四新文化運動時代諸多含義豐富的命題。這一看似形而下的歷史觀照，與臺灣看似形而上的歷史觀照互為補充，相得益彰，共同形成了含義極為深遠的晚近歷史上光輝燦爛的一頁。這一頁寫滿了諸如轉折、進步之類帶有強烈褒揚色彩的語彙，成為時代彌足珍貴的記憶。至少就歷史發展的趨勢而言，臺灣、香港甚至是澳門都有著時代性的含義，他們以不為人所覺察的靜默，以極其低調的方式，完成了晚近歷史上又一次充滿變數的轉軌。

二、觸摸歷史與進入文革

文革作為革命時代的終極產物，標注了自世紀初緣起的中國政治激進主義浪潮的激變與延伸。文革雖然故去，但文革的影響已然無法去除。人們的談吐、風俗，乃至不為覺察的習慣與不經意間的意識，依舊顯示出文革極為隱蔽的影響。這種局面的出現並非人們下意識地懷念文革。而在於文革的陰影與烙印太過沉重。

毋庸置疑的是，作為晚近歷史中最具有歷史性意味的政治文化事件，文革絕非簡單的由官方界定的那樣乃是由毛澤東錯誤發動、被反革命集團所利用的一場內亂。它的本質不僅包含著政治方面的諸多內容，更有著文化方面的諸多命題。文革的緣起與終結標注著

革命時代的意識形態最終走下神壇，飽受質疑。這種局面的出現有著深刻的歷史原因，歸根到底，還要上溯到革命時代之前的歷史。闡明五四新文化運動的與其關聯，方才能對文革有著本質的認識。

曾經有人將文革單純地視作一場政治鬥爭，將其看作毛澤東藉以打倒反對派的專制君主死守權力的高度集中以滿足自己日益膨脹的帝王情結。這些論說貌似有案可稽，實則無案可循。將毛澤東視作秦始皇那樣的人物，不僅悄然抹煞了文革本身所固有的文化意味，更將這一時期的歷史看作《二十四史》中朝代更替的重演。這種看法的偏執如同經歷毛時代政治高壓之後對毛澤東極盡污衊之能事的發洩。需知用謊言去打擊說謊的敵人，最終損害的只會是自身。

史沫特萊在《中國戰爭的頌歌》之中曾經不無深意地談到了毛澤東的性格：「他的精神寓於它本身之中，使他與人隔絕。」這種極其敏銳的直覺在無意中說出了毛澤東內心的秘密。他對於所有反對派都不以為然的態度恰好映證了他內心的這種隔絕。且不說拍案而起的一介武夫彭德懷無法理解毛澤東的內心，即便是劉少奇、鄧小平這樣的明眼人也無法洞穿毛澤東的真實意圖。後世之人在洞見了毛澤東一一打倒反對派所使用的權術之外，沒有意識到毛澤東這一抉擇所包含的另外一層含義，那便是早年間於五四新文化運動時所秉持的社會理想。

正如同林毓生在《中國意識的危機》中所指出的五四新文化運動中激進的反傳統主義給中國文化的巨大傷害，造成了中國文化無法彌補的斷裂。毛澤東所倡導的文革恰恰有著類似的地方。只是在五四新文化運動中諸君所秉持的反傳統理念的核心在於文化決定論，這種決定論認為中國之貧弱落後很大程度上源於文化上的落後，因此在五四新文化時代群賢在致力於介紹西方文化的背景下，極為憤怒地將傳統文化一擊於地，被胡適稱作「隻手打翻孔家店的

老英雄」的吳虞，便是最為典型的代表。雖然這種觀念有極為偏頗之處，但是必須認識到其間所包含的知識份子對於民族命運與國家前途的關切，這種關切帶著極為焦灼的情緒，迫切地希望用一種理念改造人性，成就理想的國民性格，以完成文化上的轉型，進而找到國家前途的正確道路。

毛澤東身處五四新文化運動時代，當然為這種理念所感召。雖然開始的時候他沒有敏銳地意識到他前往北京乃是受到了這一理念的鼓舞。他憑藉對於《新青年》的狂熱隻身進京，尋求他所醉心的文化與時代。雖然他在京城受盡冷遇，但是五四新文化運動時代所給予他的影響，可謂刻骨銘心。雖然他在其後所從事的革命從某種程度上而言，與五四新文化運動時代背道而馳，但就其指向而言，殊途同歸。五四新文化運動以對人性的重新塑造以完成國民改造的理想，完成思想認識上的統一，從而為理想社會的形成，提供最為原始的基礎。這一人性的改造雖然帶著有悖於人道主義的氣息，但是其指向則與五四新文化運動時代不謀而合。

另外一個極為重要的史實在於，在毛澤東時代他陸續以《講話》、反右等標記性符號一步步實現它的人性改造工程，但直至文革的前夜，他依然為理想社會的遙遠而苦惱。在這一過程中他以傷害眾多的知識份子為代價，換來了貌似清平的世界。只是他敏感地意識到，雖然作為一種勢力的知識份子已經偃旗息鼓，但他周圍的反對派依然蠢蠢欲動。這種帶有幻想迫害狂嫌疑的意識，極為不恰當地激發了毛澤東從青少年時期便養成的反叛性格。在毛澤東的眼中，劉少奇所派工作組已經沾染了鎮壓學生運動的官僚主義習氣，必須除掉劉少奇以清除日漸增長的官僚主義與修正主義。雖然毛澤東對劉少奇的清算包含著對劉少奇在七千人大會上公然指責毛澤東過錯時毛澤東所留下的妒恨，但是其間反叛性格的激發不容抹去。

紅衛兵的出現恰如其分，彷彿毛澤東年輕時代的翻版，訴諸道德激情澎湃的社會批判運動。

然而這一運動雖然有著烏托邦理想的支撐，其內核卻是毛澤東所熟讀的《水滸》之中所蘊含的中國傳統流氓習氣。及至毛澤東所倡導的文革，成為馬列主義「造反有理」的戲劇性言說。眾多售出紅寶書的革命小將，一面嘴裏高呼「毛澤東萬歲」，一面用鐵錘砸爛在他們眼中象徵秩序的事物。這一歷史事件的含義不僅就政治而言極具殺傷力，於文化而言更是觸目驚心。批鬥、株連，種種滅絕人性的行為使中國日漸稀少的知識份子在此遭受滅頂之災。自沉於大明湖的老舍，絕食而亡的熊十力，服毒自盡的傅雷，一一標注了知識份子對於文革的憤怒與反感。

這是晚近歷史慘絕人寰的一頁，書頁上寫滿血腥的壓抑。這一境遇的實質，展現了專制主義死灰復燃的歷史圖景。無論毛澤東發動文革的動機與五四如何的富有關聯，其動機包含著五四時代怎樣的信念，然而其實質卻深刻地背離了五四時代的傳統，成為類似於張勳復辟、洪憲帝制類似的專制文化捲土重來。這一局面不僅使得晚近歷史的走向由曾國藩的道路演變成洪秀全的道路。更使得歷史遭遇了最為深刻的墮落。不僅僅是政治上由開明走向了專制，文化上更是陷入了類似於文字獄般陰沉而使人備受苦痛的時期。

然而無論毛澤東的抉擇如何的逆歷史潮流而動，幾乎沒有一種力量能夠阻礙時代的進程，扭轉歷史沿著革命時代推進的走向。毛時代依舊影響深遠，與文革一樣在晚近歷史上留下了災難深重的印跡。這些印跡所顯示的苦痛不僅有政治人物如劉少奇、周恩來之類共產黨高級官員被政治所折磨的曾經，更有文化人物如遇羅克、顧准這樣因思想獲罪的不堪回首。遇羅克與顧准等諸多身處文革而不為文革所淹沒的思想界同道，以他們極為民間方式的言說，向文革

表示了出於理性堅決的質疑。時過境遷,雖然這些質疑顯得有些稚氣未脫,尚未成熟,然而它們所表達的則是對於專制與生俱來的憎恨,對於自由發生內心的追求。而他們悲慘的境遇也恰恰以生存毀滅的代價,提示了文革種種難以洗脫的荒謬與罪惡。

假如說遇羅克、顧准等思想界先驅,以生命為賭注對於文革的抗議如果顯得過於悲壯,那麼諸如白洋淀詩派的興起,手抄本小說的流行則染上了至今令人神往不已的浪漫氣息。按照晚近歷史文學發展的脈絡而言,白洋淀詩派的出現乃至手抄本小說的流行都顯得突兀而又令人費解。但是於歷史的進程而言,卻又帶著某種宿命式的必然。革命時代長期對於人性本身的壓抑與破壞,不僅使人難以忍受更在某種程度上催生了對於自由解放人性的終極嚮往。白洋淀詩派寫下的諸多嚮往燦爛生活、吟詠自由心靈的詩句,表達出了最為樸素和偉大的追求。手抄本小說對於人間事態的本真還原,復活了人們對於世俗生活如同隔世般的記憶。當文革在政治上宣告結束的歷史時期,這些於文革時期存在極為隱秘的事物紛紛重見天日,煥發了令人炫目的神采,這一場景的出現不喻自明,它標注了代表反歷史潮流走向的帶有專制性意味的文革在某種程度上面臨了最為尷尬的破產。

三、毛澤東最後的革命

如果不是一九七六年毛澤東的離世,很難想像文革究竟還會持續多久。歷史本身說複雜也複雜,也說簡單也簡單,毛澤東去世之後,他親手選定的接班人華國鋒與他生前最熟悉的衛士長汪東興,將毛時代最後十年紅極一時的四個人物送進了秦城監獄,文革由此宣告了終結。這一幕晚近歷史中甕中捉鱉的悲喜劇,與當年毛澤東坐鎮中南海捉拿林彪手下四員大將有著異曲同工之妙。五年之間,

歷史與文革發生兩次轉折，而這兩次轉折居然如此雷同，讓人為之
唏噓。

文革作為毛澤東最後的革命，已經被歷史判定為一場鬧劇，
然而無可否認，其間包含著毛澤東難以為人所理解的文化理想。海
外學人將五四時代激烈的反傳統主義視作文革的源頭，雖然有失偏
頗，然而已經模糊的感知到了文革與五四的隱秘聯繫。這一脈由歷
史深處綿延而來的反叛傳統，至少可以追溯到那場以天國為旗號的
戰爭。由太平天國至文革，乃是晚近歷史政治激進主義的歷程。而
毛澤東的文革為災難深重的二十世紀中國，畫上了政治激進主義的
句號，從而在形式上退出了歷史舞臺。

毛澤東與文革雖然成為歷史，但是毛時代與文革的影響卻難
以去除。這種影響是如此的難以察覺，以至於到了九十年代，依然
有人對毛澤東念念不忘，甚至在社會上引發了一場又一場的毛澤東
熱。毛的像章重新出現在人們的生活中，毛的文革宣傳畫重新被張
貼在牆上。歷史彷彿兜了一個圈，當年被人質疑的理論，經由學人
由西方引來的左翼思想包裝，成為新左派的招牌。他們公然打出懷
念毛時代的旗幟，更有甚者居然將毛時代與現代化聯繫在一起。種
種這一切都昭示了文革乃至毛時代的影響揮之不去。

這種悲劇性場景的出現，歸根到底在於文革結束的方式。朱
學勤先生曾言文革乃是以文革的方式結束，他為其後的改革，投下
了深重的陰影。在改革成為時代潮流的前提下，文革依然如同百足
之蟲，死而不僵。華國鋒當年聽信汪東興的話仿效一九七一年的毛
澤東，以類似於宮廷政變的方式逮捕了四人幫，結束了文革，卻不
知為其後的歷史留下了惡劣的影響。要知道當年密謀逮捕四人幫之
前，文革中諸如王震這樣靠邊站的老將軍紛紛摩拳擦掌，不惜早點
下手好儘快翻身。當時只有一個人洞見了文革以文革的方式結束所

隱含的災難。陳雲在面見王震被告知華國鋒決定以此種方式解決四人幫時憂心忡忡，半晌不語。終了才從牙縫中擠出幾個字：黨內鬥爭，僅此一次，下不為例。

從某種程度而言，華國鋒結束了文革，鄧小平開啟了改革，文革與改革僅僅一字之差，卻相隔千里。陳雲當年的憂心忡忡，已經為歷史所淡忘。直到改革走過十年、走過三十年的歷史性時刻，人們才恍然大悟於陳雲當年擔憂的意味深長。文革後鄧小平逮捕造反派，清查三種人，是以歷史代價的方式從形式上否定文革。但在對於毛澤東以及文革的評價上，鄧小平態度曖昧，一反為受冤屈幹部平反的一往無前，顯得顧慮重重。這不能不說是一個令人困惑的遺憾。然而這樣的遺憾卻導致了其後改革三十年的種種悲劇，使得鄧小平的改革失色不少。歷史的機遇往往只在一念之中失去。

中國自鴉片戰爭以來，歷經五四新文化運動的歷史變革，半個世紀過去，才勉強走到新時期的改革開放。其間種種災難性的革命與衝突，已經使良性的社會改良舉步維艱。鄧的改革毅然否定了文革的造反有理，以經濟建設取代階級鬥爭，至少在形式上向民眾表明文革的時代一去不返。不同於毛澤東的爛漫和詩人氣質，鄧小平是一個實用主義者，他在暮年造文革的反，倡導改革開放，其實質，乃是對毛澤東文革造反有理理論的根本質疑。

毛澤東當年所倡言的造反有理雖然荒謬，卻極大的激發了中國文化中的暴民傳統，使得紅衛兵的囂張盛極一時。文革中歡呼偉大領袖的歌頌，今天看來讓人覺得忍俊不禁。按照所謂毛主席親密戰友林彪同志的描述，毛澤東是偉大的導師偉大的舵手。彷彿覺得四個偉大還不夠全面準確，林彪在修訂後的憲法前言中聲稱毛天才般的全面的創造性的發展了馬克思主義。馬克思地下有知，肯定大牙笑掉，稱讚林彪的黑色幽默。以林彪的智商和政治覺悟，他不會

不知道這些稱讚是多麼的虛偽做作，然而他卻裝作茫然不知，直到一九七一年的九一三事變之後《五七一工程紀要》的橫空出世。雖然《紀要》為林彪之子林立果所炮製，但是其間對於毛澤東文革的洞穿，乃至其中的鋒芒畢露，顯然是受林彪的影響。將毛稱為專制暴君雖然駭人聽聞，卻從另一個角度提示了林彪對於毛澤東看法與其日常表露忠心之間的巨大反差。

據毛澤東身邊的人回憶，毛在林彪出走之後大病一場，夢中不斷地夢囈，由此可見林彪出走對於毛的巨大打擊。要知道毛即便是在周恩來朱德逝世之後，也沒有表露出如此巨大的心理波動。與其說是毛對於林彪的出走痛心疾首，不妨看做毛對於文革能否進行的自我懷疑。無論毛澤東把林彪看做親密無間的戰友或者有利害關係的政治夥伴，無可否認的是，林彪對於毛澤東的文革舉足輕重。然而毛澤東萬萬沒有想到，這個當年手持紅寶書，高呼偉大領袖，語錄不離手萬歲不離口的林彪，居然以這種慘烈的自我爆炸的方式，以《五七一工程紀要》，在毛澤東的文革好世界裏捅出了一個通天的大窟窿。據紀登奎回憶，林彪在蒙古墜機身亡之後，得知消息的周恩來放聲大哭，這其中的況味，不難細察。

九一三事件後的中國，面臨何去何從的歷史抉擇。是堅持繼續革命，還是轉向國計民生，成為文革難以為繼之後當時的政治人物心照不宣的話題。鄧此時抓住機遇，上書毛澤東「承認錯誤」，求得復出。鄧的復出悄悄地扭轉了文革的歷史走向。在繼續革命的口號下，悄然轉向生產，以不說不討論的方式，將毛澤東的文革拋諸腦後。或許是意識到了鄧小平對自己的文革不以為意，毛在將死之前，再次將鄧打倒。與其說毛對鄧產生懷疑，不如說毛對鄧心懷不滿，這種不滿說到底，在於毛澤東對於文革的巨大期許。

　　在毛澤東一生的自我總結中，發動文革與打倒蔣介石乃是最為重要的兩件大事。打倒蔣介石是他的政治理想，文革乃是他的文化理想。將文革與打倒蔣介石相提並論，顯然有失平衡。然而在毛看來，卻是他心中難以為人所理解之處。要知道毛澤東雖然說過槍桿子裏出政權這樣深具暴力意味的話，然而他卻是曾經的五四青年。五四時代的理想於他而言，乃是一個未能成功的事業，因此他對於五四時代念念不忘。一九六六年發動文革，除去具體的歷史原因而外，更為重要的則是文化原因。

　　這樣的文化原因在晚近歷史上當然有跡可循。從一代代政治文化精英以各種方式對國家的前途與命運作出自己的解答。康梁的維新到孫黃的揭竿而起再到陳獨秀胡適的思想啟蒙，乃是這一歷史進程的三部曲。其間夾雜著袁世凱在共和和稱帝之間的搖擺不定，乃至陳炯明在廣東的勵精圖治。即便是當年年輕氣盛的魯迅，在決定以醫學救國而後受到刺激的情況下，也轉而開始以文字叩問中國的未來。整個社會從來沒有如此的激情，整個國家的人都開始關注這個曾經老大帝國的前途和命運。當年的毛澤東也曾在五四時代的感召下奔赴五四時代的北京大學，雖然他在那裏受盡冷遇，但是五四的影響於他而言，永志難忘。五四的幽靈於毛澤東的文革中，暴露無遺。從五四到文革，歷史的脈絡由此清晰可辨，文革之終結，不過是一個歷史進程走到了盡頭而已。

　　然而無論毛澤東的文革如何的具有文化歷史的意味，其實際效果，卻是災難深重的結局。文革之所以發生，它是歷史惡性循環的苦果。由太平天國義和團為肇始的晚近中國政治激進勢力，復活了中國歷史中古已有之的造反傳統，或曰暴民傳統，將民眾集體無意識的盲動引導為激烈的社會動盪，破壞了歷史的改良走向。太平天國之後洋務運動曾李諸人的出現，乃是歷史的代價。更何況其後

還有一個與之構成呼應的五四新文化運動。然而歷史上出現了那個江湖領袖出生的造反者孫中山，以及與其晚年相生相隨的北伐，再次將中國拖入暴力因循的歷史輪迴。毛澤東雖然在五四時代激揚文字，然而其人生最富關鍵性的轉折，卻是那場北伐。毛澤東北伐時期在〈湖南農民運動考察報告〉所寫下的歷史圖景，有心的人不難讀出，那是文革半個世紀前的重演。

毛澤東於北伐之中的抉擇，已然註定了其晚年發動文革的必然。雖然他在五四時代聆聽教誨，但是他對於五四時代，依然有著理解的障礙和驚人的疏離。所以當北伐作為取代五四時代的歷史潮流時，毛頓時轉身欣然前往，在北伐之後，走上了井岡山。表面上看，井岡山乃是對於國民黨的反叛，其實質，乃是對於國民黨所發動的北伐的歷史承繼。

由此可見，毛澤東的文革之所以綿延十年，由來有之，潛伏著二十世紀從十九世紀乃至中國傳統中順延而來的破壞習性。一九七一年的九一三事件，驚醒了文革的夢中人，然而文革卻苟延殘喘。歷史走到一九七六年的清明節，自發群聚在天安門廣場悼念周恩來的人群中那一句「秦始皇的時代一去不復返了」，說到底標注了人們對於文革的反感。躺在病榻上的毛澤東當然知道這一切，半年之後鬱鬱而終。毛澤東可能自己也許沒想到，他晚年發動的文革，居然是他最後的革命。而這革命的背後，又隱藏著種種的敗筆。雖然毛澤東與文革成為過去，但是文革在當下的中國依然難以祛魅。毛澤東與文革的故去依然只是形式上的告別，毛澤東晚年的遺毒、文革的遺毒還遠遠沒有被剷除。

第十四章　啟蒙時代的再生

一、歡呼與痛哭的八十年代

　　八十年代對於中國晚近歷史而言，如同一個短暫而輝煌的夢想。這一短暫的時代，不妨礙後人長久地對它作出意味深長的懷念，這種懷念包含著對那個時代激情洋溢的追思，對那個時代種種氛圍的追憶。更為重要的是對作為一個整體的八十年代一去不復返的無限痛惜。這種痛惜不僅在知識界業已形成一種氣氛，而且在民間具有極為廣泛的共鳴。這種痛惜不僅帶著不能抹去的文化意味，更包含著難以複製的政治性意味。作為極其富有特徵性的八十年代，在晚近歷史的坐標軸上，顯得如此富有質感，散發出隔世而風華不減的永久魅力。

　　八十年代之所以如此與眾不同，在於它完整地成為一個時代的象徵。在晚近歷史的晚期成功地對半個多世紀前的五四新文化時代所作出歷史性的呼應。作為與五四時代同樣光芒萬丈的歷史階段，八十年代在某種程度而言，乃是對於五四時代的繼承。這種繼承隔著漫長而令人窒息的革命年代，越過革命年代艱難而緩慢的歷史進程，成功地在世紀行將結束之時完成了交接。有學者極為精準地揭示了八十年代與五四新文化時代藉以相通的關鍵——文化啟蒙。這一揭示意味著八十年代與五四時代一樣，具備了立意極為高遠的母題。

　　然而這一揭示並不意味著八十年代與五四時代一樣，在背景乃至內容都如出一轍。八十年代與五四時代最為明顯的區別在於，一個處

於晚清覆滅、民國初創的世紀初,一個處於剛從文革走出的滿目瘡痍的世紀末。一者標注了晚近歷史由日落時代轉向盛夏時代的走向,一者標注了取盛夏時代而代之的革命時代的尾聲。這種區別之間,容納了不同的時代背景與不同的時代內容,當然也具有不同的時代含義。

五四時代作為一種文化資源,經歷了晚清數十年的歷史沉澱。這一脈歷史自林則徐、徐魏源諸人開眼看世界的懵懂無知,經歷了王韜、鄭觀應以文覺世環遊列國的民智初啟,其間曾國藩、李鴻章三十年的勵精圖治,走到了維新變法激越慷慨的改良變革。最終成就了五四新文化時代排山倒海般的社會思潮與社會演變。這一歷史性局面的出現,不僅有著民間的覺醒,政治的寬鬆等諸多原因,最為重要的是專制時代作為一種歷史綿延了數千年之後土崩瓦解。此時的社會如同一個走向十字路口的行人,面臨著無數種選擇的可能。

這種面臨無數種選擇可能的歷史局面,並不意味著代表曾經的專制文化推出歷史舞臺,相反,它以袁世凱稱帝、張勳復辟等多種形式,提示著人民專制主義百足之蟲死而不僵的真實境況。這一局面出現所引發的群眾集體性的反抗恰恰證明了專制主義作為一種歷史存在的不得人心。五四時代的出現恰恰作為一種與人心民意極為貼合的歷史階段,宣告了專制主義的死刑。五四時代的思潮雖然紛繁複雜,但歸結到底所擁有的本質核心在於自由。諸如自由主義宣傳人在社會活動中的具體活動所擁有的有限度的自由,以及人存在的身心自由。啟蒙主義宣傳人的解放意識的覺醒,號召人們以開放的心態看待世事。即便是充滿暴力革命意味的布爾什維主義,其源頭也鮮明地將目標指向自由與解放。可想而知,五四時代的言說是如此具有活力,直至世紀末依然令人長久地為之神往。

八十年代與五四時代頗為相似的是，當文革作為一場專制主義捲土重來的時代為歷史所斷絕的時候，新興的知識份子歷經文革九死一生。從文革令人窒息的陰霾中，洞見了曾經最為壓抑的人性，八十年代依此而發展，成為人性極其解放、社會風氣極具人文氣質的歷史階段。其間湧現的西方思潮經歷數十年斷續後再次呈現於世人面前。整個社會彷彿返老還童，由萬物肅殺的冬季走向萬物復甦的春天。

這種充滿令人振奮情緒的社會整體精神狀態，對於民族或是國家而言，不亞於一件踏破鐵鞋無覓處的幸事，也極為深刻地展示了作為一個整體的八十年代的本質。它與五四時代一樣，顯示出了最為赤誠的熱情，最為坦蕩的秉性。一時間整個社會為一種充滿道德責任感的激情所鼓舞，各個領域都呈現迥異於以往的充沛活力。尤其是當一九八四年的國慶遊行的大學生自發地打出「小平你好」的橫幅時，這一極富多元意味的政治事件，成為民心向背的歷史反映，見證了一個時代整體性的復甦，民眾與廟堂的結合，自此獲得了極具象徵性的默契。

這種默契見諸歷史，尤其是從革命年代破繭而出的歷史，可謂彌足珍貴。此前漫長的歷史時期，民眾對於統治者的擁戴多半出於愚昧無知的敬畏，其間包含著諸如萬歲之類封建意識濃厚的盲目崇拜，而民眾在八十年代對於統治者的呼應，則全然出於一派發自內心的感激。這種感激之中雖然不乏文革時代個人崇拜的歷史陰影，但已全然洗盡了專制時代殘存的頂禮膜拜意識。這一事件彷彿一個極具隱喻含義的座標，一方面標注了整個社會與執政者的互為映照，一方面也為其後的歷史，埋下了無法抹去的災難伏筆。

按理而言，民眾對於執政者的讚譽發自內心，似乎是一個可堪慶幸的事情，但是其間卻包含著另外一層含義，民眾中的知識階層

由此開始重溫類似於曾國藩李鴻章之類致君堯舜的美夢。而事實上這種願望或在某種程度上成為了事實。在這一歷史事實中，不乏在學界獨領風騷的旗幟性人物。由學界走向政界，雖然從各方面來說都無可厚非，但從實質上而言，成為八十年代與九十年代呈現出不同風貌的歷史成因。這期間最為重要的，便是知識份子由獨立的人文立場轉變為受政治影響的多元立場，不管這種多元的立場如何展示了思想領域的豐富與複雜，但對於知識份子而言，意味著某種曖昧的退守。

　　這期間最為人所矚目的，乃是在歷史大變局中斷然轉身的李澤厚，就八十年代而言，李澤厚無疑是當之無愧的學界泰斗。且不說他以《美的歷程》這一充滿拓荒意味的工作開啟了新時期美學的奠基工程，更為珍貴的乃是他那三卷《中國思想史論》以系統深刻的言說，為思想史添了最為莊嚴的篇什。在無數學人的腦海中，李澤厚那三本《中國思想史論》彷彿是幼童發蒙的讀物，充滿了啟示性的解釋，由此李澤厚一躍而成炙手可熱的學界領袖，一時間呼風喚雨。然而無論他在《中國思想史論》中如何滿含激情地讚頌譚嗣同流血成仁的壯烈，不妨礙他在九十年代完成意味深長的撤退，由呼喚變革為「告別革命」，並以對《論語》的重新解讀，完成了對於傳統的復歸。他沒有意識到，他曾經在八十年代的激情之中，為五四時代斷裂的啟蒙扼腕歎息，而五四時代最為引人注目的特質，在於其激烈的反傳統主義所昭顯的極富深遠影響的反叛意識。這種反叛意識不僅構成了自由追求的歷史動力，也為文化的劇變提供了必不可少的精神資源。

　　李澤厚的這一轉身看似輕巧，實則將八十年代輕而易舉地拉回九十年代全面退守的境遇。這一轉折不僅類似於當年五四時代層出不窮的復古浪潮，更為重要的是在市場經濟的大潮下，知識份子在選擇退守書齋的同時進一步喪失了人文立場。由此可見當年驚呼人文精神

失落的諸君雖然在某種程度上有虛灼浮誇的成份，但也確實道出了整個知識界的殘酷現實。在這樣的歷史條件下，陳寅恪王國維諸人如同出土文物一般重現人間的深意在於，表達知識界對於人格信念與人文精神意味深長的懷念。在諸多有關於王國維與陳寅恪的表述中，王國維象徵著文化覆亡之際與之共命盡的決絕與不妥協。陳寅恪象徵著在知識份子普遍犬儒化的時代背景下孤身反抗體制的文化英雄。這種帶有神話色彩的描繪雖然使王國維陳寅恪多少有一點失真，但或多或少道出了知識界的某種帶有遙不可及無法望其項背意味的追思與哀歎。整個八十年代的終結便是以九十年代的淪落為標誌的。

但是這並不意味著八十年代作為一段歷史曾經，象徵著如同五四時代一樣無法重演的輝煌。要知道八十年代就其內核而言，乃是對於五四時代斷裂的啟蒙運動歷經半個多世紀的悲愴延伸。這種延伸不僅恢復了五四時代的諸多信念，也使得整個社會如同五四時代充滿激情、令人神往。就這一層面而言，八十年代充滿了熱烈的歡呼。然而這種充滿高昂情緒的精神狀態，一旦遭遇毀滅性的打擊，後果不堪設想。當八十年代的激情成為記憶的時候，九十年代的沉淪彷彿由此走向昏暗的死寂，一如艾略特筆下陰沉的荒原。九十年代對於八十年代的全部顛覆不僅標注了歷史本身的荒誕，也為歷史的轉向，為八十年代的悲劇，提供了極具悲劇性意味的注解。這種注解寫滿了無奈的痛哭，其間夾雜著極為複雜的社會事件與歷史事件，這些構成了歷史本身，也構成了八十年代之後難以預知的遙遠。

二、啟蒙主義崛起的悲涼意味

八十年代作為與五四時代同樣充滿各種理念與思潮的歷史時期，最為重要的特質，乃是啟蒙主義作為一種信念存在於人們的腦

海中。這種情形恰如五四時代諸多思潮不約而同地指向了思想解放
個性解放一樣。整個八十年代思潮儘管紛繁複雜，但就其本質而
言，乃是對於經歷過高度意識形態化傷痕累累的人性的某種修補。
對於經歷過類似於思想改造之類背離人道主義原則的人的思維觀念
的某種治療。這一修補和治療如同五四新文化時代的意旨所號召呼
籲的，喚起人們的思想，以達到改造社會之目的。

　　八十年代的背景是文革過去的傷痕累累。這種傷痕累累包含著
例如經濟方面的崩潰，政治方面的混亂，文化方面的凋零。總而言
之便是整個民族走向懸崖的邊緣。因此八十年代思潮激蕩的背後，
便是出於不同目標或是出於不同角度的療救。這種療救的心態恰如
當年魯迅棄醫從文時的動機，充滿了改造人心的善良願望。然而由
於歷史條件的重重制約，這種願望實現與否，很大程度上是一個未
知數。由此種願望所驅使的種種學說的提出，極為偶然而又必然地
構成了時代思潮的多元。

　　當然這種多元的含義是豐富的，要說時代思潮的多元，諸子百
家時代乃至魏晉南北朝時代的社會思潮，不可謂不多元，而八十年
代的多元在這一前提下增添了西學東漸復甦式的歷史真實，這一歷
史真實其一在於學界自身的繁榮，諸多新思潮迭出。其二在於西學
深刻地影響了當時的社會，從而在某種程度上為學界的進一步多元
提供了基礎。在這樣的歷史條件下，整個八十年代的社會思潮風起
雲湧，當然也是泥沙俱下。

　　這種泥沙俱下的描述，並不意味著八十年代的思想流派包含著
無法回避的混亂，這種泥沙俱下是指八十年代的思想呈現出醜惡與
美並存，公理與邪說交織的場面。最為引人矚目的，乃是政治之於
文化的結合。這種結合不僅包含著學界人士躋身政界，更為重要的
是文化之於政治的反思。例如許多劫後餘生的作家對於文革，反右

的追憶與批判，都在某種程度上為思想界提供了彌足珍貴的財產。
而這些彌足珍貴的財產在九十年代成為令人歎息的曾經。

　　按理說八十年代思想的多元，社會的開放，理應為之感到慶
幸。然而經歷過八十年代的人回望那一段過往時，語氣之中不約而
同地包含著某種悲涼。這種悲涼不僅包含著對於那一段不可複製的
時代的悲悼，也是為八十年代思潮迭起的某種哀歎。這種哀歎的真
實緣由，需要上溯到那場無論在指向或是規模上都與八十年代無比
類似的五四新文化運動。

　　五四新文化運動作為一場文藝復興性質的啟蒙運動，其意旨
直接指向了綿延數千年的專制社會所蘊育的文化與制度，其本身也
同樣提供了文化與制度的若干設想。設想本身乃是對於過往的專制
時代壓抑民眾思想的歷史變革，包含著推翻舊思想舊制度的種種願
望。從某種程度上而言，五四新文化時代對於晚近歷史來說猶如一
場洗禮，它不僅使得代表專制獨裁的制度與思想不再能夠容見於世
人，更為重要的是，在他高呼打倒的同時，提出了關於自由民主的
期許，它所做的乃是將中國由傳統君權主宰的專制國家改造成為現
代民權引領的民主國家。這種期許本身包含著除卻政治方面的諸多內
容。諸如人性解放、破除舊俗等。這種由文化革新引起的震盪是如
此劇烈，乃至於五四之後幾代國人，對五四時代念念不忘，尤其是
知識界的風雲人物，更是對於五四懷著種種景仰與尊崇。

　　這種局面的出現在晚近歷史由專制社會走向民主社會的轉折
期，要說偶然不必失之過當。它的出現標明了歷史在轉折期所必然
出現的思潮叢生的現象，這在中國的歷史上曾有兩次類似的情況，
前文提到的百家爭鳴時代與魏晉南北朝時代。五四時代相較而言，
多了一層現代性的意味，這種現代性是由西方思潮的大量湧入帶來
的，包含著現代政治和現代文化的諸多命題，它的結果讓專制時代

瓦解後的國人重新選擇，儘管選擇的道路千差萬別，但無一例外地指向自由民主。

令人遺憾的是北伐的出現奪取了中國民眾的選擇權，中國再次落入暴力革命的循環，由北伐伊始至文革，標注了晚近歷史為革命所苦的歷程，雖然在這一歷程中國家因為民眾的努力而獨立，不復晚清被列強欺負的歷史。但是接連不斷的運動，既包含了政治上的戰爭，又包含了文化上的批判，則將國家變成一個在秩序上時好時壞的國家，長久地讓人們為之心悸。最為極端的是，在建國初期相當長的時期內執政黨費盡心力完成了對於國家秩序的建構之後，文革從天而降，打亂了這種來之不易的秩序。

雖然文革的發起包含著毛澤東五四時代懷揣的理想，但在實際操作中卻遠遠偏離了毛澤東本身的設想，演變成為深刻顛覆中國社會秩序的一場內亂。這種顛覆的深刻之處不言而喻，因為在文革之前中國歷史上的任何社會運動打亂的都是別人的秩序，唯獨這一次屬於不折不扣名副其實的自亂陣腳。也就是說文革不僅對於自身秩序是一個顛覆，更是對於歷史的顛覆，歷史由此陷入了暗無天日的文革時代。

文革時代的暗無天日，不僅包含著諸如政治人物文化人物家破人亡的悲慘境遇，更為重要的是，它使本身就已高度意識形態化的社會生活變本加厲，登峰造極。在這樣為意識形態所籠罩的社會之中，不僅人性被壓抑，正常的人性需求得不到基本的滿足，而且思想者由此被剝奪了思想的權利，由諸多因素所造成的對於毛澤東的個人崇拜不僅使國人喪失了頭腦，更為嚴重的是整個國家圍繞著一個頭腦運轉。文革的奧妙便在於此處，在於這種社會運轉程式的單一。這種單一不僅使得整個社會喪失了活力，演變成萬馬齊喑的局

面，而且整個社會不再具有前進的動力，久久地停滯不前。在時代
的背景下，停滯不前便意味著倒退。

文革後的八十年代之慶幸在於，改革與啟蒙並駕齊驅，在政治
經濟領域走上正軌的同時，文化領域開啟了斷裂的啟蒙。雖然僅僅
隔著半個世紀，但是八十年代對於半個世紀之前的五四時代，已然
隔著重重的屏障。這種屏障不僅意指文革造成的思想界的空白與沉
默，更具體表現在民眾頭腦的空虛與無知。八十年代的悲劇在於，
革命時代以半個世紀的歷程，使歷史重新走上了半個世紀前的啟蒙
時代，也就是說，歷史在半個世紀之中兜了一個大圈子之後，重新
回到五四新文化運動時代的起點。

從這一局面而言，八十年代之於五四新文化運動時代的承接，
也僅僅是跨了極為簡單的一小步，或者是處於平等的狀態上予以接
通與傳承，但這一過程卻耗費了整整半個世紀，在風雲變幻的二十
世紀中，每隔十年歷史就會發生驚人的劇變，唯獨中國例外，在晚
近歷史由北伐的開始走向文革的終結之後，歷史回到了當年五四新文
化運動的起跑線，而這一回歸，在此將歷史的選擇權賦予了民眾。

民眾之於文革逝去的中國社會，不僅主導整個社會的走向，而
且構成了歷史蓬勃向上的局面。八十年代的思想啟蒙使民眾由毛時
代的盲從、偏聽偏信走向獨立思考，而改革開放則以商業文明的水
流流入中國傳統農業文明的土地，社會由此獲得了新生。中國人以
自己的親身體會強烈地意識到，文革作為一場晚近歷史最具悲劇性
質的災難，絕對不能再重演，文革悲劇之造成，乃是整個社會認知
的缺乏，隨之而來的八十年代思潮的勃興則以層出不窮的景象，填
補了這種認知缺乏的空白。

這種填補空白的工作，半個世紀前盛夏時代的先賢，便已經從
事過，只是歷史彷彿是輪迴的交替，經歷過革命年代由終點走向了

起點，這種輪迴便標注了八十年代啟蒙崛起的意味悲涼。因為在此
之前，民眾經歷過五四新文化運動的洗禮，已然明瞭歷史走向的正
確與錯誤，而自北伐至文革的歷史則以另一種形態扭轉了歷史的走
向，並模糊了民眾對於歷史走向的認識。八十年代啟蒙運動的實質
歸根到底，乃是引領民眾認清歷史的真相，領會歷史本身的內容。
從而讓民眾能夠擁有獨立思考的權利，再次選擇歷史的走向。然而
更為悲涼的歷史事實在在於，晚近歷史的變數在此降臨，八十年代
由此宣告了終結。

三、文學歷程的荒誕過往

　　八十年代作為文革之後的歷史階段，雖然標注了歷史的某種開
端與輪迴，但從某種程度上而言，已經不復類似於五四新文化時代
的榮光。即便是八十年代在意旨和指向上都與那場文藝復興運動不
謀而合，但卻無法掩飾其經歷過文革創傷的難以癒合的疤痕。最為
鮮明的體現，乃是八十年代整個文學景觀的駁雜。這種駁雜的共性
在於，文革作為一種歷史陰影，在改革主導的年代依然揮之不去。
文學的多元便首先蒙受了這種揮之不去的陰影。

　　文革之後的中國文學的開端與其說是《班主任》及其身後的
傷痕文學所標注，不如說是因朦朧詩所導引。此處的分別僅僅在於
傷痕文學與朦朧詩作為一種命名，其所具備的影響力和出現的順序
有著不可避免的前後之分與大小之別。傷痕文學作為文革時代人性
受到傷害最為直白的言說，毋庸置疑被命名為新時期文學的開篇之
作。然而朦朧詩的意味深長則在於它早在文革時代便以尖銳的反思
表露了對於文革最為本真的質疑。在這一歷史性的場景中，詩人北
島無疑是最為傑出的代表。他寫下的諸如《回答》之類的詩歌，以

憤怒而陰鬱的表述，說出了文革殘酷的真相，他那聲「卑鄙是卑鄙者的通行證，高尚是高尚者的墓誌銘」，不吝對文革最為精準的概括。然而必須認清的是，北島早期寫下對於時代的質疑，就其語言而論，已不可避免地為文革所戕害，體現了一種赤裸裸的話語暴力，這種話語暴力的形成是潛移默化的，帶著文革之中紅衛兵式昂揚的道德激情。這種道德激情於北島的詩作中，演變成了類似於英雄主義之類的激昂慷慨，從而為後世所誤讀。後世更不會在誤讀的同時領會其中文革所折射的話語影響。

北島的詩作以高昂的姿態，宣告了他對於文革時代的抗議。而他的同代人舒婷，則以母性般的柔軟，表達了那個時代的哀傷。實際上就舒婷的純粹而言，已然為國家主義的套話所傾覆。其名作《祖國啊，我親愛的祖國》已經深刻地陷入了艾青式的抒情無度。舒婷的出現標記了朦朧詩對於國家主義有限度的妥協，以中和的姿態、溫和的態度，緩緩道出一個民族經歷十年浩劫所遺留的悲痛。舒婷有時彷彿一隻心疼小獸的母獸，用自己溫潤的舌頭舔小獸的傷口。這個小獸代表著中國。而有時候舒婷自己又像一隻受傷的小獸，在中國母親的面前撒嬌，訴說受傷的委屈。這種身份的變幻使得舒婷終其一生不能成大器，只能成為類似於冰心那樣永遠保持內心柔軟的情調作家，因而淪為新時期文學史上的悲劇。而顧城則將舒婷的這種柔軟與撒嬌無限放大，最終在這種撒嬌得不到滿足之後舉起利斧砍向他的妻子，然後斷然自盡，成就了新時期文學史上的另一種悲劇。

朦朧詩的歷程就在顧城自殺的瞬間成為過往，而傷痕文學則以呼天搶地式的哀鳴，成為新時期文學中久久迴盪的聲響。雖然文革給予歷史乃至社會留下了無法言說難以道盡的痛苦，但是傷痕文學放任無度式的哭嚎，已然令人覺得刺耳。如果說劉心武寫作《班

主任》時尚有幾分自持,沒有將對文革傷害人性的真相揭露演變成貧農清算地主時的聲淚俱下,及至與《班主任》相去不遠的《犯人李銅鍾的故事》,則斷然以放任的嚎哭,提供了文革之於人性傷害的絕佳樣板,只是這種嚎哭已然帶著有理不饒人的無賴脾性。相較於這種難以覺察的無賴脾性,寫出《人啊人》的戴厚英則以赤裸裸的拒絕態度,拒絕與這種嚎哭以及其間的無賴脾性為伍。這位曾以滬上文革造反派面目現於世間的人物,至死都沒有獲得老人們的原諒。只是某些宅心仁厚諸如巴金、錢谷融這樣的文化老人在戴厚英不為世人所容忍有限度的維護,或多或少體現了這些文化老人對於文革中不幸失足充當了時代打手的青年源自內心的理解與寬容。只是戴厚英如同丁玲一樣,至死對於批判文革不置一詞,及至蓋棺,尚且對自己曾經的言行「雖九死其尤未悔」。這無疑又為新時期文學的書頁,寫下了又一幕悲劇。

傷痕文學之後的尋根文學,雖然帶著尋根的名義,卻沒有對於根之本源最為直接的觸碰,僅僅停留在對於鄉土生活最為表層的描寫上,例如韓少功在寫作《爸爸爸》時,雖然其間也試圖深入民眾的內心世界,探究其最為深層次的心理狀態,以恢復其為時代所損的平凡人性。然而韓少功最終留下的僅僅是對於普通生活細緻入微的摹寫,並未能觸及到整個人物靈魂的根部,從而深刻背離了其率先提倡的尋根所指引的方向,在逆行的道路上漸行漸遠。而賈平凹則將這種漸行漸遠的趨勢變本加厲,他所留下的諸如《商州初錄》、《商州又錄》之類的隨筆文字,說到底只是對於生活最為拙劣的臨摹。

相較而言,阿城的《棋王》則以一派仙風道骨,意味悠遠地暗示了文革的過錯,同時以不動聲色的靜默完成了對於尋根的深刻體認。小說中充滿著中國民間意味的神秘莫測,諸如王一生的母親為印刷廠疊棋書讓王一生的走上下棋的道路,撿破爛的老頭身懷高深

的棋譜和同樣高深的口傳祖訓。這些並非阿城故弄玄虛的安排，而是中國民間意味最為本真的反映。而王一生於萬人攢動時的木然獨坐，則不失為歷史認知的清醒。小說至此戛然而止，平淡得只剩下一層空白。阿城在小說中並沒有借機控訴或是揭露，他只是以一派超然，洞穿了歷史的真相，他對於文革的態度，也僅僅是停留在王一生眼中的木然。這種木然不僅僅是對文革本身的不屑一顧，更為重要的是他以這種看似木然實則極為蔑視的態度，標明了文化最為高貴的立場。

阿城的高貴與淡然也僅僅是極為稀少的個例，在尋根文學的浪潮中顯得彌足珍貴。而在尋根浪潮作為一種文化現象成為焦點逐漸被先鋒文學所替代時，文學開始了頗具轉向意味的變化。如同說傷痕文學與尋根文學停留在對於中國本土的言說之中，而先鋒文學則以對外國文學的直接承繼，完成了文學的轉型。這種轉型是令人喜憂參半的，喜的是作為一種新生的文學力量，先鋒作家與之前的作家最為不同之處在於他們已經擺脫或者正在擺脫文革話語的影響，開始真正的藝術標準的創作。例如蘇童在小說中寫下對於逃亡的恐懼，孫甘露在小說中寫下的夢遊般的幻覺。余華在小說中寫下的殘忍與冷漠，格非在小說中寫下的神秘氛圍。都可以作為一種嶄新的文學現象予以稱讚，其間所流露的純粹的美學觀感，已經全無文革時代僵死的意識形態條條框框，成為一種極具生命力的文學場景。憂則在於先鋒文學作家之中例如馬原，雖然其文學先鋒性與實驗性不言而喻，但是他在小說類似於迷宮式的故作深沉與故設圈套，則標記了某種文學試驗的短命與夭折。馬原之後的消沉很大程度上注解了這種夭折的殘酷性真實。

然而這並不意味著先鋒文學作為一個整體已經全然逝去了存在的必要與合理。我在前文業已提到，先鋒文學就其語言而論已洗去

文革的流毒，成為一種不失純粹的藝術性表述。它的本質在於恢復對於人性與美的正常理解與表述。雖然早在數十年之前，滬上學人錢谷融先生便以《文學是人學》提示了文學的真諦，然而這一常識於革命年代被長久地忽視，文學由五四時代的為人生為啟蒙逐漸演變成為意識形態的工具，訴諸最具暴力意味的批判與討伐。文革之後文學界由朦朧詩走向先鋒小說，雖然只有十年時間，便這十年卻走得異常艱難，作家的演說吞吞吐吐，含混其辭，始終不得要領。最終先鋒文學橫空出世，標誌著文學終於不再為文革所苦，為歷史所困擾，這無疑是值得慶幸的。

但這種慶幸卻包含著整個八十年代文學歷程的荒誕。當歷史與社會因文革顯得脆弱而不堪一擊面臨崩潰之時，與之相生相隨的文學現象，則以契合的描繪對歷史作出了闡釋，文學歷程的漸進恰好對應了整個社會的日趨開明進步。先鋒文學的出世在一九八七年，正是歷史走向開放的巔峰之處，那種高遠熱烈的社會氛圍，成為後來人以及過來人懷念八十年代最為直接的原因。當然懷念僅僅是懷念，須知文學歷程本身所具備的荒誕，以及在荒誕中透露出的悲涼，則為這種懷念潑了冷水，這種冷水便是文革對於八十年代以及後世永遠無法去除的荼毒與戕伐。

第十五章　革命的終結

一、死亡的多米諾骨牌

　　一九八九年的初春，也就是九十年代的帷幕拉開前的瞬間，一位青年在三月二十六日這一天躺在了河北山海關冰冷的鐵軌上，他要打一場在晚近歷史上註定青史留名的伏擊戰，只是他伏擊的不是別人，而是自己。鐵軌漫長遙遠，透出刺骨的寒意，火車的轟鳴由遠及近，逐漸變得刺耳。呼嘯而過的火車帶走的不僅是旅客，還有年輕的生命與熱血。海子用他的熱血寫下了他自己也是八十年代末最為瑰麗的詩行。

　　當然這僅僅是自八十年代末延伸至九十年代末死亡的多米諾骨牌的第一環節。在此之後應聲倒下的難以計數，海子由此獲得了某種先導般的地位。在海子逝去後不久，他的摯友、詩人駱一禾在象徵著國家話語的天安門廣場上突發腦溢血，不治身亡。在海子之死與駱一禾之死的空際中，駱一禾與海子的另一位摯友、詩人西川，帶著巨大的悲痛，整理了海子多達百萬言的詩歌。當駱一禾作為詩人同樣逝去的時候，詩人西川獨自面臨著摯友離去後的慘烈，他眼前留下的僅僅是兩位摯友的遺物以及彌足珍貴的詩稿。

　　時隔兩年，在華東的水患剛剛成為過往之後，與華東水患隔著千山萬水的北京，詩人戈麥在圓明園附近的永定河投水自殺，成為那一年因水而亡的最為特殊的個例。他在自殺前焚毀或是丟棄了大部分的詩作，因而後世對於他的詩作知之甚少。然而戈麥作為九十

年代開始時詩人自殺的起始。由此顯得意味深長，他的死在此喚醒了人們死亡的記憶，使得在歷史大變局之後死氣沉沉的文壇再也無法沉默。

　　然而僅僅又過了兩年，悲劇再次上演。八十年代初曾寫下「黑夜給了我黑色的眼睛，我卻用他尋找光明」的朦朧詩人顧城，在新西蘭激流島上用利斧砍向妻子之後自縊身亡，再次引發詩人自殺的多米諾骨牌一瀉千里。人們在談論顧城的自殺時，再也沒有談論海子自殺時的莊嚴肅穆，小心翼翼。取而代之的則是曖昧的猜測。有人頗有用意地談起的顧城的私生活，有人則公開說出了顧城妻子謝燁的出軌……種種的一切都標記著詩人之死開始由莊嚴走向庸俗，走向娛樂至死的低劣標準。

　　與詩人自殺相對應的，則是文學界批評家或是作家的決絕，與顧城自殺相隔一年，上海華東師範大學文學批評家胡河清，在雷雨滂沱的夜晚，從高樓上向下縱身一躍。他生前最為喜愛的唐代詩人許渾的那一句「日暮酒醒人已遠，滿天風雨下西樓」的詩作，成為了他死亡最為精準的寫照。按照胡河清的鄰居回憶，當晚胡河清的住處漆黑一片，胡河清住處的蠟燭業已燃燒殆盡，書桌上殘存的燭油便是明證。因此胡河清的死，可以視作在黑夜中的消亡。

　　當然胡河清的死或許只是必然的抉擇，帶著長久以來積壓的苦痛與哀傷，選擇死亡的時間也顯得隨意而偶然。作家徐遲的自殺，則帶有刻意的標注意味。一九九六年十二月十二日午夜十二時，黑色星期五，徐遲從六樓病房陽臺上跳樓自殺。這位曾經寫下了《哥德巴赫猜想》，洞察了世界上第一難題真諦的詩人，終究無法洞察自己選擇自殺的內心。他死亡時八十多歲，已經無所謂對於人世的留戀，更沒有以自殺重新獲得世人關注的齷齪念頭。有人認為他在世紀末遇到了一種無法言說的神秘感和失落感。

　　這種神秘感和失落感之說顯然有故弄玄虛的嫌疑，如將海子之死無限拔高等同於殉詩的高潔與壯烈。這種看待與闡述雖然有著文化上的善意，但與事實本身相去甚遠，與之相比，一些頗有煙火氣味的解釋則更顯示出真實。有人指出他由婚姻的不幸到沉迷於網路的頹唐。還有人十分精準地指出了徐遲自殺的動因──詩歌本身的淪落與詩人的邊緣化。

　　應該公正客觀地講，最後一種解釋最接近徐遲自殺的真相，死亡本身並不意味著超脫於昇華，它僅僅意味著生命本身的終結，詩歌本身的遭遇與詩人身份的淪落可以作為一種普遍性的解釋為一種悲劇被言說時，其死亡就有了另一層面的況味。這種言說往往帶有言說者自身的感情，因而顯得感染力充沛。這種感染力本身並無可厚非，只是在這種感染力的影響下，會模糊個體對於詩人之死的正確感知。

　　由詩人之死所引領的死亡多米諾骨牌，構成了世紀末最為獨特的人文景觀，事實上這種景觀在世紀之初時，便已經有了遙相呼應的對稱。其中最為人所熟知的，乃是王國維的自沉以及梁濟的自戕。即便是在四、五十年代執教者改朝換代的歷史當口，也有諸如陳布雷這樣以死謝天下的具體事例。而文革時代老舍、熊十力等人的告別更顯示出歷史本身的殘酷，只是王國維、梁濟之死乃是標注了改朝換代時對於舊時代的留戀，陳布雷之死表明了其對於自身文人從政誤入歧途的追悔。老舍、熊十力的死完全是由於時代的野蠻與無知。世紀末的中國並沒有王國維至熊十力時代背景的壓迫，因此死亡景觀本身也就顯得駁雜而難以理解。

　　按照海子在其遺書中所坦誠的死亡與任何人無關的立場，其死亡也僅限於自身諸多事物的迷惘並由此走向了死亡。只是海子的遺書並沒有道出他死亡的真切內涵，與王國維的遺書相比，缺少言簡

意賅的洞見。海子死得迷惘，王國維死得清醒，他在遺書中極其悲痛地說出時代之於他心靈本身痛入骨髓的傷害，並用死亡表示了對於時代的拒絕。陳寅恪之於王國維的那一番追悼，雖然不失沉痛悲涼，但在某種程度上而言，誤解了王國維之死的歷史真相。直至他晚年眼盲著述《柳如是別傳》，方才大徹大悟。領會了王國維之死對於時代的抵抗。因此《柳如是別傳》的真諦便在於對革命時代的不認同乃至深刻的輕蔑。

相較於王國維遺書中的言簡意賅，梁濟自殺前的獨白則表現出了如滔滔洪水一般的氣勢，如果說王國維自殺時已對世事洞察到悲憤無言的地步，梁濟死前依舊沒有看穿他所生活的時代，因而在遺書中毫無保留地傾訴對於清室的忠心。只是王國維對於清室的留戀也僅僅是為傳統文化所化以及與末代皇帝有師生之禮的故交，梁濟對於清室的誠摯則道盡了如同屈原文天祥之類的忠心耿耿。這種執著雖然不脫冥頑，但在某種程度上而言，體現了一種不失坦蕩的高潔品性。

海子之類的詩人於時代變局之中的斷然自盡，有著與梁濟相似意味的執著。只是梁濟所嚮往的乃是代表政治之清室，海子所醉心的乃是代表文化之詩歌。海子因為對詩的迷戀而喪失了最為平凡的生活常識，也因為對詩的迷戀獲得了極為高貴的靈魂與境界，因而他的死可以視作一次極具獨立意味的自我救贖。雖然他在遺書中乃至生活中沒有說出他對於死亡的真切理解，然而他的死亡卻不折不扣地昭顯了個體的痛苦與悲劇。而且這種痛苦與悲劇沒有給他之外的任何人造成實質性的傷害，那些在海子死後傷心欲絕的情緒，也只是說明他們本身對於海子故去的無限痛惜。從這一層面而言，世紀末死亡的多米諾骨牌的第一環，有著最為珍貴的獨立立場與超然姿態。

　　然而與之相反的顧城之死則以對他人的傷害標注了顧城本人的殘忍。顧城之死也殺人之後自殺以示以命償命的等價。只是我始終不明白為什麼顧城死後那麼多人不顧顧城殺人在前的基本事實，將顧城之死拔高為一個詩歌時代的終結，或將顧城之死昇華為時代的悲劇。這種無視人道主義基本價值取向的混帳邏輯，至少道出了一種認知上的荒唐。顧城之死不僅絲毫沒有海子之死的獨立意味，也缺少王國維之死的高遠境界，更遑論梁濟之死的赤誠坦蕩。他的死標明了一個詩人缺乏基本頭腦的混亂狀態，以及在這種狀態下作出的非理性的行為。只是令人慶幸的是，顧城之殺身自縊也僅僅是死亡的多米諾骨牌的最後一環。這種最終的定位不以時間為順序，只是體現了死亡所能夠體現的最基本的道德立場。毫無疑問顧城排在了最末。因為其他人諸如徐遲胡河清，其死於自身而言意味著毀滅，並未將這種毀滅波及他人，以對他人的殺戮構成與自殺的同歸於盡。因此顧城作為世紀末自殺多米諾骨牌的個案，成為世紀末耐人尋味的文化現象，它提示了我們在時代之中守住底線，保持對於他人生命價值最起碼的敬畏。

二、無關痛養的呻吟

　　一九九二年的初夏顯得極不尋常。在這一年裏知識界開始出現了某種程度上的復甦跡象。經歷了八十年代末斷裂般的文化挫折之後，知識界如同回到了五四的前夜，如同魯迅筆下那間寫滿悶熱和沉鬱的鐵屋，如同荒原一般寂靜。一九九二年，一位歷經二十世紀重重風雨的老人，在他人生最後的歲月，從北方跨過黃河長江，在南方以自己的餘勇推動中國新一輪的改革開放。雖然這位老人在共和國的歷史上被打倒數次，在他的晚年，又實現了幾乎不可能的崛

起。當他退隱之時，中國又進入了一個困境重重的時空。此時便有了剛才我所提到了那幕場景。而他的這次南方之行，對日後的中國有難以估量的影響。

知識界在這位老人南方之行的背景下開始了春天來臨般的繁衍。但知識界恰恰忘記了他們試圖重回八十年代的願望幾乎等同於烏托邦的實現。八十年代的輝煌是幾十年沉默之後爆發的產物，而九十年代知識份子醞釀的新生僅僅只有短暫的沉潛。這是一種病態而浮躁的反應，由此帶來的惡果也由諸多惡性的學風在浮躁的環境下發酵生成。今天我們重尋九十年代知識界的歷程，會陷入深深的自責之中。

人文精神大討論就是在這樣的環境下首先浮出水面，引發了九十年代學界的惡性循環。而在世紀末新左派的登臺亮相後，更將這種惡性循環推向了極致。遺憾的是，我從人文精神大討論中看不到我所希望看到的深刻的洞見或是感慨，更多的則是高調的自說自話，或是沒有任何實質性內容的空談。而新左派的出現，則類似於一場鬧劇。這些討論用一句頗具後現代諷刺意味的俗語形容就是「空對空導彈」。當九十年代整體落幕，陷入歷史的沉浮之時，那些曾經所謂激昂痛苦的質問或者貌似激昂的辯駁統統轉化為無關痛癢的呻吟，變得貧乏而又蒼白。

關於「人文精神大討論」的發端，對那場討論稍有印象的人都記得起源於《上海文學》。在某種程度上來看，「人文精神大討論」在大多數人的印象中幾乎與王曉明先生等幾位文學評論界人士劃上了等號。然而歷史的面目有時總會撲朔迷離，當旅居海外的李劼先生某篇回憶錄式的文章〈有關人文精神討論及其它「合作」舊事〉在互聯網上以瘋狂的速度傳播時，人們才意識到某種未曾察覺的內容，不管李劼先生是肆意編造還是據實敘述，從他的文章中我

們發現了一段從前尚未聽聞的歷史，關於「人文精神大討論」的回顧不妨從李劼這篇十年之後的回憶錄講起。

在〈有關人文精神討論及其它「合作」舊事〉一文中，李劼先生稱人文精神一說的源起由自己首先提出。此說當然要引起諸君的憤怒與聲討，因為它與我們業已形成的印象不僅相左，簡直是背道而馳。然而細讀李劼先生有關人文精神源起的敘述，便會發現李劼先生所提的人文精神與王曉明先生所呼籲的人文精神相近，意義卻大有不同。李劼先生所稱的人文精神與王曉明先生所指的人文精神的差別在於，李劼提出的人文精神主要是以「整個民族文化心理的淪落為其語境和話語前提，也就是以《資治通鑒》和《三國演義》傳統對國人文化心理的負面影響作為參照系」的人文精神，而王曉明先生則將矛頭指向了商業文明，將人文精神與商業文明尖銳對立。王曉明先生將人文精神的失落歸結於商業文明的衝擊，這樣的觀點無可厚非。但是以一種片面的人文主義知識和誇張的理想主義高調作為討論的緣起，則顯得有些滑稽。

我要對那幾篇經典的對話作一番扼要的敘述，在《曠野上的廢墟》中，首先發言的王曉明先生將市場經濟下拜金主義風氣彌漫、國民道德嚴重滑坡等問題統統歸結為導致人文精神失落的罪魁禍首。王曉明先生聲稱，文學沒有盡到應盡的責任，更何況文學家普遍犬儒化的傾向，更是值得抨擊的。有此開談之言，接下來的討論就顯得順風順水，眾多當時學術界的大腕級人物紛紛暢所欲言。按照討論者之一的張閎先生的歸納，當時所有人的共識是：現在的文化狀況不容樂觀，必須加以批判。歷史的偶然性在於，那幾年文藝界獨領風騷的兩個代表人物正是所謂知識份子眼中極端媚俗的王朔與張藝謀。而參與討論的人中恰好有兩人剛剛寫過批評王朔與張藝謀的文章，於是，討論變成了批判王朔與張藝謀的揪鬥大會。王朔被視為媚俗的騙子，討

論者還頗具學術傾向地指出王朔的小說與《儒林外史》等譴責性小說並無二致，都是借用嘲弄大眾虛偽的信仰來向大眾獻媚，以博取大眾沒有任何惡意的淺薄的笑聲。而張藝謀則被他們視作描繪或玩弄封建陳腐事物的高手，尤其在《大紅燈籠高高掛》中，張藝謀作品價值取向的陳腐性暴露無遺。在他們的眼中，王朔與張藝謀是文化的謀殺者，是人文精神失落的重要標誌。至此，在長達萬言的討論記錄中，王朔與張藝謀被送上了話語權杖主宰下的祭壇，面臨被沸水淹滅的危險。

據張閎先生回憶，討論文章發表後，張閎先生及其他討論者收到了許多讀者的來信，張閎先生本人收到了二十多封，大多是鼓勵支持的態度，然而頗具喜劇色彩的來信由一位偏遠省份的讀者寫就，他給張閎先生提供的信中表達了與老革命同樣的激動心情。更加令人意想不到的是，這位老華僑在信中對張藝謀之流利用電影給祖國抹黑的「無恥行徑」，進行了字字血聲聲淚悲憤交加的控訴。

當討論在社會上激蕩起如此具有戲劇性的反響，討論者都應該反思整個討論業已存在的不足，此時停下討論的步伐才是最緊迫的任務。當事人張閎先生也似乎意識到這一點，他在其後與王曉明先生的偶遇時說到那些信件，他說討論的效果似乎適得其反，而王曉明先生卻不以為然。

隨後在一九九三年的春天，華東師大召開了全國文藝理論學會年會，這次年會中的某場小組討論將「人文精神討論」推向了高潮，而造成這種局面的依然與王曉明先生有關，在這次小組討論當中，兩位已故的外國人成為議論的焦點，海德格爾與韋伯成為推動人文精神的旗手。對此，張閎先生深表疑惑，難道死去的外國人能夠瞭解中國的現狀？難道他們的著作有著未卜先知的預言？

這場討論將「人文精神討論」推向了高潮，也標誌著這些文史哲學科的知識份子自我價值的迷失。在社會面臨精神危機的時刻，

這種危機的原因人盡皆知，只是沒有人敢於公開挑明。過度對於西方的推崇，這顯示出了自身學養的貧瘠與蒼白。陳寅恪曾言：輸入外來之學說，不忘民族本來之地位。正是值得思索的警戒。而暢談人文精神的諸君，所缺的恰恰是這樣的底線。忽視歷史的大變局之於社會的具體影響，以取而代之的方式談論人文精神的失落，恰恰是指鹿為馬的行為。難怪在人文精神大討論中一位學人哀歎：八十年代死了。

當王曉明先生將人文精神的失落歸結為商業文明的衝擊，進而擴展到將人文精神的失落解決的方法訴諸反對全球化的立場，人文精神大討論已經無可避免地從荒誕走向另一種更為荒謬的荒誕。在人文精神大討論甚囂塵上之時，陳曉明先生曾經以《人文關懷：一種知識與敘事》，不露鋒刃地向大家說出一個真相：所謂人文精神大討論，不過是知識份子在講述一種話語，在運用讓他們已經習慣的專業知識，特定的知識背景映襯出他們關懷人文精神的現實形象，如此而已。換句話說，陳曉明向大家昭示：所謂人文精神大討論，不過是知識份子自說自話而已。這一殘酷而精準的揭示，向人文精神大討論中知識份子陶醉的神色，狠狠地潑了一盆冷水。

與此相同的則是朱維錚先生，這位特立獨行、頗有黃季剛遺風的老先生，同樣對人文精神大討論頗有微辭。他用訓詁考證向立論不穩的學人訓誡：你們所言的人文精神，不過是十九世紀的古典人文主義而已。「假如現代中國曾經有過『人文精神』，並且從歷史研究的角度追根究底的話，那麼是以構成『話語系統』的，大概非胡適和他的自由主義一派莫屬。」朱維錚先生試圖告訴我們，真正的人文精神在現代中國，是由胡適所代表的自由主義學派所秉承。如果連概念都處在混亂之中便奢談「人文精神的高揚」，豈非戲談？胡適假如在世，該是如何的冷眼大笑，不置一辭。

在人文精神大討論之後，中國又出現了一批知識份子，以貌似公正的姿態，對改革開放不得不面對的商業化全球化大加指責，從而被人稱為「新左派」。新左派的產生，與「人文精神大討論」有著直接的或者模糊的傳承關係。他們利用自己的知識優勢，向著民眾宣傳反對美國等資本主義國家的理念。但是這些知識份子，未嘗沒有想到他們自身對於此種價值觀本身的迷惑，而這正是人文精神大討論在隨後的時間裏越來越失控的一種倒影。從人文精神大討論到左派的產生，是不斷發展、一脈相承的過程，而這也正是我在前文所提到的一系列惡性循環的開始。

新左派的產生，既有革命年代百足之蟲死而不僵的歷史餘緒，也是西方左派學說輸入中國的一種變相的反映。加諸同時期《讀書》、《天涯》雜誌的南北呼應，更加使得新左派的粉墨登場，顯得意味深長。世紀末的新左派與自由主義之爭，表面上看，乃是知識界內部陣營的一次分化，實際上它所昭顯的內容，遠遠不止如此。它以論爭的形式，再次提示了文革時代的劇烈影響，這種影響如此的不易察覺，總是在不經意之間，顯露崢嶸。

自由主義與新左派之爭的起始，恰恰是海外學人之於中國現狀的質疑。自九十年代初期，崔之元、甘陽諸位先生在香港二十一世紀雜誌上發表大量文章，批評中國自由主義的保守傾向，並由此擴散開去，質疑中國的市場化改革，他們主張中國的現代化必須走迥異於西方的道路。如果新左派諸君能夠以此為止，或許還不是那麼滑稽，其言論也有了值得商榷的餘地。但是居然有人主張承接毛時代的政治遺產，反對自由主義及其基本價值，主張中國走迥異於西方化的制度創新，這種似是而非的觀點，當然的受到了當局的青睞。其實質，不過是建立所謂的東方價值，對抗普世價值。

在此之中，要數《讀書》雜誌的主編汪暉先生與留美學者崔之元先生的言論，最為引人注目。汪暉先生認為，中國目前的社會行為，都深刻的受制於資本和市場的活動，市場這一概念深刻掩蓋了現代社會的不平等關係及其結構。由此汪暉先生主張遏制資本的擴張，進而訴諸反對全球化的立場。據此徐友漁先生秦暉先生提出質疑，徐友漁先生指出，今天的中國社會就其社會性質和政治制度而言，仍然與1949年建立起的社會制度一脈相承，沒有斷裂，沒有質變。秦暉先生進而指出，主義可以拿來，問題必須國產，理論必須自立。言下之意，新左派的主張，不過是西方過時左派理論的包裝而已。

崔之元先生和韓毓海先生的言論，則讓人大跌眼鏡。崔之元先生試圖從理論上建立一種能夠超越西方式自由民主的「全面民主」，旨在通過將民眾的訴求轉化為國家的意志，從而抑制新的貴族制度。這一政治構想，帶著鮮明的激進傾向。而韓毓海先生更加語出驚人，他認為，自由主義與民主是對立的，1989年的蘇東之變，乃是自由主義的勝利，而非民主的勝利。韓毓海先生進而指出，中國的文化大革命，乃是一種極富創造性的社會主義民主實驗，毛澤東當年退居二線上的意義在於，他以人民代言人的方式，對國家管理者的權利予以監督。韓毓海最後居然對毛澤東大肆褒揚，稱其為現代歷史的上「最偉大的平民經濟學家」。這一缺乏基本常識的言論，實在是荒唐。

新左派的產生，既有海外學人對於中國問題的一知半解，也有中國本土學人對於中國問題的不清醒認識。崔之元先生八十年代末曾經將林毓生先生的《中國意識的危機》介紹到中國，由此林毓生先生成為批判中國五四一代的代表性學人。林先生在《中國意識的危機》中的觀點，現在看來，立論不穩。崔之元先生之於中國現狀的批判，與林毓生先生恰好形成對照。韓毓海先生的承接毛時代的

主張，今天看來，只能算是天方夜譚。整個九十年代的喧嘩，恰恰在於這種一知半解。

整個九十年代，誠如李澤厚先生所言乃是思想家淡出、學問家突顯，時代要求學者以更加專業化規範化的方式進行學術研究，而這種試圖與八十年代學風劃清界限的做法，恰好與高校的體制改革互為照應。由於高校改革所帶來的對知識份子的誘惑，加之知識份子已漸漸喪失在八十年代所擁有的對社會的影響力，重新奪回話語權便成為掩蓋在專業化規範化學術研究之下的真正目的。知識份子在專業化規範化的面紗下，以一種全新的話語試圖重建他們對整個社會的影響。但九十年代末大眾傳媒的瘋狂發展，加之互聯網技術的日新月異，知識份子試圖奪回話語權的努力永遠成為了鏡花水月，在這種情況下，知識份子轉向對自身利益的角逐。其言論與其行為，已經截然相反。

當人文精神大討論日漸被淹沒在歷史的風塵中時，自由主義與新左派之爭也已經成為往事。這種選擇並非是對兼濟天下的濟世情懷分庭抗禮的指責，而是面對社會唯一的選擇。要實現一個整體的自由，個體的自由是第一要務，自由從來都不是來自恩賜或是奪取，而是我們內心的一種歷練和修為。當個體自由成為燎原之勢，重建人文精神順理成章。

三、世紀之交的歷史性風景

二○○八年五月初的上海瑞金醫院，中國當代自由主義知識份子的領軍人物王元化停止了呼吸。三天之後，慘烈的五一二大地震隨之而來。這一天正是佛誕日。彷彿感受到了五一二汶川大地震與王元化之死之間的隱秘聯繫，滬上學人朱學勤頗具宿命意味地將大

地震稱作「天譴」。這一充滿悲憫的蒼涼感謂，被眾多為狂熱的悲痛衝昏頭腦的人指責為道德淪喪，天良無存。

與此相似的則是五年之前，與王元化在思想界並稱為「南王北李」的自由主義老人李慎之，在SARS蔓延全國之前在北京故去。SARS來了，李慎之走了，構成了某種絕妙的對稱。李慎之所留下來的道德遺產與思想遺產，並沒有隨著他入黃土而成為灰燼，相反其愈發顯示出堅硬的質地與奪目的光芒。

然而無論王元化或是李慎之，其對於自由主義貢獻並非像西方自由主義學者如杜威哈威爾貢獻出一整套的理論與實踐。他們對於自由主義在中國的推廣，很大程度上乃是以自身轉變為代價，作出自由主義的姿態，由此成就了自由主義在晚近歷史中革命年代故去之後的破題言說。李慎之以〈弘揚北大的自由主義傳統〉一文序於劉軍寧《北大傳統與近代中國》一書之前，為自由主義在中國的複生開山闢路。而在此之前，王元化以他獨特的視角，對於五四時代進行了深刻系統的反思，在此基礎上提出了自由主義等等帶有深刻普世價值意味的理念。只是與李慎之的決絕相比，王元化顯示出極為小心翼翼，並由此染上了文化保守主義的特質。

李慎之王元化在晚年之時重提於晚近歷史中早已銷聲匿跡的自由主義。顯示出難能可貴。要知道李慎之曾經在革命年代，也是類似於紅衛兵一樣對革命暴力、階級無限忠誠的革命青年，他在反右運動中被打倒，甚至一度感到不為人所理解的委屈。這種委屈的幼稚不僅意味著李慎之對於反右運動實質的誤讀，也昭顯了他斯時面對革命時代的天真，直至他晚年行將蓋棺，方才大徹大悟，驚呼「革命吞噬自己的兒女」。王元化在革命時代的政治批判甚囂塵上之時，顯示出了過人的清醒與堅守。在那場釀成災難性後果的所謂胡風反革命集團案中，王元化受其牽連，長期隔離審查，寫不完的

交待，受不盡的污蔑。他沒有王國維那樣感受到「經此事變，義無
再辱」後選擇投水自盡的自由，只能在幽暗的禁閉室裏以頭撞牆。
一九五九年胡風案結束時，文藝界高官夏衍和周揚惜其厄運，向王元
化交底。周揚提出只要王元化承認胡風是反革命分子，即可將王元化
視作人民內部矛盾而不是敵我矛盾處理。但王元化堅持不為所動，斷
然予以拒絕。結果被定為胡風分子，開除黨籍，行政連降六級。自此
王元化歷經磨礪，文革結束後方才重回體制。然而此刻的王元化早已
脫胎換骨，他在晚年對於激進主義的深刻反思比起他在胡風案時的大
義凜然，更顯示出歷經歲月沉澱後的厚重。同時他對於陳寅恪顧准等
具有獨立人格的知識份子的推崇，更顯示出其慧眼獨具。要知道在
七、八十年代，陳寅恪顧准只是活在極少數人的記憶裏，恍如出土文
物，隔世已久。只是在九十年代人們追憶先賢身上擁有的今人已然
喪失殆盡的自由精神時，陳寅恪顧准諸人才被作為一段傳奇，於人
們所構建的神話中享受與曾經的冷遇截然相反的對待。在九十年代
當王元化由體制內高官卸任之後，毅然走入了學術。這一由政治而
文化的復歸，標注了王元化晚年最為精彩的一筆。

　　李慎之與王元化的轉身，有著頗為相似的內容，那便是對於經
歷革命年代諸如反右、文革等政治歷史事件之後對於歷史和政治乃
至文化發自內心的深入反思。這種反思不僅指向鮮明，直溯自由民
主，而且包含著極為寶貴的個人生命經驗。這些沾滿慘痛教訓的經
驗雖然有其固有的局限，但是表達出的卻是極富洞見真相。他們敏
銳地感覺到革命年代作為一段歷史，包含著值得深思的教訓，他們
從他們所受的磨難中，讀出了旁人無法知曉的時代性含義。

　　當然，早在李慎之與王元化之前，便有歷經浩劫的知識份子
對於文革乃至反右提出過反思。最為典型的例子，乃是在文革之後
以「說真話」的《隨想錄》為人所稱道的巴金。巴金在《隨想錄》

中寫下的諸如對自己在胡風案中違心批判胡風的追悔，閃爍著動人的人性光芒。這種光芒不僅見諸《隨想錄》，在早年巴金作為一個具有無政府主義傾向的自由主義作家時，他在諸如《寒夜》這樣充滿絕望與哀傷的小說裏留下的悲憫情懷，同樣散發出人道主義的芬芳。只是這種芬芳中斷了約三十年，從文革結束時方才以另一種氣味為人所知，但是氣味已然變質，打上了為意識形態所戕害的傷痕。然而巴金反思也僅僅是走出了一小步，他的所謂「說真話」的水平也僅限於認識自己錯誤的水平，沒有將這種認識提升到時代的悲劇中予以體認，因此巴金的反思相當局限。

只是巴金將個人的悲劇言說出來的同時，有人卻以頗為戲謔的方式對過往予以玩味性質的追思。楊絳的《幹校六記》便是最為鮮明的代表。假如忽略楊絳在行文中所體現出來的如後世學人所總結的老莊意味，楊絳至少在行文的態度上十分可疑。那一段歷史即便不是心存敬畏，至少也該抱持起碼的尊重。只是楊絳與其夫錢鍾書一樣，終究沒有如同巴金乃至李慎之王元化的道德勇氣，只是如同傳統士子一般對苦難的歷程作出相當膚淺輕薄的把玩。其行文的空洞蒼白，乃至矯揉造作，都標注了楊絳本身對於歷史的無知，只是這種無知並非通常意義上的茫然，而是對世事洞明後所採取的旁觀者清的姿態。與此相似的如周一良，在《畢竟是書生》中不僅沒有楊絳的躲閃所昭顯的良知尚存，反倒以受害者的姿態鳴冤叫屈，痛訴自己曾經所遭受的責難，這種呼天搶地式的為自己過錯開脫的把戲，體現出一種赤裸裸的無恥嘴臉。

文化老人的曖昧立場與模棱兩可的態度，顯示出李慎之、王元化的孤絕意義。如果說早年間李慎之尚存有對世事、政治的諸多不解，但是晚年，尤其是文革之後的歷次社會風潮，諸如此類，讓他對於世事洞若觀火，由此常出驚人之語。他對於中國傳統社會歷

史脈絡的深刻洞察，不亞於一輩子在歷史文獻中勤奮爬梳的專家學者，他那句「中國的傳統文化就是專制文化」一語驚醒夢中人，為專制主義試圖萬世傳承的春秋大夢敲響了喪鐘。只是李慎之本人的處境太過孤單，他從象徵著專制意識形態的堡壘中破繭而出，單騎突進，幾乎成為絕唱絕響。而王元化則以他的沉潛為李慎之的突進作殿軍，他對於過往歷史諸如五四、傳統與現代、激進與保守一系列思想史上深刻命題的深入洞察，把握了思想之於歷史的走向，由此提出自由主義義理的抉擇，與李慎之對於自由主義的破題，作出了歷史性的呼應。假如就兩人在治學、處世等等方面諸多的努力加以比較而言，李慎之與王元化恰如硬幣的兩面不可分割，兩人互為補充，為世紀之交的文化場景，提供了歷史性的時刻。

只是李慎之與王元化自己也沒有意識到，他們在九十年代所做的諸多努力，放在晚近歷史的大變局之中考量，有著如同一個世紀之前維新諸君的相似意味。王元化曾自稱十九世紀之子，這種自謂並不單單意味著其在治學與處世上如同十九世紀的人文背景所昭顯的時代精神，充滿著啟蒙理想與人文精神。這一理想與精神舶來中國，成就了維新一代知識份子的悲情。而維新一代之後的五四一代的知識份子傳統，則由李慎之所承接，充滿了道德激情道德勇氣以及難以言說的赤誠坦蕩。他們在世紀之交之時幡然醒悟，使他們認清了晚近歷史走向的荒唐，由此急切地呼喚自由主義的普世價值，將歷史與國家引向正軌。相較於同時代的風雲人物，李慎之和王元化走得更遠，看得更高。當周揚將延安整風啼笑皆非地稱作最偉大的思想解放運動的時候，當丁玲說出對於過往九死其猶未悔的堅守時，李慎之和王元化則與此背道而馳，向著歷史發出嚴肅而深沉的質問。這種質問響徹雲霄，徘徊在世紀之交的天空之中，顯示出久久未滅的餘音。自此，晚近歷史進入二十一世紀的地平線，開始了

劃過天空的另一場輪迴。這意味著晚近歷史由搖籃走向了墳墓,又從墳墓走向了搖籃。它標注了晚近歷史的終結,也標注了作為漫長的時空的歷史走向充滿無限可能的開端。

後記

　　幾個月前我在南京第一次見到蔡登山先生，感慨於他的儒雅和謙和，正是他的個人魅力，以及他的鼓勵，讓我想到把此書放在秀威出一個全版。正如段懷清先生說的那樣，蔡先生提攜後進是不遺餘力的。如今從秀威走出的青年作者不計其數，叨陪末座，倍感榮幸。尤其要感謝秀威的責編鄭伊庭小姐，她的細緻和認真，讓我在秀威出版的第一本書《士林的沒落——革命時代的知識人》很覺自得。

　　此書出版艱難，大概是體例和表達方式與時賢頗有不同，所以有此波折。此書從三年前開始在江蘇人民出版社、新星出版社、三聯書店等處漂泊，尤其是在三聯，最後幾乎都要出版，但是某位領導的反對，讓此事功虧一簣。對於絕大多數讀書人來說，出書遠比寫書要困難得多，這一點我深有體會。最後還是要感謝學文兄牽線，得識蕭風華老哥，才得以在廣東人民出版，誰知趕上了某位長者的九十大壽，上市又要順延，不僅如此，為了在大陸出版，文章已經被我自己閹割得支離破碎，因此大陸版的意義，實在有限，感謝蔡登山先生讓我有了個重新修訂的機會，我要再次對他表示謝意。

　　我從大學開始關注中國近現代史，雖然談不上研究，多少還有些心得，我總覺得中國從晚清以來，局面越來越糟，當然包含著複雜的原因，過去人們研究歷史，往往將歷史前進的動力看做某一派勢力的作用，往往忽略了歷史本身多元而且豐富的面貌，歷史的發展，往往是由於多重力量合力的結果。晚清以來，從辛亥革命到

國共合作，直至在這一局面下興起的北伐，以及隨之而來的清黨與國共黨爭，權勢之間的轉移，往往包含著歷史豐富的脈絡。而即便是某一歷史事件，其間也包含著承上啟下的諸多內容，而且由於種種的原因，人們所知曉的歷史，往往與當初真實的歷史相去甚遠。舉個簡單的例子，如果高華先生不寫出《紅太陽是如何升起的——延安整風運動的來龍去脈》一書，延安在人們眼中依舊是革命的遺產，是革命的象徵，誰會知道在紅太陽升起的地方，由紅太陽本人，主導了那麼多血淋淋的暴行？革命的內涵，由此獲得了一個意味深長的注解。

此書所要展現的，正是晚清以來激變時代的歷史中知識人的命運與抉擇，當然為了保持歷史敘述的某種平衡，本人也寫到了某些政治人物，但是由於學養不足，寫作此書時不過剛剛成年，所以稚嫩在所難免，也有很多地方還是不夠深入不夠具體，這一點李劼先生已經在來信中坦率地指出，本書的寫作，是受李先生的《論晚近歷史》一書啟發而寫成，所以在這裏要再次感謝李先生。尤其需要指出的是，拙著出版前，袁偉時先生特意來信，糾正此書的若干錯誤，批評了此書沒有任何注釋，在此我願意借用羅志田先生的一語向袁先生和讀者聲明：本書倘若幸有所得，都建立在繼承借鑒發展既存研究的基礎之上，凡屬觀點相近相同，而別處有論著先提及者，其專利自屬發表在前者，均請視為個人學術規範不嚴，利用他人成果而未及注明，請讀者和同仁見諒。

由於事先的承諾，本書獻給Isu，我要感謝她在我困頓的大學時代給予的勇氣，以及美麗的笑容。感謝好友徐軼青，正是他對《士林的沒落》一書的褒獎，才讓我有勇氣把這本書再次奉獻給各位。

　　感謝秀威編輯陳佳怡小姐，她的細心讓此書不至於成為殘編斷簡。最後要感謝孫賽雄、錢宇仔細幫我校對了此書，尤其要感謝逸雯，她仔細審讀了全書，提出很多寶貴的意見。

周言　2011/06/27

史地傳記類　PC0182

國士與國變
——知識人與晚近中國

作　　者／周　言
主　　編／蔡登山
責任編輯／陳佳怡
圖文排版／陳宛鈴
封面設計／蔡瑋中

發　行　人／宋政坤
法律顧問／毛國樑　律師
印製出版／秀威資訊科技股份有限公司
　　　　　114台北市內湖區瑞光路76巷65號1樓
　　　　　電話：+886-2-2796-3638　傳真：+886-2-2796-1377
　　　　　http://www.showwe.com.tw
劃撥帳號／19563868　戶名：秀威資訊科技股份有限公司
　　　　　讀者服務信箱：service@showwe.com.tw
展售門市／國家書店（松江門市）
　　　　　104台北市中山區松江路209號1樓
　　　　　電話：+886-2-2518-0207　傳真：+886-2-2518-0778
網路訂購／秀威網路書店：http://www.bodbooks.com.tw
　　　　　國家網路書店：http://www.govbooks.com.tw
圖書經銷／紅螞蟻圖書有限公司
　　　　　114台北市內湖區舊宗路二段121巷28、32號4樓
　　　　　電話：+886-2-2795-3656　傳真：+886-2-2795-4100

2011年11月BOD一版
定價：300元
版權所有　翻印必究
本書如有缺頁、破損或裝訂錯誤，請寄回更換

國家圖書館出版品預行編目

國士與國變：知識人與晚近中國 / 周言著. -- 一版. -- 臺
北市：秀威資訊科技, 2011.11
　　面；　公分. -- (史地傳記類 ; PC0182)
BOD版
ISBN 978-986-221-852-5(平裝)

1. 近代史 2. 知識分子 3. 中國史

627.6　　　　　　　　　　　　　　　　100019104

讀者回函卡

感謝您購買本書,為提升服務品質,請填妥以下資料,將讀者回函卡直接寄回或傳真本公司,收到您的寶貴意見後,我們會收藏記錄及檢討,謝謝!
如您需要了解本公司最新出版書目、購書優惠或企劃活動,歡迎您上網查詢或下載相關資料:http:// www.showwe.com.tw

您購買的書名:_____

出生日期:_____年_____月_____日

學歷:□高中 (含) 以下　　□大專　　□研究所 (含) 以上

職業:□製造業　□金融業　□資訊業　□軍警　□傳播業　□自由業
　　　□服務業　□公務員　□教職　　□學生　□家管　　□其它_____

購書地點:□網路書店　□實體書店　□書展　□郵購　□贈閱　□其他

您從何得知本書的消息?

　　□網路書店　□實體書店　□網路搜尋　□電子報　□書訊　□雜誌

　　□傳播媒體　□親友推薦　□網站推薦　□部落格　□其他_____

您對本書的評價:(請填代號　1.非常滿意　2.滿意　3.尚可　4.再改進)

　　封面設計____　版面編排____　內容____　文／譯筆____　價格____

讀完書後您覺得:

　　□很有收穫　□有收穫　□收穫不多　□沒收穫

對我們的建議:_____

_____

_____

_____

11466
台北市內湖區瑞光路 76 巷 65 號 1 樓

秀威資訊科技股份有限公司　　　　收

BOD 數位出版事業部

....

（請沿線對折寄回，謝謝！）

姓　　名：＿＿＿＿＿＿＿＿＿　年齡：＿＿＿＿　性別：□女　□男

郵遞區號：□□□□□

地　　址：＿＿＿＿＿＿＿＿＿＿＿＿＿＿＿＿＿＿＿＿＿

聯絡電話：(日)＿＿＿＿＿＿＿＿＿　(夜)＿＿＿＿＿＿＿＿＿

E-mail：＿＿＿＿＿＿＿＿＿＿＿＿＿＿＿＿＿＿＿＿＿